協同組合と情報
編集者12年の軌跡

小磯 明

同時代社

はしがき

　『協同組合と情報──編集者12年の軌跡──』は、日本文化厚生農業協同組合連合会（日本文化厚生連）が月刊で発行している『文化連情報』誌の編集後記を中心にまとめた著書です。

　本書は、二部構成としました。最初の「Ⅰ　協同組合と情報──日本文化厚生連と『文化連情報』──」は、「第1章　日本文化農業協同連合会の組織と事業」と「第2章　組織活動の中での文化連情報の役割」を掲載しました。これらは、『文化連情報』と言われても知らない人が手に取ったときに、どんな組織が発行している雑誌なのか、そしてどんな歴史を経て今日まで発行されているのかがわかるようにと、最初に説明をしました。

　「Ⅱ　編集者12年の軌跡──協同組合と食・農・地域医療」は、『文化連情報』2008年3月号～2020年5月号（No.360～No.506）までの編集後記を収録しました。著作化にあたって1年ごとに章立てし、各号の編集後記に見出しをつけました。そして文章末尾にNo.と掲載月を（　）書きしました。第Ⅱ部は、「第3章　地域医療の崩壊から再生へ（2008年）」から「第15章　村は少子化克服の希望の星（2020年）」までを掲載しています。

　そしてもう一つ、「本書に関する業績一覧（研究業績を除く）」を付けました。これは、日本文化厚生連が関わった機関誌や雑誌などに投稿した論文・論考・短報などを中心に掲載順にまとめたものです。こういった業績を記述する機会が中々ないため、この機にまとめました。

　したがって、本書は二部構成ではありますが、分量としては「Ⅱ　編集者12年の軌跡──協同組合と食・農・地域医療」の分量が圧倒的に多くなっています。それは12年と年数が長いだけではなく、『文化連情報』の編集後記は通常の雑誌と比べても1回の字数が約1,300字と長く、結果的に字数が積もっていったからです。これくらい字数がないと、「編集後のことを書けないから」というのが理由です。その意味では、まじめに雑誌の編集後記を書いていたのですが、気取った言い回しや奇をてらった表現などはできるだけ避け

て書くように心がけていました。理由は単純で、誰にとっても読み
やすくするためです。

　本書は、私の人生の中で、「もう編集者になることはないであろ
う」と考えて、ひとつの区切りのためにまとめた著書です。研究書
のように何か新しい知見や学問的価値を付加しているわけではあり
ません。自分が編集者であった証しとして本書を世に出すことにし
たものです。そうは言っても、その時々の出来事を執筆者にお願い
して、その内容を編集後記としていますから、かなり読み応えがあ
ると思います。その意味では社会的価値はあると思います。

　農協関係者、協同組合に関わる実務者の人たちはもちろんですが、
そうではない研究者や一般の人たちであっても、この12年間にど
のようなことがあったかを知りたいと思う人は、ぜひ手に取ってい
ただけたなら、著者として望外の喜びです。

2020年10月
小　磯　　明

目　次

I　協同組合と情報
── 日本文化厚生連と『文化連情報』──

II　編集者 12 年の軌跡
──協同組合と食・農・地域医療──

図表・写真目次

序

1. 編集者としての私の考え

　私は、農業協同組合（JA グループ）の一つである、日本文化厚生農業協同組合連合会（以下、「文化連」という）という組織に 35年 1ヵ月勤務し、その内 12年 5ヵ月を編集者として仕事をしてきました。文化連の創立は戦後間もなくの 1948（昭和 23）年 9月と早く、2018年 9月に 70周年を迎えました。時に経営難に遭遇しながらも協同組合活動の原点に立ち、常に会員のニーズに応え、医薬品等の共同購入による廉価提供や適宜的確な情報提供など、会員厚生連・単位農協の行う事業を支援してきました。事業の根底にあったのは、農村医療と農協福祉を守り、安心して住み続けることができる地域づくりに寄与するという使命感でした。

　私が編集長を務めた『文化連情報』誌は、2019年 11月に 500号を迎えました。2011年 7月の 400号も私のもとで発行したのですが、やはり 500号というのは、節目として重みが違います。いろいろとアイディアが浮かび、高ぶる気持ちを抑えるのに苦労しました。『文化連情報』誌は、協同組合、食糧・農業と医療・福祉、そして地域づくりをテーマとしていますから、通常の雑誌よりも扱う範囲が広くなり、テーマも多様です。

　さて、今回私が本書を出版するにあたり、私が編集者として携わってきたことについて、考え方を少し整理する必要があると考えました。

　まず、雑誌についてです。『ブリタニカ国際大百科事典』によれば、「雑誌」とは「特定の誌名を冠し、種々の記事を掲載した定期刊行物、情報伝達、意見伝達、娯楽提供の機能をもつマス・メディア」のことを言います。週刊、月刊が主流ですが、旬刊、隔週刊、

隔月刊、季刊などもあります。「内容によって総合雑誌、専門雑誌、娯楽雑誌、教育雑誌、各種団体の機関誌、個人雑誌、広報誌などに、また購買層によって一般誌、男性誌、女性誌、ティーンズ誌などに分けられ、評論、解説、実用記事などのほか時事問題、娯楽読み物、コラム、小説、まんがなどを組み合わせている」とあります。もう少し加えて述べると、「週刊、月刊、隔月刊、季刊、年刊などのように定期的に刊行される」のほか、「一定の編集者と読者を持つ」「複数の記事が一定の編集方法の元に同時に掲載されている」「仮綴じ冊子の形態をとることが多い」。こうした特徴により、速報性の点で日刊新聞には及びませんが、書籍・図書よりは優位にあります。また書籍・図書に比べて刊行が容易であり、書籍・図書として発行するには難しい狭い専門分野の情報や娯楽情報の提供などに利用されています。

　では、ジャーナル（Journal）とはどのようなものかというと、「文章による媒体のことをいい、特に新聞・雑誌などの定期刊行物、日報、日記などのこと」をいいます。査読つきの学術雑誌のことをAcademic journal と呼び、やはりジャーナルであることを思い浮かべれば良いでしょう。

　つまり「ジャーナル」と呼ぼうが「雑誌」と呼ぼうが、「どちらも文章による媒体のこと」であり、「定期刊行物である出版物の一種」です。

　そして「機関紙（誌）」とは、政党や各種団体などの機関（主に執行機関）が組織およびその見解等の広報・宣伝、会員や同じ階層に向けた情報交換などのため、定期的に発行する新聞です。同種の構造を持つ雑誌形態の出版物が「機関誌」と呼ばれます。各分野の社会団体の機関誌には、それぞれの活動報告などが掲載されます。「宗教団体」は、それぞれの宗教の教義・教理を伝道する目的があります。「経済団体」では、農業協同組合や企業団体・同業者団体などが当該業界の動向や団体の報告などを掲載したりします。

　このように整理して考えると、私が編集していた機関誌である『文化連情報』誌も雑誌です。ジャーナルとは「文章による媒体、特に新聞・雑誌などの定期刊行物、日報、日記など」ですが、学術団体などの発行する機関誌のような位置を求めるのであれば、厳し

く言えば学術的な内容にならざるをえないかもしれません。問題は、ジャーナルと言ったときに、一般的にやはり学術的な文章が求められるのだと考えます。そしてそれを決めるのは読み手だと思います。

　では、「情報誌」と呼ばれるものは、どのようなものでしょうか。『デジタル大辞泉』の解説では、「各種の情報を掲載した雑誌。分野を限定して情報を集めたものが多い」とあり、「住宅情報誌」「就職情報誌」「音楽情報誌」などです。『大辞林　第三版』の解説では、「各種の情報を列記した雑誌。映画・演劇・音楽・展覧会・競技会などの各種イベント情報や職業・住宅情報など、多くは分野別に編集・発行される」とあります。『精選版　日本国語大辞典』の解説では、「種々の実用的な情報を読者に知らせることを目的とした雑誌。映画・演劇・音楽・スポーツ・展覧会・競技会などのイベント情報、住宅情報、求人情報など分野別に発刊されている」とあります。

　本書でも「第2章　組織活動の中での文化連情報の役割」でも、「機関誌」とともに「情報誌」という呼び方が出てきます。機関誌と呼ぼうが情報誌と呼ぼうが、雑誌であることに違いありません。

　私はこれまで、読者が何を求めているかをいつも考えてきました。同業者団体の雑誌や業界誌はたくさんあります。その中で、どのような特徴を出すのか、読者が手にとって何を読むのか、それらを知ることは決して簡単なことではありません。しかし、あくまで読者が求めるものを作ることが大事だと考えます。編集部や組織・団体の勝手な思い込みなどはできるだけ排除して、読者が求める情報を提供することを考えればよいのではないか。そして、もう一つ大事なことは、読み手より少しだけ先をゆくことだと思います。実はこれはとても難しいのですが、客観的に考えて、社会を正しい方向に導くような企画を組めたなら、論考を掲載できたなら、きっと良い読み物になると信じてきました。そして、私の経験から述べるなら「真理は中間にある」と言えると思います。つまり、査読付き学術誌のような論文を掲載することもあり、そして医療従事者と農協職員の集まりというある意味特殊な集団の機関誌でありながら、仲間同志の交流誌としても一般教養としてもためになる、そのような機関誌があってもよいのではないでしょうか。これは私の編集者としての基本的な考え方の一つでもあります。そのためには絶えず挑戦

し続けるしかないと、私には思われました。

2. 情報について

　本書のタイトル『協同組合と情報』は、「協同組合」も「情報」
も、どちらも大きなテーマです。協同組合は私が所属し生活の糧を
得ていた職場であり、本書を世に出すきっかけをつくってくれた組
織です。しかし、いざ協同組合についてきちんと説明するとなると、
多くの紙幅を必要とします。私は協同組合について3冊の著書を上
梓しておりますが、いずれも海外の事例研究であり、日本の協同組
合についてはまだまとめておりません。いずれ機会があれば執筆す
ることとさせていただき、ここでは本書で扱う「情報」について若
干述べておきたいと思います。

　まず、身近なところでは『大辞林　第3版』によれば、「① 事
物・出来事などの内容・様子。また、その知らせ。② ある特定の
目的について、適切な判断を下したり、行動の意思決定をするため
に役立つ資料や知識。③ 機械系や生体系に与えられる指令や信号。
例えば、遺伝情報など。④ 物質・エネルギーとともに、現代社会
を構成する要素の一。〔「事情」を「報告」することから一字ずつ抜
き出してできた略語。雑誌「太陽」（1901年）に出てくるのが早い
時期の例。諸種の訳語とされたが英語 information の訳語として定
着〕」とあります。本書の場合でいえば、①と②に当たると思いま
すが、どちらかというと②にアクセントがあると思います。

　上野千鶴子氏は、「情報には、生産・流通（伝達）・消費の過程が
あります。メディアは情報伝達の媒体、多くのひとたちはそこから
得られた情報を消費します」「世の中にはたくさんの情報が流通し
ており、たくさんの情報消費者がいます」[1] と述べます。上野は、
情報消費者よりは情報生産者になれと言います。この文脈は、学生
や研究者に向けた言葉で、私も実際そのように思います。研究とは
基本、言語情報をインプットし、言語情報を生産物としてアウトプ
ットする情報処理の過程です。上野は、学問を「伝達可能な知の共
有財」と定義し、「その成果物である情報財は、私有財ではなく公
共財になることが目的です」[1] と述べています。本書も、基本的に

は公共財になることが目的ですので、考え方は同じです。

　また、山口和紀編では、「"情報"の扱いは分野によってさまざまである。"情報操作"や"情報識別力"といった社会学的概念では、人間が集まって構成されている社会に対して、"情報"がどのような働き、どのような効果をもつかに関心がある。"情報処理"や"情報技術"といった技術的概念では、ディジタルデータ化された"情報"の効率の良い変換と伝達、およびそのための機構や装置が興味の対象である。"記号論"や"メディア論"といった表現に関する概念では、表現され伝達される"情報"そのものの性質の解明が中心となる」[2]と述べます。社会学的概念と技術的概念、そして表現に関する概念といった概念の違いについて山口は述べていますが、本書で扱う概念は社会学的概念といえるでしょう。

　野口悠紀雄氏の『情報の経済理論』によれば、経済財としての情報の特殊性には、①複製が容易でありかつ複製によって元のものが破壊されない、②取引は不可逆的である、③個人が保有する情報の価値について、通常、強い外部効果が働く、いいかえれば、ある個人にとってある情報の有用度は、その情報の彼自身の保有量のみでなく、他の個人保有量によって影響される。つまり、情報の価値は、他の多くの人が知っているかどうかによって変わる、④情報は、不可分性のかなり強い財と考えられる。つまり情報は、分割困難なことが多い、⑤情報の生産は不確実であることが多い、⑥情報の消費には不確実性がある、というような性質があると言います[3]。

　6つのうちで、私が注目するのは「③情報の価値は、他の多くの人が知っているかどうかによって変わる」です。「多くの人が知っている情報は価値が小さく、誰も知らない情報は価値が大きいことが多い」ということです。この文脈に私が加えるとしたら、情報の速さです。誰も知らない価値の大きい情報をできるだけ早く伝えることが重要だと思います。

　「記録としての情報」も、本書と大いに関係あると思います。そもそも記録は、情報の特化した形態のひとつです。記録とは、経済活動や取引の副産物として生み出され、その価値が認められて保持されている情報です。その主たる価値とは、その組織の活動の証拠としての価値ですが、情報としての価値から保持されることもあり

ます。記録管理は記録の完全性を保証し、それらを必要なだけ長期間に渡って保持することを目的とします。最も記録管理における国際標準として ISO 15489 の中での記録の定義や International Committee on Archives（ICA）による記録の定義がありますが、ここでは省略します。

　今回の著作化のために情報について調べてみましたが、本書で扱う「情報」をきちんと定義することは難しいと判断せざるを得ませんでした。多義的であり、多面的であり、使う人の文脈によって意味が変わってきたりします。そして、時代によっても情報の意味は変化してきていると考えます。とりあえず本書では、上述したような「情報」の意味するところが当てはまるのであろう、ということにしたいと思います。

1)　上野千鶴子『情報生産者になる』ちくま新書 1352、2018 年、p.10、p.25。
2)　山口和紀編『東京大学教養学部テキスト　情報　第 2 版』東京大学出版会、2017 年、p. iii。
3)　野口悠紀雄『情報の経済理論』東洋経済新報社、1986 年、pp.40-49。

3.　本書の概要

　「Ⅰ　協同組合と情報——日本文化厚生連と『文化連情報』——」は、本書の第 3 章〜 14 章までの文章を書くことになった、その組織と組織が発行する雑誌について論述したものです。

　第 1 章は、「日本文化厚生農業協同組合連合会の組織と事業」について説明しています。「1. 組織の概要」では、（1）設立と目的、（2）組織の沿革、（3）会員厚生連・単位農協、（4）理念と使命、4 つの仕事、（5）機構、役員・職員数について述べています。そして「2. 文化連の事業」では、（1）事業概要、（2）事業分野別供給額と会員厚生連の事業参加状況、（3）その他の事業、について述べています。「3. 今後の課題」では、（1）理念、（2）3 つの柱、（3）3 つの改革、について述べています。

　日本文化厚生連（略称「文化連」）は、1948（昭和 23）年に農業協同組合法により、農民の経済的及び文化的な向上をはかり、社会的地位を高めるための目的で設立されました。2018（平成 30）年 9

月に、創立 70 周年を迎えました。日本の農業協同組合（JA）は
634 単位農協（単協）が存在し、組合員の協同組織として地域ごと
に設立されています。厚生農業協同組合連合会（厚生連）は全国に
33 厚生連 107 病院が設立されており、医療事業、健診事業、介護
事業、その他の事業を行っています（2015 年 5 月現在）。文化連は
こうした厚生連と単位農協の出資により成り立っています。

　文化連の事業は、日赤、済生会と並んで公的病院と呼ばれる厚生
連病院を経営する各県の厚生連と単協の直接加入によって構成され
ており、厚生連病院に対しては医薬品、医療資材、医療器械を、単
協に対しては食品、保健福祉資材を斡旋・供給する事業を行ってい
ます。

　文化連は、「会員とともに取り組む共同購買事業と協同組合活動
を通じて、組合員と地域住民の命とくらしを守り、誰もが健康で文
化的な生活を享受できる地域づくりに貢献する」ことを理念に掲げ
ています。その理念を実現するために、3 つの柱と 3 つの改革を今
後の課題として整理して、現在取り組んでいます。

　第 2 章は、「組織活動の中での文化連情報の役割」です。「1. 文化
連の設立期」においては、「(1) 定款からみる機関誌の役割」と
「(2)『日本文化厚生連三十年史』からみる機関誌の役割」について
述べ、「2. 文化連情報の歴史からみる機関誌の役割」は「(1) 機関
誌・紙発行の歴史」と「(2) 厚生連医療運動の灯台をめざして」に
ついて述べています。

　「3. 初期の事業活動と経営不振期」では「(1) 創刊の言葉から」
「(2) 発刊の言葉から」述べ、「4. 再建期の活動」では「(1) 経営
安定期と機関誌の役割」について述べ、「5. 事業活動の発展期」で
は、「(1) 昭和 54（1979）年頃から定期発行された当時の編集方針」
と「(2) 出版情報資料室から出版情報課そして企画広報課」につい
て述べています。

　「6. まとめ」では、「(1) 定款からみる機関誌の役割」「(2)『日
本文化厚生連三十年史』からみる機関誌の役割」「(3) 初期の事業
活動と経営不振期の機関誌の役割」「(4) 再建期の活動と事業活動
の発展期——経営安定期と機関誌の役割」、そして「(5) 新たな課
題と発展を目指して」について述べてまとめています。

第2章は、「文化連情報の役割」について述べているのですが、文化連の設立期、初期の事業活動と経営不振期、再建期、発展期といった時代区分を明確にして、その時期ごとの文化連情報の役割について記述していることに特徴があります。そして、文化連情報の役割に関して、史実に基づいて記述することに心がけています。そのため、できる限り出所を明らかにしていることも、もう一つの特徴です。その史実を読むと、当時の農村の窮乏状況がわかるのも本章の特徴です。貧しい農村を背景として、医療（医薬品）を提供する事業がどれほど重要な仕事であったかを、第2章の内容を通じて垣間見られると思います。

　この第1章と2章の研究方法は、文献・資料、『文化連情報』のバックナンバーを読み返してのドキュメント分析です。そして私が入会した1985年以降は自身の参与観察でもあります。実は、第3章～第15章までの編集後記でも同じ方法で執筆していることがわかると思います。研究論文としてみた場合、第1章と2章を合わせて、一つの協同組合の事例研究であると考えます。

　尚、第1章と第2章だけは、「あとがき」の初出一覧で述べたとおり、論文と報告配布資料が基になっているために、「である」調のままにしました。第3章～第15章までは「です・ます」調にしてあるのも、初出のとおりです。書き下ろしを含めた本書の基調は、「です・ます」調で統一してあります。

　次に、「Ⅱ　編集者12年の奇跡──協同組合と食・農・地域医療──」を読む上で、背景として、政治と経済を中心に当時の内閣（政権）との関係を整理して、各章の概要について述べます。

小泉純一郎内閣　2001（平成13）年4月～2006（平成18）年9月（在職1,980日）

安倍晋三内閣　2006（平成18）年9月～2007（平成19）年9月（366日）

福田康夫内閣　2007（平成19）年9月～2008（平成20）年9月（365日）

麻生太郎内閣　2008（平成20）年9月～2009（平成21）年9

月（358 日）

鳩山由紀夫内閣　2009（平成 21）年 9 月～2010（平成 19）年 6
月（266 日）

菅　直人内閣　2010（平成 22）年 6 月～2011（平成 23）年 9
月（452 日）

野田佳彦内閣　2011（平成 23）年 9 月～2012（平成 24）年 12
月（482 日）

安倍晋三内閣　2012（平成 24）年 12 月～2020（令和 2）年 9
月（2,824 日）＊

菅　義偉内閣　2020（令和 2）年 9 月～

＊第一次と合わせた安倍内閣の通算在職日数は 3,188 日。

　第 3 章は、2008 年 3 月号（No.360）から始まりますから、福田
内閣のときからです。このときの政治課題の一つは、「後期高齢者
医療制度の撤廃」でした。2008 年 4 月 1 日から制度が始まったの
ですが、あまりに評判が悪かったため、福田首相は閣僚懇談会で急
遽「長寿医療制度」（通称）に名称変更しました。同時に 4 月から
始まった制度に特定健診・保健指導もありました。そして社会保障
の財源を消費税で賄おうという議論が華やかになっていき、年金、
医療、介護、福祉の財源をどこからもってくるのかが大きな政治課
題となっていきました。

　当時の医療崩壊を背景に、福田内閣は恒常的な医師不足の解消に
向けて医学部定員の削減を定めた 1997 年の閣議決定を撤回するこ
とを決めました。そして 2006 年に閣議決定した「骨太の方針
2006」の社会保障費の当然増を 5 年間で 1 兆 1,000 億円抑制する方
針の見直しを示唆したのですが、2009 年度予算の大枠を示す概算
要求基準の閣議では社会保障関係費の自然増分 2,200 億円削減の抑
制路線を続ける方針をとります。しかし、小泉内閣が定めた「社会
補償の自然増 2,200 億円の削減」は限界まできていたことは誰の目
にも明らかになっていきます。

　もう一つは、厚生年金の記録改竄問題が深刻化していきました。
舛添要一厚労相は社会保険庁のオンラインシステムで管理されてい
る中に、改竄された疑いのある記録が 6 万 9,000 件あると明らかに

し、社保庁の組織的関与の可能性が高いという認識を示しました。こうして国民の政府への不信感は募っていきました。

　食をめぐっては、工業用「事故米」不正転売・譲渡問題が起こり、病院、福祉施設、学校、コンビニ、スーパー等で事故米が混入され、中国冷凍ギョーザ事件に続き、食の安全を揺るがす深刻な事態が全国に広がりました。「食育に関する意識調査」（内閣府5月発表）では、国民の4割以上が悩みや不安を持ち、その最大のものは「食品の安全性」でした。

　2008年9月から福田内閣に代わって麻生太郎内閣が発足しました。後期高齢者医療制度をめぐって政府・与党はますます迷走していき、舛添厚労相が現行制度の抜本的見直しを表明し麻生首相も同調したかと思うと、日が改まるとすぐに抜本的見直しはトーンダウンし、基本的にはこれまで通り改善策の検討を続けることとなります。この経過を読売新聞は「意味不明な抜本的見直し」と揶揄しました。

　医療提供体制では、都内の妊婦が8つの病院で受け入れを断れた末に死亡した問題が起きました。厚労省はハイリスク妊婦や分娩に対応できるよう、一部の地域や医療機関への産科医集約など、医師配置の見直しの検討を決めました。また、保護者が健康保険料を滞納した結果、保険証のない子どもが3万人超に上ることが厚労省調査で明らかになり、子どもが必要な医療を受けられないことがないよう配慮を求める通知を全国に出しました。社会の貧困、格差拡大、社会保障への不信・不満・不平が大きくなり、政治の役割がはたしきれていないことが明らかになった年でした。

　第4章は、2009年の年明けから始まります（No.370）。2008年来のアメリカ発の世界同時不況が日本経済を直撃しました。中小企業の経営が軒並み悪化し総崩れとなり、雇用をめぐって派遣切りが広がっていきました。政府は平成21年度の政府経済見通しを、物価変動を除いた実質成長率0.0％、家計や企業の実感に近い名目成長率は0.1％程度とする政府経済見通しを閣議決定しました（「生活防衛のための緊急対策」）。

　医療をめぐっては、地域住民が地域医療を守り支える事例があちこちででてきました。千葉県東金市の「地域医療を育てる会」の活動や「佐久病院の再構築問題」では、住民が地域医療に関わる当事

者としての意識が芽生え地域医療を支える側になっていきました。私は、その後も続く事例を念頭に置きながら「医療提供の側から地域を巻き込む時代がやってきた」と述べました。しかし現実は厳しく、医師不足が注目されていきます。そこで女性医師の役割が強調され、再教育プログラムや院内保育の取り組みが重要になりました。また、医療法標準人員で医師が充足していても、実際診療上必要な医師充足感との関係で医師が足りないことがわかってきました。これは地域での病院の役割や機能の違いから、医師が足りていないのです。医師確保対策、医師養成問題が大きな課題となっていきます。新卒医師に義務付けられた臨床研修制度の見直し案に、自治体から反対表明が相次いだのもこの時期です。

　またこの年は、新型インフルエンザが日本でも猛威をふるい、日本中を席巻する勢いでした。この時、病院や介護施設は対応に追われました。私は、WHOが長期戦を想定しているとした上で、「インフルエンザはもちろん恐れなければならない、しかし恐れすぎて過剰反応することはよくない」「重要なことは、必要な場合に確実に診療を受けられる態勢づくりが何よりも急がれる」と述べました。この時の教訓が生かされていたならば、今回の新型コロナ対策でも少し事情が違っていたのではないか、そんな気がします。

　麻生政権は平成21年度予算で財政支出15兆4千億円、総事業費56兆8千億円に上る過去最大規模の追加経済対策「経済危機対策」を決定しました。その財源は国債の追加発行と3年後に引き上げる消費税でした。新聞はこの大盤振る舞いを「景気回復に有効な政策の積み上げというよりも、総選挙を意識したバラマキ感は否めない」と指摘しました。もう一つ選挙を意識して「社会保障費の2,200億円削減」をめぐって、自民党内では意見が大きく割れました。社会保障費2,200億円削減の撤回論者（尾辻秀久参院会長）が、歳出削減路線の象徴とされる「骨太06等を踏まえ」との文言削除を再三再四にわたり迫りました。これに、財政再建路線を放棄したかのように報じられるとする考え方が対立し、ギリギリまで意見がまとまらず、6月23日の自民党総務会では、文言修正せずに2010年度予算編成では社会保障費を年2,200億円抑制する方針を適用しないとしました。この後総選挙が行われ、麻生政権は民主党政権

（鳩山由紀夫内閣）へと変わります。

　この年のトピックを上げるなら、医療メディエーションと外国人看護師・介護福祉士の導入問題をいち早く取り上げて、今日まで長期に続く問題を提起した意義は大きいと考えます。

　第5章は、2009年の政権交代により、新たな歴史の始まりを予感させる年明けから始まります（No.382）。しかしその後、民主党の政権公約は財源が確保できず、大幅に後退します。行政刷新会議の「事業仕分け」は派手なパフォーマンスで終わり、霞ヶ関埋蔵金頼みの財源論では医療制度を安定して運営するにはまったく不十分で、民主党には財源の議論が欠落していました。2009年末に、長妻昭厚労相と藤井裕久財務相が折衝後記者会見し、「ネットで10年ぶりのプラス改定」を強調しました。しかし実際は、薬価「隠れ引き下げ」を加えた全体改定率は実質ゼロで、後発医薬品のある先発品の薬価引き下げも診療報酬の改定率計算に含めるべきであり、捻出された財源は当然技術料の改定財源に入れるべきでした。2月12日の診療報酬改定に関する中医協答申は、医療全体の底上げではなく、急性期の医療を担う大規模病院に集中的に財源が投入される一方で、慢性期の患者やその医療を担う中小病院と診療所に厳しい改定となったこと。救急や産科、小児科、外科に手厚く配分され、出産や新生児を診る周産期医療も早産などリスクの高い妊産婦の入院や救急受け入れ、新生児集中治療室の管理料が大幅に引き上げられたと述べました。

　2010年の大きなトピックは、平成の大合併が3月末で幕を下ろしたことです。合併特例法が期限切れを迎えたことで、1999年から国が進めてきた市町村合併は一区切りしました。合併前に3,232あった市町村数はほぼ半減の1,727となりました。平成の大合併はもともと国の財政再建のためという色彩が濃い施策で、小泉政権下の三位一体改革で市町村は財政難に陥るなど、国のスリム化を棚上げしたまま地方にリストラを押し付けた印象は否めません。残念ながら、一番大事な地域の暮らしをどう成り立たせていくかといった視点は脇に追いやられてしまったことは、現在の地方の衰退を見れば明らかです。

　5月8日、鳩山政権に代わって菅直人内閣が発足しました。菅首

相は「経済成長と財政再建の二兎を追う」と公言し、公約で「強い経済」を目指すと強調しました。6月18日には、医療や介護などを「成長けん引産業」に位置づけた新たな成長戦略を閣議決定しました。菅首相は消費税を10%に引き上げることで「高齢者福祉を賄える」と言いました。2010年1月に財務相だった菅氏は、消費税引き上げは「鼻血も出ないほど無駄をなくしてから」と言っていたのに、わずか5ヵ月後には首相として年度内に増税の具体像をまとめると宣言し、野党に増税協議を持ちかけたのです。2009年の衆院選時マニフェストからの大幅な後退はもちろんですが、7月11日投開票の参院選マニフェストからは民主党の社会保障の形がまったく見えてきませんでした。

9月16日で、歴史的な政権交代から1年を迎えました。17日に菅改造内閣が発足します。初閣議で「政権交代の原点に立ち返り、政策を官邸主導、政治主導で実現する」ことと、「経済、財政、社会保障の一体的立て直しに誠心誠意取り組む」ために、「（6月に閣議決定した）『新成長戦略』の着実かつ早急な実現を図る」などの基本方針を決定しました。

11月9日に、政府は「包括的経済連携に関する基本方針」を閣議決定します。これに沿って、菅首相は域内の経済統合を進めるため、環太平洋戦略的経済連携協定（TPP）について関係国と協議入りすると政府方針を説明しました。参加の判断は先送りされたものの、国民的議論がないままTPPの協議を決めたことに唐突感は否めず、菅政権に対する批判も相次ぎました。内閣府の「食料の供給に関する特別世論調査」では、86%の人が将来の食料輸入に不安を感じており、9割の人が今後のわが国の食料自給率は「高めるべき」と回答していましたが、政府は2011年6月をめどにTPPへの参加判断をするとしました。

この年に私が問題提起したトピックに、植物症からのリハビリテーションがあります。「植物症患者。たとえ意識が無いように見えても、そこには家族が支え、また家族を支えているいのちがある。失われていたのは、私たちの意識の方であり、回復の芽を見つけ出そうという私たちの姿勢が、今問われている」。これは、佐久総合病院の太田正医師の寄稿文の一節です。この後も、植物症患者が社

会の制度からこぼれ落ちている現実を社会に問題提起し続けました。もう一つの問題提起は、増え続ける行方不明高齢者問題です。長寿社会と言われる日本ですが、そこには家族や地域と切り離された孤独な高齢者の姿が見えてきました。地域では高齢者に声を掛け、支え合う取り組みが各地で始まっていきました。

　第6章は、民主党政権の社会保障政策が国民の願いから大きく後退し、TPP交渉参加問題等もあり、国民的運動が重要な年になる、そんな予感の年明けとなりました（No.391）。そして、2011年3月11日の東日本大震災を迎えます。マグニチュード9.0は、1923（大正12）年の関東大震災の7.9を上回る日本国内観測史上最大、世界の観測史上4位（アメリカ地質調査所）の桁外れの巨大地震でした。破壊力は関東大震災の約45倍、阪神・淡路大震災の約1,450倍で、東北地方を中心とした大きな被害により、1都9県が災害救助法の適用を受けました。福島原発事故は、地震、津波に続く世界的な大衝撃でした。福島原発事故は、地震国日本に原発は必要なのかと、重い問いを投げかけました。

　私が震災で一番驚いたのは、菅直人首相が最初の会見（13日）で、「一人ひとりが覚悟を持って、しっかりと危機を乗り越えて欲しい」「よりよい日本を作りあげようではありませんか」と言ったことでした。巨大地震と大津波と原発事故に襲われて、電気、ガス、水道などのライフラインが断たれた暗闇の中で寒さと空腹を我慢しながら、体育館等の避難所で身を寄せ合う被災者に努力を強いる、この国のリーダーとは何なのか、私にはまったく理解できませんでした。

　政府は5月17日の閣議で、東日本大震災の影響を踏まえて、これまでの政策課題の優先順位を組み直す「政策推進指針」を決定しました。指針は「国家戦略の再設計」と「財政・社会保障の持続可能性」の2本柱で構成され、「財政・社会保障」では、今後3年程度で「復興に必要な財源確保と社会保障・税一体改革を実行に移す」と明記し、2015年までに消費税引き上げを含む税制抜本改革を実施する必要性を強調しました。TPPについては、「交渉参加の判断時期を統合的に検討する」という表現にとどめ、当初6月としていた時期を先送りしました。TPP実現の鍵を握る農業改革の基

本指針の取りまとめも延期されました。しかし一方では、マスコミ、財界、大企業などの TPP 推進論者からは「TPP 参加で復興に弾みを」「日本は貿易自由化に備えながら震災復興も後押しする経済活性化策を打ち出すべきだ。TPP への参加がその軸となる」「TPP 交渉への早期参加が日本の未来を切り拓く」などといった拙速な議論が再燃していき、被災者を置き去りにするような議論がまかり通りました。

　私は震災以降論陣を張って、こういった議論に真っ向から対抗する闘いを挑んでいくことになります。震災の悲劇から立ち上がり、復旧から復興へ、そして地域再生へ。「安心の地域づくり」のための協同の実践をどう生み出して発信するのか、この後も続く長い道のりへの出発点となりました。

　第 7 章は、2012 年が「国際協同組合年」の年であり、新自由主義思想に基づく市場原理主義の対抗軸と協同組合はなりうるのか、2011 年の震災から 1 年を経て復興に協同組合はどのような役割を果たすべきか、これらを問題提起した年でした（No.410）。政権は2011（平成 23）年 9 月から、菅内閣から野田佳彦内閣に代わりました。

　沖縄は 2012 年 5 月 15 日、1972 年に復帰してから 40 年を迎えました。沖縄宜野湾市内で政府と沖縄県が共催した復帰 40 周年記念式典で、野田首相は沖縄の基地負担軽減に取り組む決意を改めて述べました。しかしその内容は、米軍基地は「沖縄の大きな負担になっていることは認識している。抑止力を維持しつつ、基地負担の早期軽減を目に見える形で進める」と述べながらも、1996 年の日米合意以降、移設・返還が実現していない米軍普天間飛行場については「固定化は絶対にあってはならない」と述べるに留めざるをえませんでした。仲井真弘多沖縄県知事が、沖縄の米軍普天間基地問題を国全体で考えるよう改めて求めたことは当然でした。

　野田首相は、TPP についても国民の思いとあまりにも違いすぎる行動をとります。野田首相は 4 月 30 日に日米首脳会談などで訪米しました。外務省の日米交渉概要では、野田首相から「TPP はアジア太平洋自由貿易（FTAAP）実現のための道筋の一つである」と述べ、「日米間協議を引き続き前進させるようお互い努力す

ることで一致した」と記述されています。「日米共同声明」でも、「我々は、現在行っている環太平洋パートナーシップ（TPP）に関する二国間協議を引き続き前進させ、どのように二国間の経済調和と地域経済統合を推進していけるのかを更に探求する」と述べます。日米安保については、野田総理が「海洋、宇宙、サイバーといった国際社会が共有する空間の安全保障の向上や、共同訓練等を通じた自衛隊と米軍の運用面での協力の発展を促進していきたい」と述べます。TPP は経済問題ではなく、明確に政治問題であることを示した場面でした。

　野田首相は、8 月 10 日に「社会保障と税の一体改革」関連法を成立させます。そして 11 月 16 日に衆議院を解散し、衆院選が 12 月 4 日公示、16 日投開票の日程で行われました。「政権交代」選挙から 3 年 4 カ月ぶりの総選挙に、民主党が政権を維持するのか、自民党が政権を奪還するのかが焦点だとマスコミは報道しました。そして東京では石原都知事が突然都政を投げ出したことで都知事選とダブル選挙となりました。その石原氏は自民党出身者らとともに橋本徹大阪市長らと合流し、第三局の結集を目指すと言い出しました。しかしそれらは理念と政策の一致も大儀もない国民置き去りの離合集散にしかみえませんでした。

　私は、「消費税増税と TPP 参加、被災地復興と原発事故への対策の遅れなど、弱いものへの対策を置き去りにした党利党略私利私欲だけで物事を進める政党と政治家に対し、国民の投票行動で民意を示す必要がある」と述べました。

　第 8 章は、東日本大震災から 1 年 9 カ月が経った宮城県石巻市の訪問記から始まります（No.418）。女川町と旧雄勝町（石巻市雄勝地区）も訪問しましたが、復興する様子はまったく伺えませんでした。虚しい思いを胸に東京に戻ってきたことを覚えています。そして 2012 年末の衆院選の報告をしています。

　自民党は単独で過半数（241 議席）を超えて自民・公明両党合わせて 325（自民 294、公明 31）の議席を獲得し、約 3 年 3 ヶ月ぶりに政権奪還しました。参院で否決された法案を衆院で再可決できる 3 分の 2（320）を確保する圧勝です。一方の民主党は、公示前の 230 議席を 57 議席に激減させ、破壊的な打撃を受けました。小選

挙区と比例合わせて 267 人を擁立した候補のうち、特に 264 人を擁立した小選挙区は 27 人しか当選できず、当選確率は 21％にとどまりました。現憲法下で最多の 8 人の閣僚も落選しました。

安倍晋三首相は 2013 年 3 月 15 日首相官邸で記者会見し、TPP交渉に日本が参加すると表明しました。前述の総選挙公約で自民党は、「『聖域なき関税撤廃』を前提にする限り、TPP 交渉参加に反対します」と公約しました（「重点政策 2012」）。しかし、2013 年 2月 22 日に開催された「外交・経済連携調査会」に「TPP 参加の即時撤廃を求める会」所属議員が多数出席し意見表明を行い、長時間にわたる議論の末、「TPP 交渉参加に関する決議」が採択されました。その中に「TPP に関して守り抜くべき国益」として政権公約に記された 6 項目が挙げられ、①は農林水産品における関税で、③は国民皆保険、公的薬価制度でした。

ワシントンで行った日米首脳会談では、TPP は「『聖域なき関税撤廃』ではない」との認識を首相は表明しましたが、自民党が「聖域」とした農林水産物の重要品目を関税撤廃の例外にできる保証はなく、全国の農業団体や市民団体などから抗議の声が一斉に上がり、「TPP 交渉参加から即時脱退すべき」の声が大きくなっていきました。

第 9 章では、2013 年 12 月 10 日にシンガポールで開催した TPP閣僚会合では年内妥結を見送り閉会したことから始まります（No.430）。年内妥結を断念した背景には米国の強硬姿勢があります。米国は日本には農産物の関税撤廃を求めて譲りませんでしたが、新興国側は年内妥結を急ぐ米国の譲歩を期待しましたが、米国は自国の利益を優先し最後まで妥協しませんでした。医薬品では米国は新薬業界の利益のために特許保護を求めようとし、特許切れを利用した安易な「ジェネリック医薬品」を活用したい新興国と対立しました。農産物 5 項目の関税は、維持を主張する日本に対して、コメなどの輸出拡大を目指す米国が原則通りの全廃を主張しました。自動車の分野でも米国は対日輸出を増やすため、日本に安全や環境基準の緩和を求め、議論は平行線をたどりました。

平成 26 年度診療報酬改定は、4 月に行われる消費税に伴うコスト増対応分を除いた実質改定率で 1.26％のマイナスとなりました。

健保連などが主張していたように、薬価・特定保険医療材料改定分
（引き下げ分）を診療報酬本体の引き上げに充当するやり方を取り
やめ、薬価改定分は国民に還元する必要があるという理由で、診療
報酬改定はマイナス改定とすべきという要請が取り入れられました。
医療提供体制の再構築、地域包括ケアシステムの構築も、2025 年
に向けて重点化・効率化に取り組みます。2014 年秋には、病院は
高度急性期病床、一般急性期病床、亜急性期病床（回復期を含む）
など、どの病床機能を選択するかを決めなければならなくなりまし
た。

　日本農業を巡る状況も、政府が 2013 年 11 月 26 日に、経営所得
安定対策（戸別所得補償制度）をはじめとした、米政策の見直しに
ついて全体像を決定したことで大変化が起きつつありました。政府
は主食用米の生産量を抑制することで、価格を維持する生産調整
（減反）を、2018 年度をめどに廃止することを決めました。政府の
産業競争力会議も 2 月 20 日会合を開き「成長戦略進化のための今
後の検討方針」を決めました。農業分野では、JA、農業委員会、
農業生産法人の在り方を検討することを明記し、規制改革会議に続
き、産業競争力会議も JA を検討課題とする方針を打ち出しました。
安倍首相は「医療・介護、農業を新たな成長エンジンにすべく改革
を進めていく」と強調しました。

　4 月 7 日、安倍総理は豪州アボット首相と会談し、日豪 EPA 交
渉を実質合意しました。これでオーストラリアに加えアメリカなど
他国も、牛肉の関税についてオーストラリアと同等かそれ以上の率
の引き下げ、または完全撤廃を日本に要求してくることが必至とな
りました。

　政府の規制改革会議が 5 月 13 日に答申した農業改革案は、JA 全
中の「役割、体制を再定義する」とし、地域農業への指導廃止など
大幅な組織改革を目指す方針を示しました。市場開放と農業保護の
はざまでぎりぎりの交渉を続ける政府・与党にしてみれば、反対を
唱える JA 全中へのいらだちから、TPP 交渉と農協改革をセットで
進めることはいわば当然でした。企業の農業参入を促すのは、
TPP 交渉の進展で国内の農業基盤の強化が急務になっているため
でした。

　安倍首相は、12月14日投開票で解散・総選挙を行いました。首相は「アベノミクスの成功を確かなものとするため、消費税の10％への引き上げを18カ月延期する」「アベノミクスが正しいのか、間違っているのか。選挙戦を通じて明らかにする」と述べました。しかし実際は、増税不況の深刻化やアベノミクスの行き詰まりで、2015年10月からの消費税再増税が困難になったというのが事実です。野中広務元官房長官が「政権維持のための解散」と指摘した通り、解散・総選挙の大義はありませんでした。国民にとっては、集団的自衛権、沖縄の米軍基地問題、原発再稼働、そして農協改革などの第2次安倍内閣2年間への審判を下す選挙となりました。

　第10章は、もっぱらアベノミクスを争点にした総選挙が、結果は与党の圧勝が内閣や自民党への積極的な支持によらない「熱狂なき圧勝」となったことから始まります（No.442）。そして戦後70年目の夏は、日本中が集団的自衛権をめぐって大きく揺れました。政府・与党は2015年7月15日の衆議院安保特別委員会、16日の衆議院本会議で安全保障関連11法案を強行採決しました。どんな世論調査でも、国民の5割以上が「憲法違反」と批判の声をあげ、国民の8割が「政府は納得のいく説明をしていない」と答えている法案を、数の暴力で押し通すことは、その内容が憲法9条に反するだけでなく、手続きそのものが国民主権の原則に反する暴挙です。第2次安倍内閣発足以来、支持率は最低、不支持率は最高となりました。

　政府は10月20日、日米を含む12ヵ国で交渉してきたTPPの「大筋合意」の概要を明らかにしました。交渉は国民の目から隠れて徹底して秘密裏に行われ、関税分野で全体図を初めて明らかにしました。市場開放分野では全品目の95％で関税を最終的に撤廃します。国会決議が交渉対象にしないよう求めた農産物重要5項目でも、586品目のうち174品目、約30％で関税を撤廃します。農林水産物全体では2,328品目のうち1,885品目、約81％で関税を撤廃します。過去のどの協定でも関税を撤廃したことのない834品目のうち395品目（約47％）が、TPPで新たに関税撤廃の対象になりました。

　第11章は、第190回通常国会の会期末までのたった5カ月で

TPP条約を批准するのかから始まります（No.454）。TPP承認案と関連法案が4月5日から衆院本会議で審議入りし、政府は審議後に開かれたTPP特別委員会の理事懇談会で野党の要求に応じ、甘利明前経済再生担当相とフロマン米通商代表による閣僚協議などTPP交渉の関連文書を示しました。しかし大半が黒く塗りつぶされた文書で、国民をばかにするにも程があります。安倍首相は「TPPは国家100年の計」と言いますが、まったく国民不在の政治そのものです。TPPは黒塗り文書、交渉内幕本、甘利明担当大臣の不正献金問題の三重苦に直面し、熊本県・大分県を襲った地震被害への対応により、国会での審議・採択は実質先送りされました。

　アメリカは大統領予備選挙の真っ最中で、注目すべきはすべての大統領候補がTPPに反対していることでした。誰が大統領になってもアメリカは採択しないか、協定内容の再協議を求めてくる可能性がありました。

　第24回参院選は7月10日投開票されました。安倍晋三首相が目指す憲法改正に前向きな勢力は、非改選と合わせて改憲の発議に必要な全議席の3分の2に達しました。与党圧勝がマスコミの大方の見方でしたが、農村から選挙結果をみると、東北をはじめ甲信越では野党が圧勝しました。自民党は岩手、山形で完敗、青森、宮城、福島で接戦を落とし、東北6選挙区で1勝5敗と負け越しました。新潟、山梨、長野の甲信越では全敗でした。それに三重、大分、沖縄の野党勝利が加わります。加えて、複数区の北海道での野党の勝利があります。つまり、北海道と東北と甲信越をみると、与党は2勝10敗で勝率は17％で目を覆うばかりの惨敗でした。複数区の結果を見ても、大都会東京、大阪、京都は全て与野党の当選者が同数でした。決して与党が勝ったわけではありません。以上のことから、東北などの農村が与党に反旗をひるがえし、同時に都市でも大都市を中心に与党離れが進んでいることがわかります。

　TPPの旗振り役だった米国では11月9日、TPP離脱を唱えるドナルド・トランプ氏が次期大統領に決まりました。安倍首相は17日、ニューヨークでトランプ氏と会談し、日米同盟やTPPをはじめとした自由貿易体制の重要性を訴えました。首相は会談後「信頼関係を築いていくことができると確信の持てる会談だった」と記者

団に語り、両氏は再会談することで一致しました。日本の首相が、就任前の次期米大統領と会談するのは極めて異例でした。

　政府・与党は11月4日、衆議院TPP特別委員会で、TPP協定承認案と関連法案について、多くの国民の反対を無視して十分な審議も尽くさず強行採決しました。10日午後の衆院本会議ではTPP承認案・関連法を与党と維新の会の賛成多数で可決しました。国民の暮らしに関わる大事なことがいとも簡単に矢継ぎ早に決まっていく事態は異常にしか思えませんでした。国会審議がこれほど形骸化されてよいのかと恐ろしくなりました。

　第12章は、第192臨時国会最終盤の慌ただしい強行採決の嵐を称して「採決強行国会」と言われるほど強行採決が繰り返されたことの批判から始まります（No.466）。アメリカでは2017年1月20日、ドナルド・トランプ氏が第45代大統領に就任しました。連邦議会議事堂前での就任演説では「今日この日から米国第一主義」だと述べ、外交・経済面で国益よりも優先する姿勢を鮮明にしました。トランプ氏はTPPからの離脱方針などを示した基本政策を発表し、医療保険制度「オバマケア」撤廃に関する大統領令に署名しました。

　1月20日には第193回通常国会が招集されました。安倍首相は施政方針演説で、憲法改正案を示すために憲法審査会で議論を進めることを「全ての国会議員の責任」と、改憲を押し付ける姿勢をあらわにしました。そして、「テロなど組織犯罪への対策を強化」すると述べ、「共謀罪」の創設に意欲を表明しました。多国籍企業に農業や食の安全・安心、経済主権を売り渡す「TPP協定の合意は経済連携の礎となる」と述べ、世界貿易の活性化に向けTPPの戦略的重要性を改めて強調しました。そして安倍政権の経済戦略の障害になる「壁」を打ち破ると主張し、農協解体を狙った「農協改革」を一気呵成に進めると表明しました。

　4月に入ると、米国と北朝鮮の牽制合戦はエスカレートしていきました。4月6日にシリアをミサイル攻撃し、13日にはアフガニスタンで大規模爆風爆弾（MOAB）を実践で初めて使用し、「力による平和」を目指すトランプ大統領の意思を見せつけました。北朝鮮は5日に弾道ミサイル1発を発射し、15日にはキム・ジョンウン朝鮮労働党委員長の祖父キム・イルソン主席生誕105年に合わせて

大規模軍事パレードを行い様々なミサイルを登場させました。そして16日朝にはまた弾道ミサイル1発を発射しました。

　国政では、「森友」疑惑、共謀罪、沖縄・名護市辺野古の新基地建設ごり押し、金田勝年法相のあやふやな答弁、稲田朋美防衛大臣の南スーダンに派兵された自衛隊「日報」や「森友」問題での虚偽答弁、今村雅弘復興大臣の原発事故の自主避難者への「本人の責任」暴言など、目を覆うばかりの事態が続きました。

　5月19日、「共謀罪」法案は衆院法務委員会で強行採決され、23日、衆院本会議で自民・公明両党と日本維新の会などの賛成多数で可決、参院に送付されました。国内外からの批判を無視し、異論を封じて数の力で「共謀罪」法案を押し通す安倍政権と与党、日本の維新の会の責任は重大で、自由と民主主義がかかった重大法案であるにもかかわらず、審議は全く尽くされませんでした。安倍首相は2020年までに憲法改正に強い意欲を示す発言を繰り返し、「9条改憲」発言は「共謀罪」法案が戦争する国づくりの一環であることを改めて浮き彫りにしました。

　第48回衆院選は10月22日投開票され、与党は自民党の追加公認3人を含め、総定数465のうち憲法改正に必要な3分の2の310議席を超えました。安倍首相は、争点に掲げた北朝鮮への圧力強化などに国民の合意が得られたとして、第4次内閣を発足させました。第4次内閣の成立は、1952年に第4次内閣を発足させた吉田茂・元首相以来で65年ぶりです。

　第13章は、アメリカ抜きのTPP11や日欧EPA、日米FTAにより食料・農産物の輸入が増加すると、食料自給率の低下だけでなく、安全性に直結することを注視しなければならないことを述べています（No.478）。2018年9月26日、安倍首相とトランプ大統領は新たな貿易協定の交渉入りで合意し、共同声明を発表しました。10月4日に、米国のパーデュー農務長官は「米国の目標は、原則TPPプラスになる」と発言し、TPPや日EU経済連携協定以上の農産品の関税引き下げを目指す考えを示しました。さらに、ペンス副大統領は同日の演説で「日本と歴史的な自由貿易の取引に関する交渉を間もなく始める」と述べ、実質的に自由貿易協定（FTA）交渉との発言をしました。この協定について首相をはじめ日本政府

は「FTA（自由貿易協定）ではなく、日米物品貿易協定（TAG）
だ」と強調しました。日本政府は日米FTAはやらないと言ってい
たのにやることになってしまったので、日米FTAではないと言い
張るためにTAGという造語をわざわざ作り出したのです。

日EU・EPAは2017年12月8日に交渉妥結、2018年7月17日
に署名に至りました。米国を除く11ヵ国による環太平洋戦略的経
済連携協定（TPP11）は12月30日に発効しました。日米が合意し
た2国間の「物品貿易協定（TAG）」交渉の今後の行方には警戒が
必要となっています。

第14章は、1995年の阪神・淡路大震災と2011年の東日本大震
災の経験から、全国の協同組合、生協と農協が大きな支援の力を発
揮できたことに、協同組合の大きな可能性を示唆することから始ま
ります（No.490）。協同組合は地域の善意を集められる組織であり、
やっぱり助け合いの組織であると私には思われました。

2018年12月に、国民にあまり知られることもなく2つの法律が
可決されました。一つは、第196回通常国会で衆議院を通過し、参
議院で継続審議となっていた水道法改正案が第197臨時国会参議院
本会議で可決され、衆議院本会議で可決成立しました（2018年12
月6日）。国会で議論になったのは、公共施設の運営権を民間企業
に一定期間売却する「コンセッション方式」の導入です。この方式
は、行政が公共施設などの資産等を保有したまま、民間企業に運営
権を売却・委託する民営化の手法です。従来の民間への業務委託と
は根本的に違って、事実上の運営責任は民間企業にあり水道料金は
そのまま企業に入るというように、水道事業に関する権限と金が自
治体から民間に移ります。もう一つは、外国人労働者の受け入れ拡
大に向けた改正出入国管理法（入管法）が、12月8日未明の参議
院本会議で成立しました。2019年4月から新たな在留資格のもと
で2025年までに最大34万人の外国人労働者を受け入れることにな
りました。詳細は今後の決定を待たなければなりませんが、法案が
審議されている間に様々な言説が飛び交いました。この2つは、今
後も注視していかなければなりません。

2019年11月19日、日米貿易協定の承認案が衆院本会議で自民、
公明両党などの賛成多数で可決、参院に送付されました。日米デジ

タル貿易協定の承認案も可決しました。米国では議会承認が不要なため、参院審議を経て両協定が国会で承認されれば、2020年1月1日に発効します。政府・与党は参院審議を急ぎ、12月9日の会期末までの承認を目指しますが、条約である協定は憲法の衆院優越規定により、参院が議決しなくても衆院通過後30日たてば自然承認されます。

　通常は数年かかる通商交渉に比べてあまりにも短い交渉だった理由は、ひとえに米国大統領選（2020年11月）に日程を合わせたからです。交渉は「この日程に合わせて交渉範囲をギリギリに絞り込んだ『ミニ合意』にほかなりません」。この協定は「完全なFTA」に向けての「中間協定」に過ぎません。そして今後の第2段階の日米貿易交渉やTPP11締約国との見直し協議という、今後の難しく厳しい交渉の扉を開いてしまいました。

　この章では、介護保険制度の20年とこども食堂、そしてSDGsを取り上げたことは、特筆すべきと考えます。どれも大事なトピックで、今後の介護保険制度への関心は尽きませんし、こども食堂の活動にも目が離せません。SDGs誕生の軌跡も、正しく知って取り組んでいくことが大事と思います。

　第15章は、急速で急激な人口減少を止めること、その原因となっている東京一極集中を阻止し、2020年をどう展望するかから始まります（No.502）。子供が生まれない社会というのは、実は国民の不安の最大の要因ではないのか。不安だから結婚しない。子供を産む選択をしない。あるいは子供の数をもう一人増やすことができない。であれば、社会の安定にもっと投資すべきと私は思います。

　1月20日、第201回通常国会が招集されました。安倍首相は衆参両院の本会議で施政方針演説を行い、内政で最大の課題と位置付ける現役世代から高齢者までが安心できる「全世代型社会保障」の実現に向け、改革を進める方針を示しました。聞こえはいいのですが、現役世代の負担を抑えるために、高齢者等の負担増を行うというコストシフティングであれば、話は別です。なぜなら現役世代の収入に比べて高齢者の収入は当然低いので、「公平な負担」であるはずがありません。

　この章では、日本協同組合連携機構（JCA）を取り上げ、ゲノム

編集食品を取り上げ、2019年12月に亡くなられた中村哲医師を取り上げました。

　最後に、私が2008年1月1日に編集部所属となり、12年5カ月編集者として仕事をしてこられたことは、多くの方々の支えがあったからでした。その感謝の言葉で締めくくっています。

　「おわりに」は、主に第3章から第15章までの12年間の編集後記を踏まえて、いろいろなことがあったことを振り返って考えたことについて、私の思いを述べました。

　「本書に関する業績一覧（研究業績を除く）」も本書の一部を構成しています。「1. 日本文化厚生連発行（文化連情報・くらしと健康）」のうち、「論文・総説・事例研究・報告ほか」は196本で、「インタビュー」は54本です。つまり、「論文・総説・事例研究・報告・インタビュー原稿、ほか」で250本の原稿を執筆したことになります。「2. 福祉の協同を考える研究会」は、8本の論文と報告を執筆しました。「3. その他の雑誌等掲載」は、19本の執筆をしています。「4. その他（編集後記）」は9本です。

　したがって、本書に掲載した「業績一覧」の合計は286本になります。

I　協同組合と情報

——日本文化厚生連と『文化連情報』——

第1章 日本文化農業協同組合連合会 の組織と事業

はじめに

安倍政権（当時）のTPP（環太平洋連携協定）交渉と、交渉に反対する勢力との軋轢の中で、TPP交渉の全貌が判明しないまま、官邸・マスコミはTPP交渉問題を農業問題に矮小化してきた。農協組織は、TPPは農業問題だけではなく、日本全体のあらゆる構造を変えてしまう危険を孕むものであることを訴えてきたものの、政府はTPPに反対する勢力つぶしの矛先を農協に向け、農協組織の解体を実行しつつある。つまり、安倍政権はTPPを先取りしつつ、ここ2年[1]は農協「改革」を軸に急展開してきた。TPPの発効がトランプ大統領の登場でとん挫したにも関わらず、安倍政権はTPP批准の道を突き進み、農協「改革」をその道連れにしている。

こういったTPP交渉をめぐる闘いの中で、そして農協「改革」が社会的な話題になる中で、協同組合セクターの農協「改革」への関心も高まってきているようである。農協「改革」の本質については、すでに色々な論考が世に出されていることから、それらを参考にしていただきたいが、このような事情から、文化連という組織についても、各方面から興味も持たれているのであろう。本章は、そうした文化連の歴史と事業を中心に紹介したい。

1. 文化連の組織の概要

(1) 設立と目的

日本文化厚生農業協同組合連合会（略称「文化連」）は、戦後の混乱のなか、農業の再建と農村の民主化をめざす大きなうねりを背景に、全国から60をこえる農協の代表が参集して創立された。

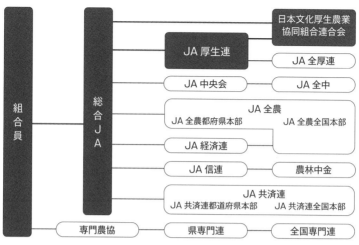

（資料）文化連ホームページより。

図 1-1　農協（JA グループ）の組織図

1948（昭和 23）年に農業協同組合法により、農民の経済的及び文化的な向上をはかり、社会的地位を高める目的で設立された。設立趣意書では、会員厚生連と農協と力を合わせれば「無医村に巡回治療班を送ることも可能になる。さらにまた、農業技術から育児、栄養、衣服、住居など生産文化、生活文化の講習、講演会も定期的に開催し得る」と述べている。ここでいう文化とは、学問や芸術といった狭義ではなく、生産活動を基礎とした生活全般、つまり人間生活を高め新しい価値を創造するもの、本当の意味での豊かで健康的な生活を意味している。

　文化連は「農村の生活文化の確立と、農民にも高い医療水準をという、今日では何人もその必要性を否定し得ない重要な任務を分担」し、「活動を展開しようとしたものである」（山口一門 1983）。

　現在の農協グループの中での文化連の位置は、**図 1-1** のようになる。

(2)　組織の沿革

　1948 年 8 月の発起人会・設立準備会を経て、文化連は 9 月 23 日に創立総会が開催された。1948 年がどういう時代かというと、そ

の年の 2 月に全国農業会解散準備総会、農協設立運動が始まった。6 月には農協連合会設立が始まる。厚生連設立も 6 月である。8 月には農協全国連設立が始まり、全国農業会が解散した。10 月には全販連設立認可、全購連設立が認可された。11 月には全指連設立が認可された[2]。

　社会及び医療の動きをみると、1948 年 2 月には食糧配給公団ほか三公団が設立された。7 月には医療法、医師法、歯科医師法、保健婦・助産婦・看護婦法が公布され、消費生活協同組合法公布（産業組合法廃止）された。8 月には中央地方社会保険医療協議会が設置され、12 月には GHQ が、経済安定 9 原則の実施を政府に指示した。12 月には社会保障制度審議会設置法が公布された。

　1948 年だけをみても、これだけの農業・農協の動きと社会および医療の動きについて見ることができる（日本文化厚生農業協同組合連合会 1983：185-193）。創立以後の 70 年史を以下に年表として掲載する（**表** 1-1）。

表 1-1　文化連の 70 年史年表（主な事項）

年	月	事　項
1948 年	8 月	発起人会・設立準備会
	9 月	創立総会
	11 月	設立認可
1949 年	6 月	日大ビルより帝農ビルへ移転
1950 年	1 月	文化連再建懇談会
	4 月	全国農業会より国立寮、八王子住宅を譲受
	8 月	『文化連情報』『新農協情報』刊行
	9 月	渋谷区代々木の現在地に農協会館建設用地を取得
1951 年	6 月	新宿農協会館落成
	10 月	農協運営講習会（日販連、日購連共催）
		『月刊厚生』刊行
1952 年	9 月	家庭雑誌『明るい生活』発刊
1954 年	5 月	『月刊厚生』を『時報農村医療』と改題
	7 月	全国農協中央会に加入
1955 年	2 月	東北地区厚生連協議会
		医薬品の共同購入開始
	8 月	農協医療事業の推移と問題に関する座談会
1957 年	5 月	『時報農村医療』を『厚生連情報』と改題

1959 年	9 月	協同組合懇談会
1963 年	6 月	第1回医薬品問題対策会議
1967 年	3 月	第1回農協問題研究集会
1968 年	7 月	第1回厚生連資材担当者会議
1969 年	8 月	新宿農協会館建設委員会発足
1971 年	3 月	医薬品担当者協議会
1973 年	1 月	新宿農協会館竣工
1974 年	2 月	第1回関東・長野地区資材担当者会議
	4 月	レントゲンフィルムの取扱い開始
	11 月	茨城県三村農協婦人部研修会（各地で婦人部研修会への支援始まる）
1975 年	9 月	単協生活活動会議
1976 年	7 月	生活活動研究会
1978 年	6 月	第1回東海地区医薬品資材担当者会議
1979 年	1 月	生活担当職員交流会議
	3 月	農協問題研究会設立
	8 月	農協問題研究会全国研究集会
	10 月	第1回厚生連薬剤師研修会
		『くすりの話』出版
	12 月	第1回レントゲンフィルム対策会議（レントゲンフィルムの本格的共同購入始まる）
1980 年	1 月	文化連創立30周年記念式典
	7 月	健康管理活動研究会
1981 年	5 月	厚生連医薬品対策代表者会議
	6 月	愛知県厚生連農協薬局へ調査団派遣
1982 年	3 月	第1回農民の健康を守る集会（茨城県石岡地区農協連と共催）
	11 月	理事会で新宿農協会館増改築計画を承認
1983 年	2 月	名古屋事務所設置
	10 月	『文化連三〇年史』発刊
	11 月	第1回農民の健康を守る栃木集会
1984 年	11 月	第1回医療器械購入対策会議
1985 年	4 月	新宿農協会館増改修竣工
	12 月	『文化連情報』100号発行
1986 年	4 月	第1回薬局管理者研修講座
	11 月	第1回厚生連用度業務研究会
1987 年	2 月	農協産直研究集会
1988 年	9 月	文化連創立40周年記念式典
1989 年	1 月	下郷農協立下郷診療所設立支援
	2 月	厚生連消費税研究会
	4 月	安心安全な食べ物の組合員対象の共同購入運動を開始

	7月	マンガ『米がなくなる日』出版
1990年	4月	医療材料の新しい共同購入システムに着手
1991年	4月	秋田事務所設置
	6月	第1回単協共同購入運動現地研修会
	10月	名古屋事務所長久手町に移転
1992年	2月	第1回生活活動活性化研究会
		「守ろう！日本の農業」ジュース供給開始
	5月	名古屋配送センター（単協事業）開所
	6月	医事請求問題研究会
1993年	9月	『病と闘い生きぬくということ』出版
1994年	9月	『文化連情報』200号発行
1995年	5月	管理部、業務部、資材部の3部制とする機構改革実施
	7月	関東地区厚生連医療材料交渉代表委員会
	12月	医療器械購入対策参事・部長会議
1996年	7月	関東地区厚生連医療材料共同購入委員会
		中国地区厚生連医療材料購入対策会議
	9月	株式会社カインズ設立
	11月	『佐久病院ナース物語』出版
1997年	9月	第1回厚生連病院と単協をつなぐ医療・福祉研究会
	10月	「医療保険抜本改革」を受けての医療経営改善対策研究会
1998年	2月	東海地区厚生施設設備経験交流研究会
	5月	『地域をつむぐ医の心』出版
	6月	第50回通常総会開催
	9月	第1回厚生連施設・設備、購入問題研究会
		文化連創立50周年記念式典
	10月	厚生連用度業務研究会を厚生連病院業務改善研究会と改組
1999年	7月	管理部、業務部、資材部、情報システム部の4部制とする機構改革実施
	8月	医療材料保管管理・配送の外部委託化実施
2001年	4月	第1回厚生連・院内感染予防対策研修会
	5月	第1回厚生連医療材料全国共同購入委員会
2002年	2月	『リーダーの条件』出版
	3月	医療材料全国共同購入委員会第1回人工透析専門部会設立
	5月	医療機器・システム・保守問題協議会
	6月	『うちの保健婦』出版
	8月	医療材料全国共同購入委員会第1回人工透析専門部会
		第1回5厚生連医薬品共同購入担当部長会議
2003年	5月	厚生連医療機器保守問題対策研究会
	9月	PETセンター施設見学・研究会
	10月	5厚生連薬剤選択のための研究会

	12 月	管理部、業務部、資材部、情報システム部、医療健康事業部の 5 部制とする機構改革実施
		メディカルサイト相模原開所
2004 年	5 月	医療健康事業部を医療・生活事業部に改組
	7 月	院内感染防止対策栄養科向研修会
	9 月	院内感染セカンドクラス研修会
2005 年	2 月	第 2 回保守問題対策会議
	4 月	職員教育「講座履修制度」開始
		第 50 回関東地区厚生連医療材料共同購入委員会
	7 月	第 10 回 5 厚生連医薬品共同購入担当部長会議
	11 月	第 20 回薬局管理者研修講座
	12 月	第 20 回厚生連医療材料全国共同購入委員会
2006 年	7 月	基幹システム「BEAMS」稼動
	9 月	第 10 回厚生連病院と単協をつなぐ医療・福祉研究会
	11 月	職員教育「中堅職員能力開発支援制度」開始
2007 年	3 月	第 10 回厚生連医療経営を考える研究会
	7 月	第 1 回厚生連 DPC 対策研究会
2008 年	7 月	第 60 回通常総会
		平成 20 年度第 1 回経営管理委員会制度発足
	9 月	文化連創立 60 周年記念式典
2009 年	4 月	熊本県厚生連加入
	7 月	東びわこ農協加入
	11 月	厚生連医療機器保守問題対策会議代表者会議
2010 年	4 月	山梨県厚生連加入
	5 月	厚生連治験ネットワーク設立準備講演会
	6 月	厚生連看護部研修会
		中四国地区厚生連医療材料共同購入委員会設立（平成 29 年度に西日本地区厚生連医療材料共同購入委員会へ改組）
	11 月	厚生連医療材料全国共同購入委員会　第 1 回臨床工学部会・循環器部局会議
2011 年	1 月	厚生連病院治験ネットワーク設立
	2 月	10 厚生連薬剤選択委員会設立（2015 年「薬剤選択部会に改組」)
		第 1 回厚生連医療メディエーター養成研修会
	4 月	第 6 次事業計画
	5 月	第 1 回厚生連病院治験ネットワーク総会
	7 月	山口東農協加入
		あしきた農協加入
		周南農協加入
		上益城農協加入
	11 月	海外視察研修（デンマークの地域包括ケア)

2012 年	7 月	兵庫県厚生連加入
		信州上田農協加入
		玉名農協加入
		八代地域農協加入
		熊本市農協加入
		熊本宇城農協加入
		山口宇部農協加入
	8 月	米韓 FTA と韓国医療等調査
2013 年	4 月	第 1 回厚生連病院共同治験審査委員会
		栃木県厚生連解散
	7 月	ハリマ農協加入
	8 月	農協会館耐震・リニューアル工事竣工
	10 月	海外視察研修（イタリア医療事情）
	11 月	第 1 回四国地区厚生連臨床工学技士会議
2014 年	1 月	文化連情報「農協組合長インタビュー」開始（第 1 回：新ふくしま農協・菅野孝志組合長）
	2 月	第 1 回厚生連診療情報管理士研究会
	4 月	第 7 次中期事業計画
	5 月	第 1 回介護事業実践道場（小規模多機能立ち上げ道場）
	7 月	あまくさ農協加入
	10 月	第 2 回厚生連診療情報管理士研究会（この回から全国厚生連と共催）
	11 月	第 1 回厚生連放射線医療機械ライフサイクルコスト会議
2015 年	3 月	大分県厚生連加入
		厚生連医薬品全国共同購入委員会設立
		メディカルサイト相模原を㈱カインズへ譲渡
	4 月	自己資本増強計画策定（平成 28 年度から 37 年度）
	6 月	郡山市農協（福島さくら）加入
		第 1 回厚生連病院臨床研究研修会
	7 月	佐伯中央農協加入
	10 月	ミラノ万博視察派遣
		第 64 回日本農村医学会「動き出した厚生連病院治験ネットワーク」発表
2016 年	1 月	IYC（国際協同組合年）記念全国協議会加入
	3 月	鹿児島県厚生連加入
	4 月	埼玉県厚生連解散
	8 月	三次農協（広島県）加入
	9 月	第 1 回臨床試薬対策研究会
	12 月	日本臨床薬理学シンポジウム「厚生連治験ネットワークにおける事務局の役割」発表
2017 年	4 月	第 8 次中期事業計画

	8月	あいち尾東農協加入
		兵庫南農協（兵庫県）加入
2018年	3月	高知県厚生連加入
	6月	あいち知多農協（愛知県）加入
	7月	兵庫西農協（兵庫県）加入
	9月	創立70周年記念式典・祝賀会

注1）日購連とは、日本購買農業協同組合連合会のことであり、1949（昭和24）年1月
　に設立が認可された。その後、1981（昭和56）年6月30日の文化連第34回通常総
　会と日購連第33回通常総会において、両連合会の合併議案が討議され、それぞれ議
　決された。こうして日購連は文化連と合併した。

注2）日販連とは、日本販売農業協同組合連合会のことであり、1951（昭和26）年1月
　に設立が認可された。販売事業を行う専門農業協同組合（専門農協）を会員とする
　日本の農業協同組合連合会（農協連合会）である。2017年4月から、一般社団法人
　に組織替えした。

注3）ホームページに掲載されている、設立から2008年までの60年までの歴史の主
　な出来事を記述した。2009年から2018年までは日本文化厚生農業協同組合連合会
　（2018）より作成。

（出所）文化連ホームページ、日本文化厚生農業協同組合連合会（1983）、及び日本文化
　厚生農業協同組合連合会（2018）より、一部改編して作成。

(3) 会員厚生連・単位農協

　現在日本には、農業協同組合（JA）は634単位農協が存在し、
組合員の協同組織として地域ごとに設立されている。事業として、
農産物の販売事業、生産・生活資材の購買事業、信用事業、共済事
業、介護福祉事業、その他の事業活動を行っている（2019年5月
現在）。そして、厚生農業協同組合連合会は、全国に33厚生連107
病院が存在し、ほとんどは単位農協の協同組織として都道府県ごと
に設立されており、医療事業、健診事業、介護事業、その他の事業
を行っている（2019年5月現在）。

　文化連は、こうした厚生連と単位農協の出資により成り立ってい
る。県厚生連（2つの郡厚生連を含む）23会員と単位農協65会員、
その他1会員の合計89会員で構成されている（**図1-2**）。

(4) 理念と使命、4つの仕事

　文化連の「理念と使命」は次のようなものである。

　文化連の理念は、「会員とともに取り組む共同購買事業と協同活
動を通じて、組合員と地域住民の命と暮らしを守り、誰もが健康で
文化的な生活を享受できる地域づくりに貢献する」ことである。そ

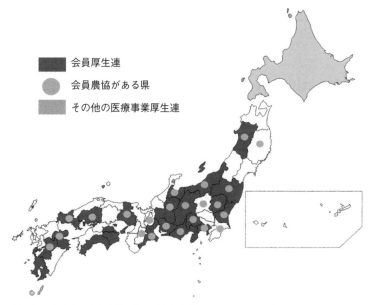

会員厚生連

会員農協がある県

その他の医療事業厚生連

(出所) 日本文化厚生農業協同組合連合会作成 (2019 年 5 月現在)。

図 1-2　文化連の会員

してその使命は、「信頼される連合会として会員とともに歩み続けること」、「事業を通じて、会員の経営を支え、農村をはじめとする地域の医療・福祉の充実に寄与すること」、「農業を守り安心してくらせる地域づくりをめざして行動すること」である。

　文化連は、農村医療・福祉を支えるために、次の４つの仕事に取り組んでいる。

　第１は、「病院で使用する医薬品等の共同購買・メーカー交渉により廉価購入を実現する」ことである。第２は、「適正使用を推進し、安全で質の高い医療と病院経営高度化に貢献する」ことである。第３に、「医療・福祉・健康づくりにわたり安心して暮らせる地域づくりのために、農協と病院の連携・協同を支援する」ことである。そして第４に、「会員の役職員、専門職の教育・研修および機関誌を通じた情報提供」である。

(5) 機構、役員・職員数

　文化連の事業を進める体制として、**図1-3**の機構図を示すことができる。総会は最高決定機関である。経営管理委員会は経営管理委員13人で構成され、総会で選出される。そして経営管理委員会は理事と代表理事を選任する。また、経営管理委員会は会長、副会長を選任する。

　常務理事といった役付き理事（2020年7月現在2人）は、理事会で選任する。監事会は監事4人で構成され、総会で選任される。また、理事長の元に内部監査委員会、厚生連医薬品全国共同購入委員会と厚生連医療材料全国共同購入委員会が設置されている。

　総務企画部、業務推進部、事業管理部の3部体制のもとで、総務企画部には総務課、企画広報課、財務法務課の3課を設置している。業務推進部には、業務1課から4課、医薬品課、医療資材課、医療器械課、治験事業課、生活福祉課の9課を設置している。事業管理部には事業管理課、情報システム課、総合事務センター、事務統制

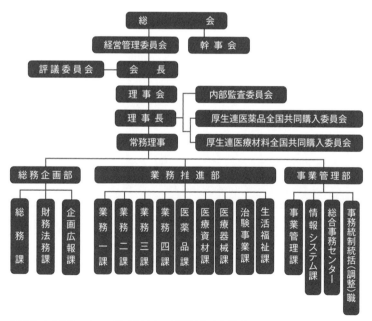

（出所）文化連ホームページ（2020年10月現在）より作成。

図1-3　機構図

統括（調整）職を設置している。

　職員数は 107 人である。男女の内訳は、男 74 人、女 33 人となっている。うち、技術職員は薬剤師、看護師等が 11 人であり、うち嘱託職員は 9 人である。さらに、臨時・パート職員として 11 人が在籍しており、職員合計は 118 人である（2019 年 5 月現在）（日本文化厚生農業協同組合連合会 2019：11）。

2.　文化連の事業

(1)　事業概要

　文化連の会員は、日赤、済生会と並んで公的病院と呼ばれる厚生連病院を経営する各県の厚生農業協同組合連合会と単位農協（単協）の直接加入によって構成されている。現在、文化連は、農民および農村住民が自分たちの健康を守るために作った厚生連病院に対して、医薬品、医療資材、医療機器を、単協に対しては食品、保健福祉資材を斡旋・供給する事業を行っている。

　医薬品分野は、東北・関東・信越地区、中四国地区の 12 厚生連 42 施設が参加し、「廉価購入」と「適正使用＝標準化」を通じて病院経営に寄与することを目的として、厚生連医薬品全国共同購入委員会を設置し、購入対策に取り組んでいる。

　医療材料分野は、厚生連医療材料全国共同購入委員会（22 厚生連 83 施設で構成）を 2001（平成 13）年に結成して、メーカーと直接交渉することを通じて廉価購入を実現するために、医療材料分野での共同購入事業を行っている。また、会員の意見を結集して PB（プライベートブランド）商品を開発している。

　医療器械分野は、CT や MRI などの高額医療機器の保守メンテナンスについて、賛同を得られた施設間で情報を集中して、適正な価格で充実した保守メンテナンスが受けられるシステム作りを行い、成果をあげている。病院の移転新築に伴う機器の購入や毎年の施設整備について会員と一体となって、より良い機器の廉価購入から保守メンテナンスにわたるライフサイクルコストの低減のために事業を展開している。

　医療技術の進歩にあわせて、医療材料の種類は増加し、高額な材

料も増えている。また、高機能病院では 1 年間に使用する材料の
30％が新規に採用され、また、使用されなくなっており、それらの
正確な管理は病院経営上大きな課題となっている。医療材料の管理
に必要なコンピュータシステムの提供や、商品マスターの提供（文
化連オリジナルで 25 万件以上）を通じて、厚生連病院の経営改善
に寄与している。

　安心、安全な食べ物の供給を通じて、農民の健康を守る運動を、
会員単協をはじめとする、農協の女性組織等と力を合わせてすすめ
ている。高齢化の進む農村部において、農協の高齢者福祉に関する
補完事業を行っている。

　これらの事業や活動に附帯するものとして、情報の提供や、各種
研究会・研修会の開催、出版物の発行などの活動にも力をいれてい
る。

（2）事業分野別供給額と会員厚生連の事業参加状況

　上述した仕事を通じて、事業分野別の購買品供給額（令和 2 年度
供給計画）を、**表1-2** に示した。医薬品 324.0 億円、医療材料
436.0 億円、医療機械 70.0 億円、単協資材 2.8 億円、その他 1.47 億
円であり、購買事業供給高計は 834.27 億円である。99.8％が、医薬
品、医療材料、医療機械、及び単協資材の供給額であり、事業の柱
である。

表 1-2　事業分野別供給額（令和 2 年度供給計画）

事業分野	供給額（%）
医薬品	324.0 億円（ 38.8%）
医療材料	436.0 億円（ 52.3%）
医療機械	70.0 億円（ 8.4%）
単協資材（生活・医療介護）	2.8 億円（ 0.3%）
その他供給	1.47 億円（ 0.2%）
購買事業供給高　計	834.27 億円（100.0%）

（出所）日本文化厚生農業協同組合連合会「第 73 年度事業計画書」p.6 より作成。

　会員厚生連の事業参加状況をみると、医薬品共同購入 12 厚生連
42 施設、医療材料共同購入 22 厚生連 83 施設、臨床検査試薬 13 厚

生連 51 施設、医療機械保守適正化 17 厚生連 65 施設、マスター情報共同利用 15 厚生連 59 施設、厚生連病院治験ネットワーク 19 厚生連 51 施設となっている（**表 1-3**）。

表 1-3　会員厚生連の事業参加状況

事業分野	参加厚生連・病院
医薬品共同購入	12 厚生連 42 施設
医療材料共同購入	22 厚生連 83 施設
臨床検査試薬	13 厚生連 51 施設
医療機械保守適正化	17 厚生連 65 施設
マスター情報共同利用	15 厚生連 59 施設
厚生連病院治験ネットワーク	19 厚生連 51 施設

注 1）会員 23 厚生連の施設数は全体で計 100 施設。
（出所）日本文化厚生農業協同組合連合会「第 9 次中期事業計画書　令和 2 年度〜令和 4 年度」p.9 より作成。

(3) その他の事業

　「農民のくらしと健康を守るため、農民の声が届く全国連合会づくりを」という創立の理念に基づいて、文化連では、単位農業協同組合（単協）の直接加入を早くからすすめ、会員単協の事業を直接に支援、補完する取り組みを行ってきた。2017 年 2 月現在、生活活動や福祉活動を重視して取り組んでいる 65 の単協（22 県）が加入しており、その数は年々増えている。主な支援業務には、研修会の講師派遣、共同購入事業の支援、高齢者福祉事業の支援などがある。

　また月刊誌として『文化連情報』を発行し、単協会員向けに『くらしと健康』を年 4 回発行していたが、2020 年 5 月からは、『文化連情報』に組み込むこととした。

3.　今後の課題

(1) 理念

　厚生連病院は、県単位では地域性や独自性を保有・発揮して地域と暮らしに根差した医療を展開している。全国的には同一組織体と

して横の連携や協力・協同・支援のシステムを構築してきており、今後の政策・制度対応局面での厚生連グループとしての一体性を堅持していく必要がある。

　また厚生連の医療・保健・福祉・介護事業は、組合員と地域住民のくらし全般を支援する農協の総合事業の一環として、農協が事業として継続していくことが必要となっている（小磯明 2017）。

　文化連は「理念」において「会員とともに取り組む**共同購買事業と協同組合活動**を通じて、組合員と地域住民の**命とくらし**を守り、誰もが健康で文化的な生活を享受できる**地域づくりに貢献**」することを掲げている。

　「第9次中期事業計画（令和2年度～令和4年度)」において、次のように「3つの柱」と「3つの改革」として再整理した。

(2) 3つの柱

　第1の柱として、「共同購買事業と協同活動で会員の経営改革に寄与」すること、第2の柱として、「厚生連と単協の連携による安心の地域づくりを支援」すること、第3の柱として、「『文化連情報』・研究会等で情報・教育機能を充実化」するとした。

　第1の柱の「共同購買」は、「共同購入ビジョン―協同の構想―」の実践に全力で取り組み、会員との間で経営改善目標を共有し達成をめざす。そして会員参画による事業の展開を最大限追求する。第2の柱の「地域づくり」は、組合員の健康づくり活動、厚生連と単位農協の連携支援に取り組み、協同組合福祉・地域包括ケアの交流・研究を進める。第3の柱の「情報教育」は、機関誌等を通じた情報提供と会員の交流を強化し、会員の要望に基づき、研究会開催や情報教育支援に取り組む。

(3) 3つの改革

　改革の第1は「『地域社会の一員』観の確立」であり、会員の業務に溶け込んで存在するような「地域社会の一員」意識をもって日々仕事に臨む。第2は「『専門性と先進性』の構築」であり、会員の期待に応えられるプロフェッショナル機能を向上させ、常に学び続ける職員集団をめざす。第3は「財務基盤の強化・共有財産の

保全」であり、効果的・効率的な事業運営に努め、経営の健全化・安定化を図る。

　以上である。

注

1)　本稿は、2017年3月25日付け『季刊　くらしと協同』に掲載されたことに留意されたい。
2)　1948年に、全販連（全国販売農業協同組合連合会）と全購連（全国購買農業協同組合連合会）が設立されたが、1972年（昭和47年）には全販連と全購連が合併し、全国農業協同組合連合会（全農）が設立された。全指連とは、全国指導農業協同組合連合会のことであり、全国指導連と略称される。農業協同組合の指導を行い、農民および組合の利益代表として活動することを目的とした組合連合会である。全国販売農業協同組合連合会、全国購買農業協同組合連合会と都道府県の指導農業協同組合連合会によって構成され、情報の提供、調査事業などを行なったが、単位農協などに対する指導力が弱く、1954年農業協同組合法の一部改正により全国農業協同組合中央会（全中）に組織替えされた。

文献

小磯明「地域インフラを支える農協——厚生連と佐久総合病院」高橋巌編『地域を支える農協——協同のセーフティネットを創る——』コモンズ、2017年、pp.131-164。

日本文化厚生農業協同組合連合会「文化連30年史年表」『日本文化厚生連三十年史』1983年、pp.185-193。

日本文化厚生農業協同組合連合会「文化連70年史」『日本文化厚生連七十年史』2018年、pp.176-191。

日本文化厚生農業協同組合連合会「令和2年度　新卒採用説明会」2019年5月。

日本文化厚生農業協同組合連合会「第73年度事業計画書」（令和2年4月1日から令和3年3月31日まで）。

日本文化厚生農業協同組合連合会「第9次中期事業計画書　令和2年度〜令和4年度—文化連の自己改革でめざすもの—」。

文化連ホームページ（http://www.bunkaren.or.jp/index.html）。

山口一門「苦闘の歴史を物語にするな」日本文化厚生農業協同組合連合会『日本文化厚生連三十年史』1983年、pp.5-7。

第2章 組織活動の中での文化連情報の役割

1. 文化連の設立期

(1) 定款からみる機関誌の役割

　定款「第2章　事業」第7条は、次のように規定している。

「(1)　農村の生活及び文化の改善に関する事業

（イ）農村の生活及び文化の改善に必要な共同利用施設の設置

（ロ）科学、技術、芸術、スポーツ及び娯楽の普及

(2)　保険医療施設の設置

(3)　老人の福祉に関する事業

(4)　第1条の事業目的を達成するためにこれに関連して行うこと
　　を通常必要とする範囲の次の事業」

である。そして、「(4)　第1条の事業目的を達成するためにこれ
に関連して行うことを通常必要とする範囲の次の事業」の中の
（イ）（ロ）（ハ）（ニ）の（ハ）が、**「機関誌及び文化刊行物の発行
配布」**である。しかし、「（ロ）医師、薬剤師、看護師、保健師その
他の医療・福祉関係者の教育及びこれの養成に関する施設」、「（ニ）
文化厚生に関する知識の向上を図るための教育及び情報の提供」も、
「機関誌」を通じて、という直接的表現ではないが、（ロ）では「教
育」が記述され、（ニ）では「教育及び情報の提供」が記述されて
おり、機関誌の発行とまったく無関係ではないと考えるほうが自然
であろう。ちなみに、「（イ）文化及び生活資材、保健医療資材、医
療器械並びに医薬品（動物用医薬品を含む。）の斡旋並びに供給」
が、最初に掲げられていることは当然である。

　したがって、「機関誌の発行」は事業である。始めから機関誌を
発行することを目的として、文化連は設立された。（ゴチックは小

磯による）

(2) 『日本文化厚生連三十年史』からみる機関誌の役割――設立趣意書原案と目論見書

　『日本文化厚生連三十年史』の44頁、66頁、67頁、89頁、148頁、149頁に、『文化連情報』についての記述が見られる。それを全て解説することは無理だが、本テーマとの関係で重要と思われる箇所を見ておきたい。

　第1は、発起人会に提出された設立趣意書原案である。この設立趣意書で最も注目すべきは、「設立する全国連の名称を『日本文化農業協同組合連合会』としており、『厚生』を欠いていた」ことである。事業の主なものとして次の6項目をあげていた。

　(1) 会員たる各農業協同組合の文化事業の指導、助成および会員所属組合員の自主的文化活動指針のための指導者および参考書の供給

　(2) 芸術、科学に関する講演会、講座の計画的な恒常的な供給

　(3) 各種スポーツの指導会、実演会の開催斡旋

　(4) 映画、演芸等の娯楽につき、連合会自身の手で健全な内容のものを選択又は創造し、これを定期的に配給する事業

　(5) 書籍、雑誌、スポーツ用品、楽器、ラジオ、その他の文化資材の配給斡旋

　そして6番目に、「**(6) 機関誌およびニュースを発行して国内文化情報を交換する事業**」が記述されている（44頁）。

　『三十年史』が指摘するように、「壮大な構想にもとづく文化事業に重点が置かれていることは言うまでもない」が、厚生事業についても一定の配慮が払われていたこと、とりわけ単協の生活・厚生事業に対する対応が考えられていることは、趣意書の文面からも明らかであり、次の「目論見書原案における事業の規定」からより明確に読み取れる。

　(1) 農村の生活及び文化の改善に関する施設

　(2) 農村の生活及び文化の改善に必要な科学、芸術、スポーツなどの講演、講座の開催

　(3) 健全な娯楽の供給

　（4）　会員の構成員たる組合員の自主的文化活動の指導と助成
　（5）　第 1 号乃至第 4 号の事業の目的を達成するために、これに関
　　　　連して行うことを通常必要とする範囲の左（次――小磯）の
　　　　事業
　　（イ）　各種文化資材の配給斡旋
　　（ロ）　機関紙誌と各種文化刊行物の発行配布
　　（ハ）　この連合会の事業に関する各種情報の提供と調査研究
　　（ニ）　文化活動による組合員の協同組合教育

　以上のような目論見書の事業規定にたいして保健医療事業にかんする規定を追加すべきであるとの修正動議が出され、異議なくその修正意見が採択された。連合会の名称も「日本文化厚生連」と改め、事業種目の第 3 項として新たに「保健医療施設及び経営の指導、国民健康保険事業の普及」を追加すること、付帯事業の（イ）を「各種文化資材及び保健医療資材の配給斡旋」と改めることにした。このように改められた目論見書の事業規定がそのまま定款の事業規定となったのである。（ゴチックは小磯による）

2.　文化連情報の歴史からみる機関誌の役割

(1)　機関誌・紙発行の歴史
　まず、機関誌・紙の発行の歴史を見てみよう（**表 2-1**）。
　このように歴史を見ると、当時の経営陣が機関誌の発行にどれだけ苦心してきたかを垣間見ることができる。そして「情報」提供することを、どれだけ大事にしてきたかをこの表から読み取れるのではないかと思う。
　表 2-1 の通り、昭和 25（1950）年 8 月 1 日に『文化連情報』は創刊される。ここで金井満と田島敏郎の名前が出てくる。日本文化厚生連（2018）では、「茨城県・玉川農協組合長山口一門が第二代会長に就任し、金井満（後に全国厚生連専務に就任）、田島敏郎との三人体制で、文化連の再建に取り組みました」（16 頁）と述べている。つまり文化連の原点を成す歴史的人物である。山口一門氏は、昭和 25（1950）年、赤字に陥った玉川農協の再建のため、31 歳で

表 2-1 機関誌・紙発行の歴史

昭和 24（1949）年 1月	農林省の認可を受けて、文化連発足。 『農村文化新聞』発行。1号〜3号まで。新聞紙のような大判。 1号では、文化連の発足当時の模様が生き生きと伝えられており、全国各地から60余名が出席し、創立総会が開催されたことなど詳細が記載されている。 2号では、単協に対する服装サービスを始め各種のサービス班の活動状況を伝えているし、また、文化連の支部が関西始め2、3カ所に設置されたことなどを報じている。
昭和 24（1949）年 8月	『文化連ニュース』と改題。 新聞紙大のものが小型の情報誌に移行していった。
昭和 25（1950）年 8月1日	『文化連情報』創刊号。 金井満と田島敏郎[1] の2人がガリ版切り印刷したもの。然し内容は、国民健康保険が医療費の半分しか給付しなかった当時、岩手県気仙郡日頃市の鈴木村長が10割給付を率先実施し、始めは医療費が増加したが、漸次医療費の給付が減少したという実態を報告した。これは有名な沢内村等に波及していったものであり、情報がこの先験的役割に注目していたことは評価されてよい。
昭和 25（1950）年 11月29日	『文化連情報』を文化連・日販連の共同編集とした。
昭和 26（1951）年 1月1日	『文化連情報』を『新農協情報』と改題。半専任の職員を置き、月1回は必ず発行する体制をつくった。ここでは、中央の農業、医療情勢を情報として流し、会員単協の活動等も報告し、好評であった。当時は有料で発行していたが評判の良いわりには誌代は入金されず、経営は苦しかった。
昭和 26（1951）年 2月15日	『新農協情報』第8号からは文化連・日販連・日購連の三連共同編集とし、昭和29（1954）年2月15日付第59号まで継続した。
昭和 26（1951）年 10月20日から	厚生連に対する活動に重点がおかれたので昭和26（1951）年10月から別に『月刊厚生』を発行。『新農協情報』は単協向けに発行された。
昭和 29（1954）年	事業拡大し、加入厚生連も増加したので、『月刊厚生』へと引き継がれた。昭和29（1954）年3月25日には通し番号第25・26号合併号『月刊厚生』の「発刊のことば」が掲載された（『時報農村医療』—『月刊厚生』改題申請中）。『月刊厚生』から『時報農村医療』と改題され、社会保障関係全般を扱う情報誌となった。定期発行の時期が続いた。この頃第三種郵便の認可をとり、薬品メーカーの広告等ものるようになり、印刷も手書きのガリ版から活版印刷となり、情報誌として一般にも認識されるようになった。当時から法政大学教授（当時は助教授）吉田秀夫氏が編集の中心人物となり、執筆の大半は先生の原稿で埋まるようになった。

	この頃は、医療社会化運動が昂揚し、当時の厚生連病院では農業会の引き継ぎ不良資産の継承の重荷にあえいでいた時であった。このような原因で経営も困難な時だったので岩手を始め、青森、山形、宮城の厚生連が相次いで、市町村病院、又は県営に移管されていった。文化連ではこれをとらえ、岩手における県営医療の実態と問題点について分析し、この移管は医療の社会化ではなくして県営化に過ぎず、益々民衆のもの、農民のものとは遠くなるものであると批判している。 機関誌『時報農村医療』は文化連が事業の重点をはっきりと農協医療事業に寄与するための活動に置くにいたったことを示している。それは今日の文化連事業の原点ともいうべきものであった。
昭和 32（1957）年8月	『時報農村医療』から『厚生連情報』と改題された。 事業分量が増大し、職員数も増加したが、経営の維持、発展に重点が置かれ、最も必要であるべき情報は不定期の発行が長い間続いた。 （田島によれば「この頃は情報は全員に重大な影響ある情報のみが必要に応じて流され、経営主義に傾斜していた時代であった。／また、当時は新宿農協会館の建設が大きな課題となり、農業・農協問題研究会（記憶違いではない。その後、昭和 54（1979）年 3 月に『全国農協問題研究会（山口一門会長）』は発足した―小磯）が発足している。／新宿農協会館建設という大きな目標を果たしたのち、いちばん大きく問題にされていたのは、情報の毎月 1 回の定期発行のことであった。毎年の事業計画でその重要性が指摘されながら、急速な事業の発展に追い廻され、又当時は比較的少数の職員で運営していたので、定期的に情報を発行することがなかなか出来なかった」
昭和 49（1974）年8月	再刊『文化連情報』第 1 号発行。 事業の進展に伴い、価格情報ないし本会の事業内容紹介という形で再発刊した文化連情報は職員数の充実とともに、不定期刊行から月刊へと職員の情報の重要性の認識の増大とそれに携わる職員の精力的な努力が重なり合って昭和 52（1977）年頃より、月刊とはまだならなかったもののほぼ 1 ～ 2 カ月穴があく程度で 1 年間に 10 回発行というような体裁で、ともかく定期刊行に近づける努力が続けられた。
昭和 54（1979）年頃から	情報担当職員の半専任化体制が取られ、それに対する全職員のフォロー・アップのなかで定期発行ができるようになり、理事会の要請、会員厚生連の要望に答えられるようになってきた。編集方針は**表2-4**の通りである。発行部数は 150 部（三十年史：149）。
昭和 54（1979）年3月	『文化連情報』No.29（1979 年 3 月 1 日）は、手書き横書き 1 段組み（見本より）。
昭和 54（1979）年4月	『文化連情報』No.30（昭和 54 年 4 月 19 日）は、タイプ打ち横書き 1 段組みに変更（見本より）

昭和55（1980）年 12月	『文化連情報』№.47（昭和55年12月11日）は、活版印刷横書き2段組みに変更（見本より）
昭和56（1981）年 2月	『文化連情報』第50号発行。
昭和60（1985）年 11/12月合併号	『文化連情報』第100号発行。
平成22（2010）年 12月号	『文化連情報』第393号発行。 厚生連トピックスは最後となった。
平成23（2011）年 1月号	『文化連情報』第394号発行。 各地のニュースを開始。
～	
平成23（2011）年 7月号	『文化連情報』第400号発行。
平成29（2017）年 6月号	『文化連情報』第471号発行。
平成30（2018）年 3月号	『文化連情報』第480号。
平成31（2019）年 1月号	『文化連情報』第490号。
平成31（2019）年 11月号	『文化連情報』第500号。

（資料）田島敏郎（1985:4-7）、及び日本文化厚生農業協同組合連合会（1983）より作成。

組合長に就任した。その後、文化連会長理事、顧問を務められた。2011年1月、心筋梗塞のため逝去、むらに根を張った実践的農協運動者の92年の生涯であった。

(2) 厚生連医療運動の灯台をめざして

①「文化連情報はその歴史的変遷によっていろいろと体裁も変化し、題名もかわってきたが、一貫して協同組合組織としての、単協、厚生連のニーズを引きだし、協同組合運動としての協同活動を強化すべく一筋に努力してきた」

②「特に、マスコミ各社にとって大きな広告収入源である医薬品メーカーの分析等については、マスコミが避けて通る処が多い。しかし、我が文化連情報は正論に基づいて堂々と、鋭い鉾先を向けてそれらを分析している。こういったものは他誌では到底書くことが出来ないものと自負している」

③「100号を迎えた今日、我々は、益々厚生連の生の声に耳を傾

けて、その動向にそくして編集して行きたいと思っている。会員各位のこれまで以上の御叱正と御鞭撻を期待すると共に、これまでに倍する御投稿を御願いするものである」

④「役職員の努力によって文化連が厚生連医療運動の灯台となり得る様に、また文化連情報が先見性があり且つ実利、実効のある情報となる様、今後とも研鑽、努力を重ねて行く所存である」

(出所) 田島敏郎 (1985：7)。

　このように田島敏郎は『文化連情報』100号に寄せた文章の中で述べている。現在の『文化連情報』の発行に際しても、田島の言葉には重みを感じる。

3.　初期の事業活動と経営不振期

(1)　創刊の言葉から

『文化連情報』の創刊のことばを見てみよう（**表2-2**）。

表2-2　創刊号（創刊のことば）

創刊号 文化連情報 昭和二十五年八月一日　　（定價十五円） 発行所 日本文化厚生農業協同組合連合会 　　　　東京都千代田区丸ノ内三ノ一 　　　　電話　丸ノ内 (23) 四七五五 　　　　　　　　　　　　四五四〇 　　　　振替口座　東京四二〇一九番 　　　　編輯印刷 　　　　兼発行人　　金井　満 　創刊のことば 　農村のみなさん、盛夏のはげしい暑さの中で農村経済の建設と防衛のために御奮闘の事と敬意を表します。 　農村はますますひどい窮乏になやまされてゐます。政府の政策は農民を苦しめ、農村経済を破かいして内外の独占資本に奉仕してゐるのです。農民の経済機関である協同組合は、そのため、一部の金

もうけ主義の組合を除いて、極度の経営困難に陥入ってゐるのです。協同組合の経営技術も改善する余地は、常にありますが、それはむしろ枝葉の問題であって、根本は前述の様に政府の政策にあるのであって農村においては農民のぎせいにおいて、農産物の値段をやすくし、高い税金を取立てゝゐる事にあります。したがって、その政治のしかたをたてなほさなければなりません。

　農協はかゝる立場に立って、真剣に問題の解決に努力しなければならないし、そうでなく、口先で許り問題を取り上げて真に解決をはからないならば、農民のための農協とはいえないのです。

　先般、開催された本会の第二年度總会においては、此の事が会員組合の代表者たる農民の口から強くさけばれたのであります。そして本会が、文化厚生面の仕事は勿論のこと、上記の立場から農協の指導面の仕事を行う様にもとめられたのであります。本会の力はまだ非常に弱いのでもとより思う様な大きな事は出来ないとしても、少しでも正しい民主的な方向に沿うて仕事をはじめたいと思います。**農政問題、農業経営、農協の経営の問題、新しい民主的な技術の普及のために努力をしたい**と思います。

　その第一着手として此の情報を発行することになりました。なれない仕事であり、手不足でもありますので特にはじめの中は不十分だと思いますが、会員諸君及広く農民諸君の批判とげきれいとによって、次第に役に立つものになって行かなくてはならないと思ひます。

　以上を以って情報をはじめる御挨拶とします。

　　　　八月一日　　　　　　　　　文化連

（出所）日本文化厚生農業協同組合連合会（1983：66）。ゴチックは小磯による。

　この「創刊のことば」では、「文化厚生面の仕事は勿論のこと」、「農協の指導面の仕事」を行うよう求められている。そして、「以上を以って情報をはじめる御挨拶とします」と最後にあるように、「情報」の提供が強調されていることが特徴的である。

(2) 発刊の言葉から

表 2-3　『月刊厚生』改題申請中『時報農村医療』発刊の言葉

　戦前農村の恐慌の真只中で医療費の重圧を農民の協同防衛の解決手段の一つとして産業組合の代行による国民健康保険事業の普及とその運営を、他の一つは医療利用組合としての組合病院および診療

所の設立と運営を全国的に展開してきた。組合病院を一つつくるに
も、国保の代行にしてもそれぞれの地域ではげしい社会問題になり、
またしばしば国会での論争の対象になるという政治問題化したこと
は年輩の組合人ならまだ記憶に残っているはずである。この国保代
行と組合病院を一体化し総合的運営に努むることにより農民の健康
を積極的にまもり、その経済的な利益をはかるという社会的な熱情
を当時の指導者のだれもがもっていた。世の学者はこれを医療の社
会化と称して高く評価した。

　しかるに戦後事情は急変した。産業組合[2]より農業会、農業会よ
り農業協同組合と農業団体にもきびしい変せん過程があり、日本経
済の弱体と混乱、農村経済のぜい弱さ、農民大衆の貧困化にともな
い農業団体も苦難の道を歩まざるを得なかったし、とくに譲受資産
という膨大な負債をせおって再発足した医療機関をもつ地方農協連
合会は自らの施設経営にきゅうきゅうたらざるを得なかった。そし
て一部は県立にまた国保直営に身うりしてしまった[3]。

　このような推移の中で戦後は近代社会の最高の社会政策といわれ
る社会保障制度が、新憲法に登場し、内閣直属の社会保障審議会か
らは日本的な社会保障制度勧告が 25 年秋に公表され、日本の社会保
障は医療保障を中核として重点的に実施されることが要請された。
社会保障という近代的な潮流をぬきにしては公的医療機関の整備の
すすめ方や労働者農民市民の医療の保障、ひいては国民全体の最低
の生活の保障の姿もなりたたないまでに常識化されようとしている。

　往年の組合意識をもとにした農村医療への熱い社会的熱情をもう
一度社会保障という大きな近代的なるつぼの中で濾過し、農村の医
療機関はいかにあるべきか、農民の経済的社会的生活とくに国保と
の交流、当面の医療機関の危機打開、国保を中心に農山漁村市民の
健康と生活を守る道だと予想される問題を提供し、中央地方の大小
様々な動きを伝えるのが『時報農村医療』――『月刊厚生』改題申
請中――の発刊の意義である。戦後たくさんの社会保障、医療関係
の雑誌新聞は発刊されているが、いぜんとして片すみにおいやられ
ている。われわれの力もいまだ微力で期待にそえるような内容にな
るまではかなりの時日を要するであろうが、地方組織や施設関係者、
農村医療に関係ある多数の人々の援助と支持を得て 1 号毎に良いも
のにしていく努力を献げていきたいと思う。

（1954 年 3 月）

（出所）日本文化厚生農業協同組合連合会（1983：67）。

　機関誌『時報農村医療』は文化連が事業の重点をはっきりと農協

医療事業に寄与するための活動に置くにいたったことを示している。それは今日の文化連事業の原点ともいうべきものであった（日本文化厚生農業協同組合連合会 1983：67）。

4. 再建期の活動――経営安定期と機関誌の役割

「金井専務が35年8月に全国厚生連の専務に就任する直前の34年度の決算において、医薬品等の斡旋を開始して以来赤字基調で推移して来ていた文化連の経営も、やっと当期利益金を計上することが出来るようになった」「その後5年間にわたり、この基調は継続し、ようやく経営は安定の軌道に乗るに至った」

「情報誌である『農村医療』を、加入厚生連も増加し、組織を中心として編集する必要も生じたので『厚生連情報』と改題し、厚生連の当面する問題、農協病院の経営分析、事業方針の明確化などを中心として、農村における保健活動、社会保障全般に対する情報の提供や解説を行うようになった」（日本文化厚生農業協同組合連合会 1983：89）

経営が安定したことで機関誌（ここでは「情報誌」と呼んでいる）が発行できるようになった。「社会保障全般に対する情報の提供や解説を行うようになった」と述べていることは重要であろう。社会保障を全般的に取り扱うことが、役割になったことは強調すべきであろう。

5. 事業活動の発展期

(1) 昭和54（1979）年頃から定期発行された当時の編集方針

表2-4　昭和54（1979）年頃から定期発行された当時の編集方針

(1) 社会経済の動きに留意しつつ、厚生行政など医療と病院経営をめぐる情勢や、医薬品、医療材料、医療器械などの業界の動向と問題点を分析し、その見通しを予測するとともに、そのときどきの病院経営に影響を与える重要問題について論評をくわえ、あわせて本会の主張を提示していく。また、本会の事業方針や事業内

　　容を逐一報告していく。
(2)　全国の厚生連・病院の交流誌という役割をもたせ、各厚生連・
　　病院の種々の業務活動の紹介、病院経営をめぐる新しい試み、医
　　療分野の各種の取り組みを相互に交流し合い、全国の厚生連・病
　　院が全体として経営的にも医療分野においても、一層向上し発展
　　することをめざす。
(3)　情報誌であるので、医療情勢、病院経営をめぐる諸問題、医療
　　産業界の動向など関係する情報をひろくあつめ、資料として提供
　　する。

（出所）日本文化厚生農業協同組合連合会（1983：149）。

　「全国の厚生連・病院の交流誌という役割をもたせ」とあるよう
に、交流誌としての役割が明確にされたことは強調すべきであろう。
そして（3）では「情報誌」であることを、強調している。

(2)　出版情報資料室から出版情報課、そして企画広報課

　「『文化連情報』の定期刊行、経営諸資料の作成のためのコンピュ
ータの導入、出版情報資料室の設置、単協関係の事業を企画する
部署の設置など、組織と事業の発展にともなって、本会の日常業務
も複雑化、高度化すると同時に、広範多岐にわたるようになった」
（日本文化厚生農業協同組合連合会 1983：148）

　『三十年史』（148頁）から、昭和57（1982）年度日本文化厚生連
組織図によると、出版情報資料室は、業務1課、2課、医薬品課、
医療資材課とともに、業務部に所属している。『文化連情報』（1986
年5月号）には文化連機構図が記述されている（44頁）。業務1課
（関東ブロック）、2課（北海道・東北・北陸）、3課（西日本ブロッ
ク）、薬品課、資材課、事務・電算課とともに、出版情報資料室も
業務部に所属している。

　出版情報資料室の所属が変わるのは、1988（昭和63）年4月か
らである。『文化連情報』（1988年4月号）には「組織機構の改正
と人事異動のお知らせ」が掲載されている。内容は次である。

　「第18回理事会（3月17日）において、組織機構の改正をおこ
なった。特徴は、①総務部と管理部を統合して、管理部と業務部の
二部制にしたこと、②業務部資材課を医療資材課と医療器械課とに

分割したこと、③業務部出版情報資料室と単協事業企画室を統合して管理部企画課を新設したこと、④厚生連薬剤師研修会事務局を組織機構図から削除して、スタッフ部門としたことである。組織機構の改革にともない、4月1日付で人事異動を行った」（54頁）。

その後、単協事業課と情報資料課に分割されて、さらに生活福祉課と出版情報課（2004年から2019年3月まで管理部所属）に組織を変遷した。2019（令和元）年4月から出版情報課は総務企画部企画広報課に組織変更された。

6. まとめ

(1) 定款からみる機関誌の役割
　『文化連情報』の発行は事業であるということ。事業の意味は、①生産・営利などの一定の目的を持って継続的に、組織・会社・商店などを経営する仕事。（「事業に手を出す」など）。②大きく社会に貢献するような仕事。（「宇宙開発事業」「慈善事業」など）、があるが、②と捉えることができる。

(2) 『日本文化厚生連三十年史』からみる機関誌の役割
　「設立趣意書原案と目論見書」から考えると、この時代の機関誌の役割は、「（6）機関誌およびニュースを発行して国内文化情報を交換する事業」（設立趣意書原案）と「機関紙誌と各種文化刊行物の発行配布」（目論見書）といったもので、『三十年史』が指摘するように、「壮大な構想にもとづく文化事業に重点が置かれていることは言うまでもない」が、厚生事業についても一定の配慮が払われていたこと、とりわけ単協の生活・厚生事業に対する対応が考えられていることは、趣意書の文面からも明らかであるが、「目論見書原案における事業の規定」からより明確に読み取れる。

(3) 初期の事業活動と経営不振期の機関誌の役割
　①創刊の言葉から
　「農村はますますひどい窮乏になやまされている。政府の政策は農民を苦しめ、農村経済を破かいして内外の独占資本に奉仕してい

る。農協は真剣に問題の解決に努力しなければならないし、口先で許り問題を取り上げて真に解決をはからないならば、農民のための農協とはいえない。こういった状況下で、本会が、文化厚生面の仕事は勿論のこと、農協の指導面の仕事を行う様にもとめられた。本会の力はまだ非常に弱いので、少しでも正しい民主的な方向に沿って仕事をはじめたい。農政問題、農業経営、農協の経営の問題、新しい民主的な技術の普及のために努力をしたい」（再掲）。

「その第一着手として此の情報（文化連情報——小磯）を発行することになった。なれない仕事であり、手不足でもあって特にはじめは不十分だと思うが、会員諸君及広く農民諸君の批判とげきれいとによって、次第に役に立つものになって行かなくてはならない」。

このように金井満は述べている。志の高さが窺い知れる文章である。

②『月刊厚生』改題申請中『時報農村医療』発刊の言葉

「戦前農村の恐慌の真只中で医療費の重圧を農民の協同防衛の解決手段の一つとして産業組合の代行による国民健康保険事業の普及とその運営を、他の一つは医療利用組合としての組合病院および診療所の設立と運営を全国的に展開してきた。しかし戦後事情は急変した。産業組合より農業会、農業会より農業協同組合と農業団体にもきびしい変せん過程があり、日本経済の弱体と混乱、農村経済のぜい弱さ、農民大衆の貧困化にともない農業団体も苦難の道を歩まざるを得なかったし、とくに譲受資産という膨大な負債をせおって再発足した医療機関をもつ地方農協連合会は自らの施設経営にきゅうきゅうたらざるを得なかった。そして一部は県立にまた国保直営に身うりしてしまった」（再掲）。

「このような推移の中で戦後は近代社会の最高の社会政策といわれる社会保障制度が、新憲法に登場し、内閣直属の社会保障審議会からは日本的な社会保障制度勧告が昭和25（1950）年秋に公表され、日本の社会保障は医療保障を中核として重点的に実施されることが要請された。往年の組合意識をもとにした農村医療への熱い社会的熱情をもう一度社会保障という大きな近代的なるつぼの中で濾過し、農村の医療機関はいかにあるべきか、農民の経済的社会的生活とく

に国保との交流、当面の医療機関の危機打開、国保を中心に農山漁村市民の健康と生活を守る道だと予想される問題を提供し、中央地方の大小様々な動きを伝えるのが『時報農村医療』——『月刊厚生』改題申請中——の発刊の意義である。戦後たくさんの社会保障、医療関係の雑誌新聞は発刊されているが、いぜんとして片すみにおいやられている。われわれの力もいまだ微力で期待にそえるような内容になるまではかなりの時日を要するであろうが、地方組織や施設関係者、農村医療に関係ある多数の人々の援助と支持を得て1号毎に良いものにしていく努力を献げていきたいと思う」(再掲)。

譲受資産という膨大な負債をせおって再発足した医療機関をもつ地方農協連合会は、施設経営(病院経営)に苦労しなければならなかった。そして近代社会は、社会政策としての社会保障制度勧告を1950(昭和25)年に公表した。それによって、日本の社会保障制度の中核として医療保障は重点的に要請されたのである。このような中で、農村医療のあり方についても議論されてきた。特に国保(国民健康保険)は、当時の議論の中心であった。

(4) 再建期の活動と事業活動の発展期——経営安定期と機関誌の役割

情報誌である『農村医療』を、加入厚生連も増加し、組織を中心として編集する必要も生じたので『厚生連情報』と改題し、厚生連の当面する問題、農協病院の経営分析、事業方針の明確化などを中心として、農村における保健活動、社会保障全般に対する情報の提供や解説を行うようになった。

事業活動の発展期においては、「昭和54(1979)年頃から定期発行された当時の編集方針」(**表2-4**)で見たように、社会経済の動きに留意しつつ、厚生行政など医療と病院経営をめぐる情勢や、医薬品、医療材料、医療器械などの業界の動向と問題点を分析し、その見通しを予測するとともに、そのときどきの病院経営に影響を与える重要問題について論評をくわえ、あわせて文化連の主張を提示していくようになった。また、文化連の事業方針や事業内容を逐一報告していくことも役割として大きくなった。

全国の厚生連・病院の交流誌という役割をもたせ、各厚生連・病院の種々の業務活動を紹介し、病院経営をめぐる新しい試みや医療

分野の各種の取り組みを相互に交流し合い、全国の厚生連・病院が全体として経営的にも医療分野においても、一層向上し発展することをめざす方向性が確立したといえよう。

そして、情報誌であることから、医療情勢、病院経営をめぐる諸問題、医療産業界の動向など関係する情報をひろくあつめ、資料として提供するようになった。

以上の編集方針からは、現在の『文化連情報』の原型がみてとれる。しかし、現在はもっと先を目指していることを後述する。

(5) 新たな課題と発展を目指して

初期の設立期、経営不安定期、経営再建期には、機関誌・紙を定期発行することができず、発行自体が目的であった。『三十年史』で記述しているほど、当時の『文化連情報』誌は社会的影響力を持ちえなかったと推測される。経営が安定してくる中で職員を専任化し、そのときどきの情勢に対して、文化連の立ち位置を明確にしながら、機関誌を発行することが可能となった。その意味で、経営安定と機関誌発行は一体的である。

苦難を乗り越え、現在やっと、厚生連（若干は医療界でも）・農協界で、若干の社会的認知も得られるようになったと思われる。それは月刊で定期発行していること、内容が充実してきたこと、常に会員に寄り添ってきたこと、新しい情勢を分析し的確に対応しようと努力してきたこと、執筆陣との信頼関係を築いてきたことなどが教訓として挙げられると考える。

そして、「昭和54（1979）年頃から定期発行された当時の編集方針」（表2-4）と比べて、現在の『文化連情報』はさらに進化している。それは、単位農協が介護事業に取り組み始めたことと関係して、医療と介護の連携が求められてきたことへの対応である。医療だけではなく、介護というキーワードが、情報として決定的に重要となったのである。そして社会の変化は、地域全体を丸ごと見ていく方向へと変化した。地域包括ケアシステムは、自分たちが主体的に「地域づくり」をすることを一層加速させたのである。そして、新自由主義的考え方が跋扈するのに対抗して、協同組合組織が対抗軸として大きな役割を担うこととなってきた。社会的経済と呼ばれ

るような取り組みや社会的包摂（ソーシャル・インクルージョン）
も、世界的な視点でみれば、新自由主義的経済への対抗軸として取
り上げられていくようになってきた。

　社会の変化に柔軟に対応して、『文化連情報』も進化してきたと
言えるであろう。しかしグローバル化が世界の情報を一瞬で知るこ
とを可能とした現在において、情報提供の方法や情報の質が問われ
ることになる。これからも進化し続けることが求められていると同
時に、より一層の活躍も期待されることであろう。

注

1)　金井満は、文化連専務理事を歴任し、後に全国厚生連専務となる。田島敏
　　郎は、文化連専務理事を経て副会長となる。
2)　「1919 年に島根県に医療利用組合が結成され、病院を開設した。医療利用
　　組合は昭和初期までに全国に数十カ所に病院を設置し、農村の事業を支援
　　する産業組合法が 1932 年に改正されると、組合の数も 1937 年には 103 に
　　増えた」（酒井シヅ 1982）。「医療利用組合は 1948 年までに国保組合を代行
　　し、保険者の役割とサービス提供者の両方の役割を担った。なお、医療利
　　用組合が開設した医療機関は、農協法が施行された際に、各都道府県にお
　　けるそれぞれの事情で、国保、市町村、県、厚生連（旧農協）に移管され
　　た」（池上直己 2017：31）。
3)　この内容には、少し補足する必要がある。手がかりに、医療生協の系譜を
　　取り上げる。医療生協の系譜は 4 つあるという。「その第 1 は、無産者診療
　　所―民主診療所の系譜をひくものであり、現在の医療生協の大部分はそれ
　　に属している」「その第 2 は産業組合法による医療利用組合の系譜をひくも
　　のである……戦後農村における医療利用組合は農協病院となり、都市にお
　　ける医療利用組合は医療生協となった。現在の医療生協のなかで、この系
　　譜をひくものには東京医療生協・生協多摩相互病院がある」「その第 3 は購
　　買事業を中心に発達した生協が、その事業の 1 部門として医療事業を経営
　　するようになったもので、労働者クラブ生協・群馬労働者生協などがその
　　例である」「その第 4 は、商店吸収に関連して発生したものできわめて特殊
　　である。この系譜に属する医療生協としては京都医療生協・横須賀生協が
　　あるが、前者は小売業者が集まって生協を組織したのに似て、多数の開業
　　医の結集によって成立したものであり、後者は本来購買事業を中心にした
　　生協であったものが、商店吸収の結果たまたま診療所をもつようになり、
　　その後、小売業者などは生協から離脱して診療所だけが残ったものであ
　　る」（日本生活協同組合連合会生活協同組合運動史編集委員会編 1964：
　　204-206）及び（日本生活協同組合連合会医療部会：36-37）。

文献

池上直己『日本の医療と介護』日本経済新聞社、2017 年。

酒井シズ『日本の医療史』東京書籍、1982 年。

田島敏郎「文化連情報 100 号発行にあたって　文化連情報発行の歴史とその意
　　義」日本文化厚生農業協同組合連合会『文化連情報』№ 100、1985 年、
　　pp.4-7。

日本文化厚生農業協同組合連合会『日本文化厚生連三十年史』1983 年 10 月。

日本文化厚生農業協同組合連合会『日本文化厚生連七十年史』2018 年 9 月。

日本生活協同組合連合会生活協同組合運動史編集委員会編『現代日本生活協同
　　組合運動史』1964 年。

日本生活協同組合連合会医療部会『日本生活協同組合連合会医療部会 50 年史』。

II　編集者 12 年の軌跡
──協同組合と食・農・地域医療──

第3章 地域医療の崩壊から再生へ
(2008年)

食糧・農業と医療・福祉、そして地域再生

　本号から『文化連情報』の編集責任者を仰せつかりました。理由は前任者の定年退職によるものですが、私にとってはまさに青天の霹靂です。昔を思い起こすと、私が入会した頃に比べて、現在の『文化連情報』は格段に誌面が充実しました。当時私も『文化連情報』を片手に、病院を巡回していたことを思いだします。定期発行と誌面充実は、本会の事業が会員との絆を強めてきたことと軌を一にしながら読者も増えてきたのであろうと推測します。あるいは、『文化連情報』が先んじて組織のレールを敷いてきたのかもしれません。そこには前任者の努力とともに、農業政策の変遷と医療制度の相次ぐ変更などの『文化連情報』が読者から必要とされる時代背景があったのでしょう。この情報誌の役割の一つは、その時々の時勢を知り正しい方向を指し示すべく、読者とともに模索してきたことでしょう。この役割は今後も引き継がれるべきです。その意味で私の責任は重いものです。

　さて、全国の多くの過疎農山村は、いま崩壊しつつあるのではないかといわれています。「農協は広域合併で統廃合され、郵便局が民営化により地域から撤退し、そしてついに医療機関からも見捨てられるのか」。地域住民からはこのような落胆の声がもれ聞こえてきます。医療機関からすれば、好んで地域から撤退するわけではありません。わが国の診療報酬では、農山村の中小病院が地域で継続した医療活動を行うための原資が確保されず、経営が成り立ちにくいからです。そして医師不足は、地域医療の崩壊を確実にすすめています。最後の砦である筈の医療機関が地域からなくなることは、公共交通機関以外に自力で移動手段をもたない高齢者にとって、自

分の生まれ育った地域で暮らすことはいよいよ不安となることです。このような過疎農山村の状況にたいし、政府の手立ては有効に打たれているとは思われません。

　しかし一方では、高齢者が元気な村もあります。例えば長野県上水内郡小川村の「小川の庄」は、信州西山地域の郷土食であった「おやき」を商品化して世界に広めました。「地域に貢献する企業経営」を志し、お年寄りが自宅の近くで働くことができるように、小川村を10地区に分けて10数人が働く集落機能を持つ場を作っています。徳島県勝浦郡上勝町という小さな町では、年金暮らしのお年寄りが葉っぱを売って過疎の町をどん底から再生しています。この違いは何でしょうか。経済のグローバル化が世界を席巻するなかで、政治の力は無力とも思われるほどおくれており、住民自身が自力で地域を再生しようとする力が働いているのでしょうか。私は、このような地域再生の力がどこから湧いてくるのかを探りたいと思います。

　このままでは少子高齢社会の現実の前に、田舎は間違いなく消えていきます。これでよいのでしょうか。あまりにも寂しすぎる現実を背景に、このことをはね返せるのは唯一、地域に対する誇りしかありません。村や町が消えるか甦るか、農山村は岐路に立たされています。私は、食糧・農業と医療・福祉の二つの柱に地域再生という視点を加え、本誌の編集に当たりたいと思います。（No.360、2008年3月）

Save the Vision　眼科医、アジアをゆく

　新年度となり、本号から新しい企画がスタートしました。
　「『日本の祭り』と郷土芸能」は、全日本郷土芸能協会[1]にお願いした新連載です。本号では、和歌山県那智勝浦町の火祭りの写真を紹介しましたが、万物の生成発展を祈願した勇壮な祭りの様子がみてとれます。今回は総論として、日本の祭りの特性について書いていますが、次号からは「全国獅子舞フェスティバル」や「全国こども民俗芸能大会」などの、一般には知られていない祭りや芸能などを紹介していきます。あわせて、萩谷利夫理事長[2]の野の風「日

75

本中の村や町にふるさと文化の華『郷土芸能』を花開かせたい」という、壮大な計画もお読みください。

　また、本号の「あすなび」から、横浜国立大学の大門正克先生に、「生命（いのち）を尊重する地域をつくる」というテーマで、独自調査をもとにした三回の連載をお願いしました。岩手県和賀町が舞台で、今回は 1960 年度の 3 つの大事な取り組みを紹介しています。とくに、社会教育主事の小原徳志のとりくみは圧巻です。当時の日本において、地域から新しい福祉社会をつくる試みの息吹を感じ取っていただければ幸いです。

　「『厚生連の看護』とは何かを考える」は、井龍久美子課長にお願いして、愛知県厚生連の取り組みを通して問題提起する、新たなチャレンジです。次号からは具体的な活動内容を紹介します。栗原久美子先生の新連載「Save the Vision　眼科医、アジアをゆく」3) は、まずはラオス編ですが、今後、他のアジアの国での具体的な活動や苦労話も紹介していきます。日本で生活する私たちには考えられない世界も垣間見られることでしょう。

　ほかに、「これからの医療機器戦略を考える」は、本会の器械購入の取り組みをまとめたものであり、シリーズで連載します。「線路は続く」も新企画です。これからの新連載にどうぞご期待ください。(No. 361、2008 年 4 月)

1)　公益社団法人全日本郷土芸能協会（全郷芸：ゼンキョウゲイ）は、郷土芸能の保存団体および郷土芸能に関心を持つ個人を会員とした、その分野ではわが国で唯一の全国組織です。日本各地に伝承されている郷土芸能の振興と育成を図り、その発展に寄与することを目的として、1973（昭和 48）年に任意団体として創立され、1995（平成 7）年に社団法人の設立認可を受け、2012（平成 24）年に公益社団法人の認定を受けました。

2)　菴谷利夫（いおやとしお）氏は、1960 年に文部省に入省しました。日本の文部官僚、教育者、松本大学第 2 代学長です。長野県東筑摩郡島内村（現松本市）出身で、長野県松本深志高等学校から東京大学教育学部へ進み、その間、長く野球に打ち込みました。1991 年 6 月 11 日付で文部省を退職しました。その後、日本育英会理事を経て、1997 年 12 月 12 日付で国立特殊教育総合研究所所長、1999 年に長野県の学校法人佐久学園の理事長と信州短期大学学長も兼ね、退任後は信州短期大学顧問となりました。　このほか、文部省退官後に、全日本郷土芸能協会理事長、財団法人文教協会会長、NPO 学生文化創造理事長、鳴門教育大学経営協議会学外委員などを歴任し

ました。

　　私が菴谷さんとお会いしたのは、2009 年 4 月の松本大学第 2 代学長に就任する前の財団法人文教協会会長と全日本郷土芸能協会理事長のときでした。文教協会を訪問し、執筆打ち合わせしたことを思い出します。2011 年 2 月 28 日に東京都新宿区で交通事故に遭い、死亡したことは本当に残念なことでした。

3)　Save the Vision は、NPO アジア失明予防の会（Asia Prevention of Blindness Association, APBA）のことです。アジア諸国、特にベトナムを中心としたインドシナ半島では、眼科医療が充実しておらず、数多くの人たちが貧困と失明にあえいでいます。そこで、2003 年 10 月 1 日にアジアの貧しい国々の人々が、一人でも光をなくさないですむようにと「NPO アジア失明予防の会」を設立しました。この会は、眼科治療およびその技術指導に私財を投げ打って、現地でボランティア活動を行っている京都府立医科大学眼科出身の服部匡志医師に共感した有志の集まりにより発足した非営利団体です。栗原久美子先生は、服部先生と一緒になって、アジア各国を訪問して治療に当たっていました。その経験を連載していただきました。2008 年 4 月号のラオス編が 1 回目の執筆でした。

後期高齢者医療制度撤廃が必要

　後期高齢者医療制度の新たな保険証が届かないトラブルが各地で起きています。4 月 9 日の厚労省の発表では、全国で 75 歳以上の対象者の 0.5％、約 6 万 3,000 人に届いていませんでした。そのため、病院窓口での混乱が生じました。さらに、後期高齢者医療制度の「特別徴収」がはじまった 4 月 15 日は、支給された年金から介護に加えて 2 カ月分の保険料が自動的に天引きされました。各地で保険料の誤徴収も発覚し、市区町村の窓口には相談に訪れる高齢者が相次ぎ、職員は相談や苦情への対応に連日追われています。

　年金受給高齢者世帯の 6 割は、公的年金以外に収入が全くありません。受給者を平均した老齢年金月額は国民年金 5.3 万円です。家賃に食費、光熱費、介護保険の自己負担のすべては賄えないような年金です。「宙に浮いた年金」の被害者は、もらえるはずの年金がもらえないのに、取りっぱぐれがないように保険料はしっかり取る政府のやり方に納得できるはずはありません。福田康夫首相は制度が始まった 1 日、閣僚懇談会で名称変更を指示し、急きょ「長寿医療制度」を通称と決めました。

　後期高齢者医療制度は、給付と負担の連動が見えやすい仕組みを

利用し、増え続ける老人医療費を地域ごとに抑制させるのが狙いです。しかし、保険料の軽減を図る目的で、8都道府県が税を財源とする公費で追加補助をしており、スタート時から制度の理念が揺らぐ事態になっています。福田首相は4月14日、新保険証が届かないなどスタート時の混乱について、準備不足で高齢者に不安を与えたことを反省し、陳謝しました。その上で「必要性からスタートしたので定着させなければならない」と述べ、引き続き国民に理解を求めていく考えを強調しました。

　今回の事態に国民は敏感に反応しました。朝日新聞社が実施した世論調査では、福田内閣の支持率は25％で3月の前回調査31％を大きく下回り、内閣発足以来最低となりました。後期高齢者医療制度が始まったことを「評価しない」が71％にのぼり、「評価する」はわずか18％でした。野党各党は、制度撤廃を求め政府、与党を痛烈に批判しています。2007年末の年金不信に加え医療制度をめぐる高齢者の反発が、福田政権を直撃しています。

　後期高齢者医療制度の見直しを求める運動が各地で起きています。制度の撤廃が必要と考えます。(No.362、2008年5月)

メタボリック症候群と消費税の引き上げ

　2008年4月からはじまった、メタボリック症候群[1]に関する健康診査の実施と、その結果に基づく保健指導の実施は、国にとっては医療費適正化の有力な方法と位置づけられています。内閣府が2008年5月に発表した「食育に関する意識調査」では、「メタボリックシンドローム」について約9割の国民が「意味まで知っている」と回答し、その認知度の高さがうかがえます。しかし、医療機関や健康管理センターからは、現場の混乱振りが聞こえてきます。特定健診・保健指導[2]の制度化は、そもそも私たちにとってどのように有益なのでしょうか。本号では、制度の問題点や疑問点について、大阪大学の堤修三先生の論考を掲載しましたので、参考にしていただければ幸いです。

　巷では、社会保障の財源を消費税の引き上げで賄おうという議論が華やかです。わが国の歳出に無駄があれば改善するのは当然です。

同時に、年金、医療、介護、福祉の財源をどこからもってくるかを
真剣に議論する必要があります。内閣府の「高齢者の経済生活に関
する意識調査」（5月発表）によれば、60歳以上の約4割が、高齢
化に伴う社会保険料などの負担増は「やむを得ない」と考えていま
す。一方、給付水準が下がったとしても税金や社会保険料を引き上
げてほしくないと考える人は約2割で、5年前の調査よりやや増加
しました。本号から、3月に本会主催の研究会で行なった、東京大
学の神野直彦先生の講演「社会保障と国家財政」を掲載します。社
会保障の財源をめぐっては、今後も考えてゆきたいと思います。

　さて、大門正克先生の「生命（いのち）を尊重する地域をつく
る」は最終回です。「千三忌」[3]に集う人々の熱い思いを感じてい
ただけたでしょうか。「眼科医、アジアをゆく」のラオス編は今回
で終わりです。次回からベトナム編にかわります。毎月、アジア各
地を訪問し、眼の治療を通して患者を救うボランティア活動を続け
ている栗原久美子先生を、今後も応援したいと思います。

　新たにはじまった企画は、昭和大学病院薬剤部による「患者さん
を中心とした病院薬剤師の機能と役割」と、鹿児島県厚生連の油田
幸子さんの「医療と管理栄養士」です。どちらも連載が続きますの
で、どうぞご期待ください。（No.363、2008年6月）

1)　メタボリック症候群（またはメタボリックシンドローム）とは、生活習慣
　　病といわれる肥満、高血圧、耐糖能障害（たいとうのうしょうがい：食後
　　に吸収されて血管内に入った糖が利用されずに血管内に留まる状態）、脂
　　質異常症などの危険因子が、1人の患者さんに集積する状態のことをいい
　　ます。
2)　特定健診とは、日本人の死亡原因の約6割を占める生活習慣病の予防のた
　　めに、40歳から74歳までの方を対象に、メタボリックシンドロームに着
　　目した健診を行います。特定保健指導とは、特定健診の結果から、生活習
　　慣病の発症リスクが高く、生活習慣の改善による生活習慣病の予防効果が
　　多く期待できる方に対して、専門スタッフ（保健師、管理栄養士など）が
　　生活習慣を見直すサポートをします。（厚生労働省ホームページより）
3)　千三忌とは、戦没農民兵士高橋千三を悼んで、いまも営まれる年忌です。
　　母セキの手で建立された路傍の墓碑に集う、農民有志による手づくりの集
　　会は、東北農山村の戦争体験の象徴であり、灯し続けられる記憶の燈明で
　　す。最底辺の生存を強いられたセキ・千三母子にとって、戦争とは何だっ
　　たのか。兵士と食糧の供給基地とされた、北の「僻地」からみた破局の戦

争とは、それをもたらした日本の近代とは何だったのか。東北農民兵士の
南方戦記―生と死の黙示録です。

「医学部定員の削減に取り組む」閣議決定見直し

　5月初め、7万7千人もの死者、240万人とも言われる被害者を
出したミャンマーサイクロン被害[1] に続き、同月中旬に中国・四
川省で発生した大地震[2] は、死者6万8,000人超、行方不明1万
9,000人超など被災者4千500万人超という甚大な被害を引き起こ
しました。とくに、校舎倒壊で多数の児童生徒たちが生き埋めにな
り、誰もが悲痛な思いをしました。2008年4月の文科省調査によ
れば、わが国の全国の学校約13万棟のうち約4万8,000棟が耐震
強度不足で、1万棟が倒壊の危険があるといいます。いますぐ、校
舎の耐震化が必要です。そして、悪夢さめやらぬ6月中旬には、岩
手・宮城内陸地震[3] が発生し、死者12人、行方不明者10人のほ
か負傷者231人、家屋損壊は135棟に上っています。被災された皆
様には心よりお悔やみとお見舞い申し上げます。

　さて、国内政治は相変わらず混迷を続けています。その中にあっ
て政府は、6月17日、恒常的な医師不足の解消に向けて、医学部
定員の削減を定めた1997年の閣議決定を撤回することを決めまし
た。福田康夫首相は同日、首相官邸で舛添要一厚労相と会談して決
めましたが、具体的な増員数等は明示しませんでした。今回のよう
に閣議決定が見直されるのは異例です。しかし、地方を中心に深刻
化する医師不足に対応するため、増員路線への方針転換が必要との
判断でした。

　医師不足はどれくらい深刻か、福田首相は本当にわかっているの
でしょうか？　今回ご寄稿いただきました、安城厚生病院救命救急
センター長鈴木和広先生の「救急医療が崩壊する！」は、医師不足
を主因とする診療の縮小、救急受け入れ停止が3年前から起こって
いたと指摘します。現場では、ドミノ倒しの地域医療崩壊を食い止
めるべく、地域で安心できる救急医療体制を作り上げようと模索し
続けています。

　今月号の二木立先生の論文No.55は、1997年の「医学部定員の削

減に取り組む」閣議決定と、2006 年に閣議決定された「骨太の方
針 2006」中の社会保障費の当然増を、5 年間で 1 兆 1,000 億円抑制
する方針の見直しの、二つの閣議決定見直しの可能性を示唆してい
ます。今回の医師増員路線への方針転換は、閣議決定見直しが政治
の射程に入ったことを証明しました。

　しかし、6 月 17 日に発表された「骨太の方針 2008（素案）」では、
2006 年度骨太方針で決めた社会保障費増抑制の基調は変わってい
ません。こちらの閣議決定見直しも早急に実現させなければなりま
せん。社会保障の財源を消費税に求める議論も相変わらず盛んです。
二木論文№ 56 は、医療費の財源選択の考え方を示していますので、
合わせてお読みください。

　地域医療をこれ以上崩壊させないために、医療関係者が住民とと
もに力を結集するときです。（№ 364、2008 年 7 月）

1)　2008 年 4 月 27 日にベンガル湾で発生した熱帯低気圧は、翌 28 日にはサイ
　クロンへと発達し、徐々に勢力を強めていきました。5 月 2 日、ミャンマー
　沿岸部では最大風速秒速 56m、カテゴリー 4（5 段階で 2 番目に大きい）
　に達して、同日上陸し、エヤワディデルタ地域を横断しました。暴風雨に
　加え、高さ約 3.5m の高潮も発生したことから、低地の同地域の被害をい
　っそう拡大させました。ミャンマー政府、国連の発表によると、7 月 1 日
　現在、死者 8 万 4,537 人、行方不明者 7 万 738 人となり、被災地の人口 470
　万のうち 240 万が被災しています。これを過去のミャンマーのサイクロン
　の被害と比較すると、サイクロン「ナルギス」が突出していることがわか
　ります。また、ほかの自然災害を含めても、同国で発生した一件の災害と
　しては 20 世紀以降最大であるといえます。多数の家屋が倒壊し、病院、学
　校などの公共施設や、水道、道路、橋梁、電気、通信設備などのインフラ
　にも深刻な被害が及びました。その結果、救援活動、物資の輸送・供給が
　滞り、食料、飲料水、医療、衛生などの問題も生じました。
2)　四川大地震（しせんおおじしん、しせんだいじしん）は、中華人民共和国
　中西部に位置する四川省アバ・チベット族チャン族自治州汶川県で現地時
　間（CST）2008 年 5 月 12 日 14 時 28 分（UTC6 時 28 分）に発生した地震
　のことです。
3)　岩手・宮城内陸地震（いわて・みやぎないりくじしん）は、2008 年（平成
　20 年）6 月 14 日午前 8 時 43 分（JST）頃に岩手県内陸南部（仙台市の北
　約 90km、東京の北北東約 390km）で発生した、マグニチュード 7.2 の大
　地震。岩手県奥州市と宮城県栗原市において最大震度 6 強を観測し、被害
　もこの 2 市を中心に発生しました。被害の特徴として、同じ規模の地震と
　比較して、建物被害が少なく土砂災害が多いことが挙げられます。気象庁

81

は、この地震を平成 20 年（2008 年）岩手・宮城内陸地震（英：The Iwate-Miyagi Nairiku Earthquake in 2008）と命名しました。

訪問看護と食糧自給率

　暑中お見舞い舞申し上げます。前月号から、取手協同病院の認定看護師さんをシリーズで紹介しています。7 月号は、皮膚・排泄ケア認定看護師の竹之内美樹さんでした。8 月号は、訪問看護認定看護師の横井由美子さんです。横井さんは「療養者やご家族の希望に沿える看護がしたい」「喜んでいただく顔がみたい」と言います。思い起こせば、1992 年の老人訪問看護制度の発足で、看護師が独立した事業所で、社会保険財源による報酬が配分されました。2000 年の介護保険制度では、介護保険、医療保険双方に対応する訪問看護制度に発展しました。平均在院日数の短縮は、在宅ケアの推進をいっそう進めていきます。しかし、肝心の訪問看護事業所数はここ数年伸び悩んでいます。要因は、医療機関への転職や 24 時間対応の負担が大きいこと、そして給与の低さにあります。訪問看護師の偏在も深刻で、常勤換算 2.5 人を確保できない地域もあります。事業損益が赤字の事業所は全体の 3 割強で、3 人未満の事業所では 51.6％が赤字経営です。小規模事業所は、職員数が少ない、利用者数が少ない、延訪問回数が少ないほど赤字の割合が高くなっています。高齢社会を見据えた在宅ケア政策に見合った、24 時間訪問看護を担う人材育成、賃金保障できる診療報酬の改定は喫緊の課題です。そして喫緊の課題といえば、政府がしきりに手直しを進める後期高齢者医療制度があります。今月号で二木先生が示した「老人保健制度の復活」案は、マスコミや一部識者がいう後期高齢者医療制度の「無責任な廃止論」に対抗した、実に明快な対案です。本会は 9 月に、第 12 回の医療・福祉研究会（福祉研）を東京で開催します。高齢者医療や在宅ケアに今何が求められているのか、皆さんと学びあいたいと思います。ふるってご参加ください。

　さて、現在日本人は、食に関して様々な関心を寄せています。食料自給率（供給熱量ベース）は、政府の引き上げ目標に反して 39％に下がり、将来への不安を駆り立てました。穀物は、主要産地

の異常気象による作柄不良、新興国の発展やバイオ燃料生産などによる需要増加で価格が高騰しました。その結果、身近な食料品が軒並み値上がり、食料を輸入に頼ることの危うさをみせつけました。内閣府の「食育に関する意識調査」（5月発表）でも、国民の9割近くが今の食生活に満足していますが、4割以上が悩みや不安を持ち、その最大のものは「食品の安全性」であることが明らかになっています。本号では、農政ジャーナリストの松澤厚さんに食料サミット[1]を論じていただきました。ぜひお読みいただき、食料自給率向上の力にしてください。

　まだまだ暑い日が続きます。皆さま、どうかご自愛ください。
（No.365、2008年8月）

1)　世界の食糧問題をテーマにした世界初の国際会議。国連食糧農業機関（FAO）の設立50周年を記念する会議で、1996年11月、FAO全加盟国が参加して本部のあるローマで開催されました。会議では、発展途上国の食料不足や飢餓、さらに食料需給関係のアンバランスといった課題のほか、食糧の安全保障達成をめぐるに問題について討議されました。

安心して暮らせる豊かな地域社会の実現

　先日、ある大手新聞社の論説委員と話す機会がありました。彼は、政治部と経済部で番記者などを経た後、論説委員になりました。私は彼に、「社会保障の自然増2,200億円の削減はもう限界だと思うが」と問いかけました。彼は、「その通りです。小泉純一郎内閣の反動が今あちこちに出ています」と答えました。私も同感です。とくに、自民党の中が2,200億円をめぐってこんなに意見が割れたことに私は驚いています。それでも福田内閣は7月29日、2009年度予算の大枠を示す概算要求基準を閣議了解しました。社会保障関係費の自然増分を2,200億円削減する抑制路線を来年度も続ける方針です。しかし、二木論文No.59が指摘するように、医療・社会保障政策の部分の見直しが一方では始まっています。私たちが積極的に声をあげ運動を続ければ、政策を変えられることは医学部定員増の政策転換ですでに示されました。

　さて、「認知症の医療と生活の質を高める緊急プロジェクト」報

告書（7月10日）は、今年度から全国150カ所を目標に「認知症疾患医療センター」を中核とした地域の認知症医療の連携体制構築を打ち出しました。また、来年度から地域包括支援センター150カ所に「認知症連携担当者」を新たに配置します。今月号では、真岡市の「認知症になっても安心して暮らせる街づくり事業」の経験を、細島弘子さんに寄稿いただきました。事業は試行錯誤を重ねながら様々な課題を達成しています。中でも日本で初めての点訳版テキストの作成は特筆すべきです。現在もサポーター養成講座の開催を通じて地域での認知症への理解を広げています。

　また、神奈川県厚生連の鈴木初美さんからの寄稿「介護者としての家族のストレスとその支援」は、利用者と家族が望む医療と福祉の連携が重要だと指摘します。それもその筈で「高齢期における社会保障に関する意識等調査報告書」（8月5日）によれば、自宅で介護を受ける場合には、「家族とホームヘルパーなど外部の者から介護を受けたい者」が6割を超えました。ところが現場の介護労働力不足は深刻です。原因のひとつは賃金の低さです。日本医労連の調査では、介護福祉士の平均賃金は月19万4,600円で、ヘルパー平均は17万5,200円でした。約3割のパートの時給は800～900円です。このままでは介護自体が崩壊してしまいます。医療と福祉の連携を再構築するためにも、2009年4月の介護報酬改定では大幅な引き上げがどうしても必要です。

　本会は、9月23日で創立60周年を迎えます。人間で言えば還暦を迎えたことになります。7月の総会では新しい役員も選出されました。岡田玲一郎氏が今月号で掲げた「医療崩壊という現実をどう修復するか」というテーマを含め、本誌は引き続き、「安心して暮らせる豊かな地域社会の実現」（本会鳥居博幸会長）に向けて新たな気持ちで頑張ります。皆様、今後ともどうぞよろしくお願い致します。（No. 366、2008年9月）

農村医学の原点を辿る

　今月号の本誌は、「農村医療」がキーワードの寄稿が2つです。椎貝達夫先生の「農村医学の原点を辿る」は、第57回日本農村医

学会開催にあたって、内容を簡潔にご紹介いただきました。中でも、「農村医学とは何か」の学会シンポジウムは、今日的にたいへん興味深いプログラムです。二つ目は「あすなび」[1]で、関西学院大学の高岡裕之先生の「忘れられた戦後農村医療の『原点』」です。高岡先生には、『文化連情報』の前身である『時報農村医療』『月刊厚生』を見ていただいたうえで、「農村医療の新たな歴史を描ければ」とお願いしました。今月号は「敗戦前夜の農村医療運動」です。今後の展開をどうぞご期待ください。そして、本会の創立 60 周年に際し、お三方から祝辞をいただきました。本会への祝辞ではありますが、いま、農村医療と福祉を守るために何が必要か、を考えさせられます。「『厚生連の看護』とは何かを考える」は最終回です。井龍久美子課長、7 回の連載ありがとうございました。また、金道勲さん[2]の「韓国の介護保険制度の実施と課題」も終了です。韓国の介護保険は始まったばかりです。今後の動向を注目したいと思います。

　さて、工業用「事故米」不正転売・譲渡問題は、病院、福祉施設、学校、コンビニ、スーパー等で事故米が混入され、中国冷凍ギョーザ事件に続き、食の安全を揺るがす深刻な事態が全国に広がりました。そして、広がり続ける事故米と行政への不信は、「ジタバタ騒いでいない」発言の太田誠一農相と「業者の責任最も重い」発言の白洲敏明農水事務次官の「ダブル辞任」に発展しました。そもそも汚染米は WTO の合意に基づき国が輸入したものです。政府は一刻も早く全容解明と再発防止策づくりを急ぐべきです。今月号は「WTO 閣僚会議の決裂をめぐって」、田代洋一先生に農業・食料情勢をわかりやすく執筆いただきました。田代論文が、日本と世界の農業・食料問題を読み解く力になれば幸いです。

　厚生年金の記録改ざん問題も深刻です。舛添要一厚労相は 9 月 18 日、社会保険庁のオンラインシステムで管理されている中に、改ざんされた疑いのある記録が 6 万 9,000 件あることを明らかにし、社保庁の「組織的な関与はあったと推測する」と述べ、可能性が極めて高いとの認識を示しました。これでは国民の政府への不信感は募らさざるを得ません。事実、「社会保障制度に関する特別世論調査」（9 月 3 日）では、社会保障制度に不満を持つ人は 75.7％に上り、

「満足」と答えた人は 20.3％しかいません。満足していない分野は年金制度が 69.7％で最も多く、医療制度 56.4％、介護制度 53.3％でした。

　行政の失態は国民生活を不安にします。「食育に関する意識調査」（内閣府 5 月発表）では、国民の 4 割以上が悩みや不安を持ち、その最大のものは「食品の安全性」でした。「2007 年国民生活基礎調査（概況）」では、「生活が苦しい」と感じている世帯割合は 57.2％で、6 年連続過去最多です。農水省と厚労省には、国民からの信頼回復を望むものです。（No. 366、2008 年 10 月）

1)　「あすなび」は、「明日を読みとく」の意味で、『文化連情報』の企画の一つでした。早稲田大学の成富先生の「団地コミュニティの変貌と再生」（2009 年 3 月、No. 372）が 70 回目の連載で、この企画を終了させました。「あすなび」は、本誌 4 頁で 3 回掲載という企画だったため、どうしても書ききれない部分がでてきてしまうことと、3 回限りと回数を決めてしまうことが、書き手にとって窮屈でした。ちょうど、2009 年 4 月の誌面のリニューアルに合わせての終了となりました。
2)　韓国国民健康保険公団健康保険政策研究院長期療養研究室長、その後大韓民国国民健康保険公団、ソウル大学保健大学院に所属。私と金道勲さんの出会いは、金さんが東京大学大学院から日本福祉大学大学院へ進学してすぐくらいの時に、二木先生のもとで日本の介護保険制度について研究していた時に、東京・両国で開催された厚生連と単協をつなぐ医療福祉研究会が最初でした。それから、2003 年か 2005 年かの厚生連医療経営を考える研究会の講演者として二木先生が登壇した際も一緒に来ていました。その後も何回もお会いする機会がありましたし、2019 年 6 月 11 日に、韓国国民健康保険公団医療保険政策研究所のイ・ヨホン研究員を代表とする訪問団が来日した際も、本会で厚生連と農協の福祉事業について私が説明しました。

地域医療を守れ

　私が、新町病院の小瀬川和雄先生の講演を聞いたのが 10 カ月前です。農山村中小病院院長の地域医療への熱い思いを読者に届けようと考え、先生と何度かやり取りしながらやっとインタビューを今月号に掲載できました。小瀬川先生は以前からずっと「農山村地域医療をどうしたら守れるのか」と問い続けてきました。先生の「歯を食いしばって頑張っていく以外にない」という言葉は私たちの心

に響きます。そして、長門総合病院の永冨裕二先生のインタビューでは、市内の小児医療を4人の医師が担うという深刻な実情を紹介してくださいました。国は来年度の医学部定員を増加させる見込みですが、一人前の医師を養成するには8〜10年かかります。地方の中小都市・郡部や産科・小児科・救急等といった、特定の地域や診療科における病院勤務医の不足が集中的に起こっている事態には、やはり何らかの手立てを緊急に打つ必要があります。そのための具体的施策は、住民参加の地域全体で検討することが必要だと考えます。

　さて、厚生労働省は9月8日付けで、療養病床数の目標を従来の「15万床」から「約22万床」に上方修正した全国医療費適正化計画を策定、告示しました。現状を追認した形で政策転換しましたが、医療・介護合わせて35万床ある療養病床を大幅に削減することに変わりはなく、地域では入院患者の受け皿確保が喫緊の課題となります。このような状況下で、金城学院大学の朝倉美江先生から「介護保険事業の今後を考える」を寄稿いただきました。本稿は、7月に愛知県南知多町で開催された、「福祉の協同を考える研究会」[1]第3回研究会の基調報告です。編集部が先生と研究会の了解を得て、本誌に掲載させて頂きました。先生は、「地域での協同なくして私たちの生活は守れない」と、強烈なメッセージを私たちに発します。そして、JA高齢者福祉事業が協同組合だからできる新たな支えあいの可能性を展望します。

　日本大学の高橋巖先生には、現在のJA共済の問題を緊急寄稿していただきました。先生は、現行の農協共済事業の実施が困難になる可能性を示唆します。その背景には金融グローバリゼーションとアメリカの対日要求があります。「グローバリゼーション下における総合農協の現段階」は、当然農協も世界的な金融危機と無関係でないことを明らかにしています。セーフティネットとしての共済の役割を再確認し、共済事業を守る力にしていただければ幸いです。

　いま、後期高齢者医療制度をめぐって、政府・与党は迷走しています。9月20日・21日に、舛添厚労相が現行制度を抜本的に見直すとの方針を表明し、麻生太郎首相も同調しました。しかし日が改まるとすぐに「抜本的見直し」はトーンダウンしました。9月25日、

与党高齢者医療制度に関するプロジェクトチームの鈴木俊一座長は「論点は様々ある。それを見直していく、改善策を探していくというのを『柔軟的見直し』と言うのか『抜本的見直し』と言うのか、国語的にはよく分からない」と述べ、基本的にはこれまで通り改善策の検討を続ける姿勢を示しました。この経過を読売新聞は「意味不明な抜本的見直し」と揶揄しました。私は政府のやり方が、選挙目当ての因循姑息[2]なやり方に終わらなければ良いがと考えます。解散・総選挙を間近に控え、政局とともに高齢者医療制度が揺れています。(No. 366、2008 年 11 月)

1) 日本文化厚生連がほぼ毎年開催する「厚生連病院と単協をつなぐ医療福祉研究会」に集う会員から、「年 1 回の全国研究会とは別に、もう少し日常的に情報交換できる研究会のようなものができないか」との問題提起を受けて、発足した研究会。発足当初は事務局体制をとって自主運営していましたが、途中から日本文化厚生連内に事務局を移しました。2006（平成 18）年 7 月 22 日、長野県松本市の特別養護老人ホームうつくしの里会議室で設立総会は開催されました（『日本文化厚生連七十年史』113 頁）。
2) 因循姑息（いんじゅん - こそく）とは、古い習慣ややり方にとらわれて改めようとせず、その場しのぎに終始するさま。「因循」は因より循したがう意から、しきたりにとらわれて改めようとしないこと。

地域住民が医療に困らない環境をどう作るか

院長インタビューでなめがた地域総合病院の田畑均院長は、「地域住民が医療に困らない環境をどう作るか」が大事だといいます。この言葉の背景を少し考えてみましょう。

まず、医療提供の要である病院経営では、病院経営の大半を占める医療・介護関連の収支率が赤字になった病院が前年度比 8 ポイント上昇し 32％になりました（全日本病院協会「2008 年度病院経営調査」）。原因は過去の診療報酬引き下げや医師不足による病院経営の悪化ですが、自己負担増などで患者が受診を抑制する傾向もみられ外来患者数も減少したようです。

医療提供体制では、都内の妊婦が 8 つの病院で受け入れを断れた末に死亡した問題で、厚労省はハイリスク妊婦や分娩に対応できるよう、一部の地域や医療機関への産科医集約など、医師配置の見直

しの検討を決めました。しかし日本救急医学会の調査では、重症患者らを 24 時間体制で受け入れる全国の救命救急センターで小児科認定医が常勤している割合は 42％と半数以下にとどまり、子どもに精通した診療ができる医師の質の充実が必要だと指摘しています。

　地域住民に目をやると、保護者が国民健康保険料を滞納した結果、保険証のない子どもが 3 万人超に上ることが厚労省の調査でわかりました。これは、保険料滞納世帯が全体の 18.5％にあたる 384 万 5,597 世帯で、このうち 33 万 742 世帯が資格証明書を交付されているためです。厚労省では子どもが必要な医療を受けられないことがないよう配慮を求める通知を全国の自治体に出しています。

　問題はどうしたら田畑院長がいうような、地域住民が医療に困らない環境を作れるのか、ということです。ひとつのヒントとして、NPO 法人地域医療を育てる会[1] の藤本晴枝理事長からの寄稿はたいへん参考になります。藤本さんらは、千葉県東金病院が位置する山武医療圏の地域医療を守り育てるために多彩な活動をしています。なかでも特筆すべき活動は、病院のレジデント研修に住民が参加していることでしょう。今回は会の設立の動機と活動の一端を紹介していただきました。

　また今月号では、国際的な医療・看護・高齢者問題を 3 題取り上げました。二木教授の医療時評（62）では、オバマ・アメリカ次期大統領の医療制度改革案についてコメントを寄せていただきました。オバマ氏の医療改革案には、国内でも好意的に捉え過度に期待する医療関係者もいます。それだけに二木論文はぜひお読みください。

　九州大学の平野裕子先生に緊急にお願いしたのは「外国人看護師・介護士の受け入れ」問題です。すでに現実化したこの問題と考え方を整理していただきました。先生がとくに指摘する「そもそも、医療専門職はなぜ国境を越えるのか」という疑問に関して、次回はインドネシア人看護師の日本で働くモチベーションについて展開しますので、ご期待ください。

　岩手県立大学の山崎摩耶先生には「第 9 回 IFA 高齢化に関する世界会議に参加して」、会議の模様を報告していただきました。いまや高齢化にどう対応するのかは、地球規模の社会的リスクと世界は捉えているようです。高齢女性の社会参加に関しては、日本の社

会実験に期待が寄せられています。

　さて、いま社会には貧困、格差拡大、社会保障への不信・不満・不平があり、政治は役割が果たしきれていないようです。麻生首相の「医師は社会的常識がかなり欠落」発言などは、首相の見識を疑います。綸言汗の如し[2]。国のリーダーはもっと慎重に発言すべきです。しかしだからといって犯罪に直結させることは断固許されません。社会に対する不満、批判は言論でやるべきです。元厚生事務次官連続殺傷事件[3]などは言語道断です。

　来年は今年よりもっと社会保障を充実させる年にしたいものです。
（No. 367、2008 年 12 月）

1) NPO 法人地域医療を育てる会は、「私たちの住む地域を、私たちが安心して生活できる地域にしたい。生活を支えるための福祉と医療を考えていく会」です。藤本晴枝さんとの出会いは、2009（平成 21）年 3 月に開催された第 12 回厚生連医療経営を考える研究会で、東金病院院長の平井愛山先生が講演者として登壇の際に、シンポジウムでの事例報告者としてお願いした時が最初だったような気がします。平井先生とは、2008 年 10 月 4 日に新春インタビューで東金病院を訪問していました（インタビューは 2009 年 1 月号に掲載）。その後も、私は 2 ～ 3 回東金病院の藤本さんたちの活動に参加しました。ジャーナリストの柳原三佳さんとの交流も、これ以降佐久病院の農村医学夏季大学講座や別の研究会などでご一緒するようになりましたし、『文化連情報』への寄稿も何度もお願いしました。

2) 綸言汗の如し（りんげんあせのごとし）は、皇帝が一旦発した言葉（綸言）は取り消したり訂正することができないという中国歴史上の格言。「綸言」の出典は孔子の『礼記』衣篇です。

3) 2008 年 11 月 17 日と 11 月 18 日に元厚生省（現：厚生労働省）事務次官の自宅が襲撃される事件が発生しました。死者 2 人、重傷者 1 人を出す事態となりました。最初の事件から 5 日後の 11 月 22 日午後 9 時に、当時 46 歳の男 K がレンタカーで警視庁に出頭し、自分が厚生事務次官を殺害したと供述しました。11 月 23 日午前 2 時、警視庁は男がレンタカーに血のついた 2 本を含めた刃物など犯行時に使ったとされる物証を携えていたため、銃刀法違反で男を逮捕しました。山口剛彦宅襲撃事件は、2008 年 11 月 17 日夕方、埼玉県さいたま市南区別所の山口剛彦宅が襲撃された事件です。山口と妻が刺され、死亡。翌 11 月 18 日午前 10 時頃、自宅玄関で山口夫妻の遺体が発見されました。山口宅前の路上には約 50 メートルにわたって血痕の付いた足跡が残されていました。吉原健二宅襲撃事件は、山口夫妻が襲撃された翌 11 月 18 日夕方、東京都中野区上鷺宮の吉原健二宅が襲撃された事件です。吉原の妻が刺され、重傷を負って玄関の外で倒れていたのを通行人に発見され、保護されました。吉原本人は外出中だったため襲わ

れませんでしたが、この事件では玄関付近と玄関外のみ血痕の付いた足跡が存在していた山口剛彦宅襲撃事件と異なり、血痕の付いた足跡が吉原宅前の路上ではなく、家の中にも存在していたことから、犯人が吉原を探していた可能性が指摘されました。

第4章 民主党政権の社会保障政策
(2009年)

今年こそ社会保障が充実する転機の年にしたい

新年おめでとうございます。

今年はどんな年になるのでしょう。2008年来のアメリカ発の世界同時不況が日本経済を直撃しています。中小企業は軒並み経営が悪化し、総崩れの様相です。雇用をめぐっては、非正規雇用者を中心に解雇の波、いわゆる"派遣切り"が広がっています。政府は12月19日、平成21年度の政府経済見通しを物価変動を除いた実質成長率を0.0％、家計や企業の実感に近い名目成長率は0.1％程度とする政府経済見通しを、閣議了解しました[1]。実質成長率ゼロは、2002年度以来7年ぶりです。日銀は政策を総動員し、景気底割れを食い止めようとしています。景気悪化をこれ以上加速させないため、政策による内需の下支えは欠かせません。

このような状況下で、医療界も厳しい状況が続いています。「平成19年医療施設（動態）調査・病院報告の概況」によると、一般診療所数は9万9,532施設とほぼ10万施設となりましたが、病院は対前年比81施設（0.9％）が減少し7,785施設となりました。とくに、療養病床を有する病院は4,135施設で108施設（2.5％）減少しています。医療施設数の推移を過去20年間でみると、病院は平成2年の1万96施設をピークに減少し、昭和62年の9,841施設と比べても平成19年の8,862施設は90.0％の水準です。20年間でちょうど1割減少したことになります。小児科、産婦人科を標榜する施設は減り続けています。私が最もショックだったのは、本会の会員である石西厚生連が破産[2]したことでした。4月の緊急診療報酬改定が必要です。

さて、病院減少が続く中、地域住民が医療を守る事例も出ていま

92

す。新春インタビュー「地域ぐるみで取り組む地域医療の再生」は、千葉県立東金病院の医師確保の取り組みを紹介しています。平井愛山院長は、「医療資源を教育資源として見ることができるか」がカギだといいます。まさにコペルニクス的転回です。そして12月号で紹介した、NPO法人地域医療を育てる会の活動を会員の柳原三佳さんがレポートしています。「住民の手で“地域医療”を守ってみせる！」のタイトルで短期連しますので、どうぞご期待ください。

　ほかの新連載は、法政大学の三井さよ先生の「ケアの現場を考える」とNPO法人楽の柴田範子理事長の「共にいる介護」です。三井先生には、社会学の視点からケアを論じてもらいます。柴田理事長には、介護される高齢者の視点から、介護のあり方を発信してもらいます。どちらも生活からケアと介護を考えます。

　また、今月号の「あすなび」は、「大都会の中の高齢化コミュニティ」がテーマです。早稲田大学の成富正信先生は、新宿区百人町4丁目の高齢化率は52.3%で超高齢化地域だと指摘します。いわゆる「限界集落」は農山村だけではなく、都会でも出現しているのです。食糧問題も切実です。東北大学の冬木勝仁先生の「米流通と政府の役割」は、2008年の汚染米事件から見えてきたことを執筆いただきました。先生は現在まで公表されている改善策を検討しながら、「政府米の復権」を主張します。それは、貧困層や社会的弱者を救う手立てとして米を配給するという、社会的意義ある政策提言です。

　今年こそ社会保障が充実する転機の年にしたいものです。そのために「本会と会員との絆を太くしてその力で難局を乗り切っていく年にしたい」（本会武藤理事長の新年挨拶）と思います。本誌も頑張りますので、本年もどうぞよろしくお願い申し上げます。（No. 370、2009年1月）

1)　「生活防衛のための緊急対策」（平成20年12月19日経済対策閣僚会議決定）。
2)　2008年、石西厚生連は突然自己破産しました。直後より破産手続きが始まり、2月13日、全職員が解雇されました。負債の8億円のうち7億円は職員の退職金、すなわち労働債権です。破産管財人による債権者説明会では、事業継続の必要性から、3月末まで全員を臨時雇用する、賃金はこれまで

どおり支払い、社会保険等の加入も継続して行う、労働債権は優先して支払われるが、退職金の満額支給は難しい、等の説明がありました。「全厚連は、11月末に石西厚生連を訪れたとき、経営は順調で、労組も協力してくれている、との報告を受け安心していた。『町の勧告により石西厚生連は破産に至った』との認識を示しています」と記事がでていました。しかしその後、全厚連が全国の厚生連病院に宛てた公式文書のなかにある文言で、はからずもこの破産が、町の主導により計画的に進められていたことを裏付けました。もちろん、厚生連の負担を軽くするために、不採算部門の「日原診療所」を切り離すために、新たに「橘井堂」なる医療法人を立ち上げたといいますが、ほぼ全額を町が出資して、わざわざ不採算部門を切り離して経営する医療法人を立ち上げる合理的な理由が見当たりませんでした。

医療提供の側から地域を巻き込む時代がやってきた

　2月号は、住民が地域医療を守り支える記事が2題です。先月号に続き、柳原三佳さんが千葉県東金市の「地域医療を育てる会」の活動をレポートしています。研修生と会のメンバーのやり取りを読むと、とても楽しい気分になります。住民と医学生の懇談からは、医療再生の希望が見えてきます。多津衛民芸館を主宰する吉川徹さんの「住民から見た佐久病院再構築問題」では、署名活動に取り組んでみて佐久病院の偉大な歴史を垣間見ることができたといいます。佐久病院の再構築問題は「医療再生への新たな試み」であり、「住民参加の医療」は医師・患者関係を良好なものにすると指摘しています。

　2つの報告は、医療側と患者側の対立構図から、医師・病院と住民との「信頼関係の構築」への変化に気づかされます。吉川さんは自律した民主主義を地域に築くことの重要性を示唆し、「医療福祉は新しい雇用を生み、地域の循環型経済の核になり得る」と述べ、「医療福祉の充実した地域には人が集る」といいます[1]。住民が地域医療にかかわる当事者としての意識に芽生えれば、地域医療を支える側になります。国民の間で医療崩壊が活発に議論されている今日だからこそ、地域住民を巻き込む絶好のチャンスだと思われます。

　2月号のもう一つのテーマは「暮らし」です。過疎地における「暮らしを支えるリハビリテーション医療」の試行は注目すべきです。長野県飯田下伊那市町村458地区のうち88地区が「限界集落」

です。本田哲三先生（医療法人輝山会輝山会記念病院総合リハビリ
テーションセンターセンター長）は、そこで生活する高齢要介護者
へのリハビリ的介入でどのような変化が現れるかを調査しています。
先生は「ぎりぎりでも身体的に自立していないと暮らしていけない
過酷な現実」を示唆し、リハビリ的発想が欠如している地域では虚
弱な高齢者は子どもに引き取られるか施設入所となり、要介護者が
流出することで集落が崩壊していくと指摘します。とくに、過疎地
の問題は早晩都市部を含む全国的問題へ波及するとの指摘は重要で
す。これは、成富正信先生の新宿区戸山団地の孤独死問題の背景に
そのままつながります。団地の自治会の中心メンバーだった M さ
んは、自分を含めて「孤独死は避けがたい」と感じるほどです。一
人暮らしだった B さんは風呂に入って脳梗塞で倒れた翌日帰らぬ
人になったそうです。先生は、「孤独死と聞くと地域から孤立した
人に起きる出来事のように感じるが必ずしもそうではない」といい
ます。一人暮らし高齢者が増える都会では、超高齢化コミュニティ
が「無力ではいられない」と感じている高齢者によってかろうじて
支えられているといいます。三井さよ先生の「生活を支援する」こ
とも、柴田範子理事長の「生活の継続性」も高齢者や障がい者など
の弱者の生活をどのように支援するかがテーマです。医療制度や介
護保険だけでは、その人の生活が継続できないとしたら、コミュニ
ティの再生が必要となるでしょう。私は、今般の地域医療の崩壊か
ら再生への取り組みは、病院を中心としたコミュニティ再生の一つ
の方法になるのではないかと考えます。

　年が変わり、医療福祉政策も多少方向性が変わりつつありますが、
病院経営をめぐってはまだまだ厳しい状況が続きます。医療提供の
側から地域を巻き込む時代がやってきたといえるでしょう。そして
それは、従来厚生連が最も得意だったはずです。（No. 371、2009 年
2 月）

1)　私は、拙稿「第 5 章　地域インフラを支える農協──厚生連と佐久総合病
　　院」（高橋巌編著『地域を支える農協　協同のセーフティネットを創る』
　　コモンズ、2017 年、pp.131-164）の中で、「医療と福祉が果たす地域経済
　　活性化の可能性」について詳しく論じています。「医療と福祉は、人間が
　　生活するうえでもっとも基本的なインフラストラクチャーである。今日的

課題として医療福祉サービスを産業として考えた場合、社会保障による雇用創出に大いに可能性がある」(155頁)ことを述べました。おかげさまで本書は、2020年8月に、日本協同組合学会賞学術賞（共同研究）を受賞しました。

登内真先生のご逝去　医師不足における女性医師の役割

2009年1月、登内真先生がご逝去されました。先生は、土浦協同病院長を昭和48年から23年にわたり務められました。私が登内先生と初めてお会いしたのは、佐久病院の病院際のときで20年以上前です。当時の私にとって登内先生は大病院の院長先生であり、威風辺りを払う[1]存在感でした。その後私は、平成元年10月から業務課に所属し、茨城県を担当してから先生にお会いする機会が増え、院長室にでかけては暖かく接していただきました。しかし、上司と一緒のときはいつも厳しいお言葉をいただいたことを覚えています。私は平成8年4月まで、業務課員として茨城県厚生連を担当しましたが、その間、土浦協同病院は救急救命センターの竣工、周産期センター改修工事、茨城県地域がんセンター開設などの急性期医療を充実していきました。私は本会の職員としてこれらに係り、とくに県内2番目のベンツ社製のドクターカーが平成4年に配備されたときのことは今でも鮮明に覚えています。地域医療、救急医療の発展に大きな貢献をなされた、登内先生のご冥福を心からお祈りいたします。

さて、今号は、医師不足問題に関する記事を2題掲載しました。一つは、「医師不足における女性医師の役割」で、前日本女医会会長の橋本葉子先生へのインタビューです。橋本先生は、医師が一人前になるには10年かかるが、女性医師を医療現場に復帰させるなら医師不足への即効薬になるといいます。東京女子医大で行われている再教育プログラムや院内保育の取り組みなど、女性医師への徹底した支援が大事だと考えさせられます。もう一つは、「厚生連病院に見る医師不足の現状」です。これは、3月10日・11日に東京で開催される「厚生連医療経営を考える研究会」に当たって、医師充足状況や医師確保対策、医師養成問題等についてのアンケート結果の一部を紹介したものです。この中で示唆された、戦後すぐでき

た医療法標準人員では医師が充足していても、実際診療上必要な医師充足感との関係では医師が足りないという結果に私も納得します。統計上医師数は増えていても、地域での病院の役割や機能の違いから、医師が足りないのです。アンケートの別項目では、医師不足のなかで女性医師の積極的雇用方針をもっている施設が6割しかなく、残り4割は女性医師活用の手立てが打たれていませんでした。橋本先生が提案するように、厚生連病院も女性医師再教育の受け皿になることは、医師不足解消への一つの積極的方法だと思われます。

　富山県厚生連の大浦栄次さんの寄稿からは、国の「特定検診・特定保健指導」がいかに現場を混乱させたかがよくわかります。国は、生活習慣病を解決するには生活習慣を変えなければならないという目的を設定しました。しかし、「目的が正しくても、手段方法を過てば、目的そのものが死ぬ」と大浦さんは指摘します。「保険者ごとの分断ではなく、地域ぐるみ・組織ぐるみの取り組みが大事だ」という言葉には、地域での健康づくりに長年取り組んできた厚生連だけに説得力があります。まさに今、協同組合としての健康づくり運動が必要なのだと考えさせられます。

　今月号から「医療メディエーション」の短期連載が始まります。早稲田大学の和田仁孝先生は、医療メディエーションとは対話による紛争解決の技法だといいます。患者＝医療者関係が大きく変容している現在、信頼関係を構築するために医療メディエーションという概念を手がかりにします。3人の執筆者によりリレー連載しますので、どうぞご期待ください。（No. 372、2009年3月）

1)　威厳があって、辺りの者を寄せつけないほどである。威圧する。

医療・介護などの社会保障と農業分野での雇用創出を

　新年度を迎えました。病院改革に取り組む北信総合病院の小田切徹太郎院長のインタビューは圧巻です。そして3月号の大浦さんに続いて、中澤あけみさんには、長野県厚生連健康管理センターの特定健診・特定保健指導の取り組みと今後の課題を紹介していただきました。2つの記事からは、現代日本医療の病院経営問題と健診問

題が垣間見られます。

　さて4月号の本誌は、表紙、目次を新たにし、本文も三段組にしました。4つの新連載も用意しました。まず、エッセイストの畠山重篤さんには、「旅の途中で」をテーマに連載していただきます。第1回は、「焼酎と環境」です。一見関係なさそうな焼酎と環境が結びつくから不思議です。畠山さんには2008年から執筆をお願いし、1年越しでやっと今回の連載が実現しました。毎回、旅先のトピックをエッセイで綴っていただきます。そして、これまで畠山さんと一緒にお仕事をされてきた宮城県気仙沼市在住の歌人・熊谷龍子さんにもご登場いただき、「柞の森から」をテーマに、毎回、短歌3首をお願いしました。柞（ははそ）とは、コナラなどの落葉性の広葉樹の総称です。二人には『森は海の恋人』ほか幾つかの作品があり、森と海を守る運動の功労者としても有名です。熊谷さんの連載は、今年読売文学賞・芸術選奨文部科学大臣賞を受賞した時田則雄さんに続き、本誌ではおよそ1年ぶりの短歌の掲載になります。今後の連載をお楽しみください。

　また、佐久大学の宮田道夫学長の「くろしおの子」も、やはり1年がかりで実現した企画です。舞台は戦前・戦中の沖縄です。宮田先生が生きてきた軌跡を、沖縄での戦争体験を中心に自伝として執筆いただきます。宮田先生の戦争体験にきっと誰もが驚くはずです。今後の物語の展開にご期待ください。東京家政大学の松岡洋子先生の「デンマーク＆世界の地域居住」も興味津々です。思い起こせば、私がデンマークの老人ホームに関心をもったのは、松岡先生の『老人ホームを超えて』（かもがわ出版）を読んだからです。デンマークが脱施設化を果たしてきた経過や他の先進諸国の「住まいとケア」について、フィールド調査を踏まえた論考を毎月紹介しますので、どうぞご期待ください。

　柳原三佳さんの短期連載「住民の手で地域医療を守ってみせる」は最終回です。今回の「患者と医療者、“心の溝”が埋まるとき」は、これまで以上の力作です。ぜひぜひお読みください。そして、先月号から和田先生の「医療メディエーション」に関する記事が掲載されています。先日、私は先生の講演やメディエーション協会主催のシンポジウムを聴く機会がありました。メディエーションの理

論は、医療者と患者関係を改善するのに実に優れた技法であり、ま
さに医療機関の中で進められるべきだと思われました。今回の柳原
さんの記事とも関連しており、新しい医師・患者関係を構築するの
みならず、患者・市民によるメディエーションの可能性を示唆して
います。医療メディエーションは、現在多くの病院で取り入れられ
つつあることは周知の事実です。厚生連病院にもきっと役立つ理念
だと考えます。

　わが国の政治経済に目をやると、衆院解散・総選挙は夏以降にな
るとの見方が与党内で広がるなか、西松違法献金事件 [1] を巡って
の自民・民主ともに及び腰の国会論戦が続きました。3月16日に
は「経済危機克服のための『有識者会合』」が開催され、100年に1
度の危機に「オールジャパン」で取り組もうと麻生太郎首相は言い
ました。話題をつくり政権浮揚にも役立てたいとの思惑も見え隠れ
し批判的な声もありますが、ぜひ医療・介護などの社会保障と農業
分野での雇用創出といった、「内需」重視の政策を検討して欲しい
ものです。(№.373、2009年4月)

[1]　西松建設事件は、準大手ゼネコンの西松建設をめぐる汚職事件です。2008
年から東京地検特捜部が西松建設本社を家宅捜索し、2009年に捜査が政界
に波及しました。西松建設幹部と国会議員秘書など計5人が立件されまし
た。裁判では4人が執行猶予付きの禁錮刑、1人が略式手続きによる罰金
刑が確定しました。また、政府高官が記者団との懇談で「自民党側は立件
できないと思う」「自民党の方にまで波及する可能性はないと思う」と発
言。この発言について東京新聞は社説で「聞き捨てならない。中立公正で
あるべき検察捜査への疑念も招きかねない」「いかなる意図か。この高官
に、公開の場での弁明を強く求める」と主張しました。発言した漆間巌内
閣官房副長官は記者会見で、発言は一般論であり自民党に特定して発言し
た記憶はないと釈明しました。西松建設がダミー団体に幹部社員らが寄付
する形で政治献金を捻出して賞与の形で寄付分の穴埋めをしていましたが、
会社に損害を与えたとして西松建設の個人株主が、旧経営陣10人に計約6
億9,000万円の損害賠償を求めた株主代表訴訟を起こし、2014年9月25日
に東京地裁は6人に対して役員としての注意義務違反があったとして計約
6億7,200万円を西松建設に支払うよう命じる判決を言い渡しました。また
有罪が確定した元社長に対し、西松建設は約11億8,000万円の損害賠償を
求める訴訟を起こしていますが、2013年1月に和解が成立しています。

総選挙を意識したバラマキの感は否めない

　5月号では、「組合員のくらしを見つめる生活活動」について、前・糸魚川総合病院地域保健福祉センター責任者の磯谷正恵さんの講演大要を掲載しました。厚生連病院と単協が共に健康管理活動に取り組む実践例は、本会が毎年主催する医療・福祉研究会のテーマそのものです。JAひすい総合健診の経験をお読みください。鹿児島県厚生連の油田幸子さんの「医療と管理栄養士」は最終回です。情熱あふれる1年間の連載、たいへんありがとうございました。油田さんのメッセージは、きっと多くの仲間が受け止めてくれたことと思います。そして、3回目の医療メディエーションの連載は、愛知県厚生連安城更生病院の安藤哲朗先生です。先生には「医療メディエーションの現場への応用」を寄稿していただきました。メディエーションは紛争処理だけでなく、診療の様々な場面で応用可能であるとの指摘は重要です。多くの病院で導入されることを期待します。

　昔の本誌を繰ったところ、偶然にも、1997年7月号（No.233）の野の風は、日本農業新聞東北支所長の宮崎清氏が森は海の恋人運動のことを書いていました。12年の年月を経て、当事者の畠山重篤さんが現在連載しているのですから何か不思議な縁を感じます。また、竹下彪広島県厚生連元理事長からお便りをいただき掲載させていただきました。とくに4月号表紙をお褒めいただき、たいへん嬉しく思います。WTOに関する疑問が出されていましたので、今後ぜひ取り上げたいと思います。

　さて政府・与党は、4月10日、平成21年度予算による財政支出で15兆4千億円、総事業費56兆8千億円に上る過去最大規模の追加経済対策「経済危機対策」を決定しました。医療・介護分野では、介護職員の処遇改善で実質2％の報酬引き上げに相当する約4千億円を計上し、都道府県の「地域医療再生計画」に対する支援基金の創設3,100億円やレセプトオンライン化推進も盛り込まれました。一方、財源問題で麻生首相は「消費税を含む税制抜本改革は、景気を立て直すことを前提に必ず実施する」と明言し、与謝野馨財務・経済財政担当相も3年後に消費税引き上げの方針を堅持する考えを

示しました。新聞はこの大盤振る舞いを「景気回復に有効な政策の積み上げというよりも、総選挙を意識したバラマキの感は否めない」と指摘しました。そのツケは国債の追加発行も過去最大となる見通しです。しかしこれで、社会保障費の伸びを毎年2,200億円抑制するとした小泉政権時代の「骨太方針06」の目標を、そのままやるのはいよいよ難しくなりました。6月にまとまるであろう「骨太09」では、2,200億円抑制を継続するのか注目されるところです。

　また最近のトピックとして、新卒医師に義務付けられている臨床研修制度の見直し案に、自治体から反対表明が相次いでいます。都道府県別に研修医数の定員枠が示されましたが、大都市では現在の採用数を下回るなど若手不足が懸念されるためです。「単に数が多い県を減らすのではなく、地域の実情をみて欲しい」との反発には一理あります。同時に、都市に研修医が集中する現状は是正の必要は認めつつも、「実績の無いところに定員枠だけ増やしても、指導医が足りないままでは研修医を育てられない」との指摘もあります。これまでの臨床研修制度での医師の地域偏在理由をきちんと検証しないまま、研修医の頭数確保を優先して配置するのは短絡的といわれても仕方ありません。4月10日の超党派議連・四病協講演会での議論は、医療崩壊をどう阻止するかでした。とくに中田力氏（新潟大学）は、英国のように医療崩壊が近いことを示唆しました。今後の厚生行政の動向に目が離せません。（No. 374、2009年5月）

新型インフルエンザ

　新型インフルエンザは日本でも猛威をふるい、日本中を席巻する勢いです。政府はこれまでの水際対策を元に戻し、全国一律の対応から、感染拡大の度合いに応じ、地域ごとに対応する方針に転換しました。病院や介護事業所は対応に追われています。発熱外来の設置は、医療機関にとって設備や人の面で負担を大きくします。大阪や兵庫の医療機関では収容能力は限界に達しているといいます。インフルエンザでデイサービスが休止されたために、利用者は自宅で介護を受けなくてはならず、ケアマネジャーはヘルパーの訪問回数を調整し増やさざるを得ません。政府は、国の予備費や特別交付税

を活用して財政支援する方針をすでに固めました。

　状況をみていると、WHO などは長期戦を想定しています。インフルエンザはもちろん恐れなければならない、しかし恐れすぎて過剰反応することはよくない、と言えるでしょう。重要なことは、必要な場合に確実に診療を受けられる態勢づくりが何よりも急がれることです。足かけ 3 年続いたスペイン風邪のように、新型インフルエンザが強毒化して第二波、第三波が襲ってきてからでは手遅れです。医学的に合理的な対策を打ち立て、国民と十分に情報共有する必要があります [1]。

　さて 6 月号では、堤修三先生に、2008 年 4 月スタートし国民から批判を浴びた高齢者医療制度について、基本に立ち返って考えるための素材を提供していただきました。今回は「高齢者医療制度の変遷」と「高齢者医療改革を巡る議論」です。「高齢者医療制度をもう一度考える」と題して掲載しますので、政策通の深い洞察にどうぞご期待ください。

　「患者さんを中心とした病院薬剤師の機能と役割」は最終回です。昭和大学病院薬剤部には 12 回連載いただきました。村山純一郎先生は、患者さんを中心とした医療環境の激変に対応する薬剤部と薬剤師の役割は今日的に大きくなっていると述べます。連載は終わりましたが、今後も薬剤師研修会で学ばせていただきます。また村山先生の言葉を裏づけるように、土浦協同病院の常盤英文薬剤部長からは、同院のがん専門薬剤師のがん診療薬薬連携の取り組みが紹介されました。この取り組みは、地域医療の充実に向けた専門性をもった薬剤師の活躍を期待させます。

　「ケアの現場を考える」は今回で一区切り、しばらく休みです。三井さよ先生はいま、障害者施設に通っています。充電して「生きる」をテーマにまた寄稿いただく予定です。平野裕子先生の「外国人看護師・介護福祉士の導入」はフィリピン編が再開です。現地調査を踏まえた論考が続きます。どうすれば、フィリピン人看護師にとって日本は魅力的な国となれるのでしょうか。わが国の介護者不足は明らかで、外国人看護師・介護士問題は他人ごとではありません。一緒に考えたいと思います。

　また、松岡洋子先生の「高齢者住宅の建設はじまる」を読んで、

高齢者住宅の 60m^2 の広さを何とも羨ましく思いました。狭く家賃が高い日本の住宅事情とは大違いです。食料についてもわが国は深刻です。アジア太平洋資料センターの佐久間智子理事の「食の海外依存がもたらしたもの」は、2008 年の世界的な食糧危機から私たちの日々の食生活を見直す機会を与えてくれます。住むことも食することも人間が生きていく上で最も基本のことです。今の日本はどうもこの辺が怪しすぎます。（No. 375、2009 年 6 月）

1)　本書執筆中の 2020 年 9 月現在、新型コロナウイルス感染症が世界中で猛威をふるっています。2020 年 1 月 3 日に、中国湖北省武漢市において原因不明の重症肺炎の集積が報告され、その後、新型のコロナウイルスによることが判明しました。1 月 14 日に、神奈川県内の医療機関から管轄の保健所に対して、武漢市に滞在歴がある肺炎の患者が報告され、日本における新型コロナウイルス感染症の 1 例目が 1 月 15 日に確認されました。2 月 1 日、新型コロナウイルス感染症は感染症法において指定感染症に指定されました。今考えると、新型インフルエンザの時の教訓は、「必要な場合に確実に診療を受けられる態勢づくりが何よりも急がれること」だったはずです。新型インフルエンザの時の教訓が生かされていないことが大変残念です。私は、2020 年 5 月 30・31 日に開催された第 5 回日本政治法律学会（オンライン）のシンポジウム「危機と政治・法律——新型コロナウイルス感染症の歴史的緊急事態指定を受けて」で、衆・参の国会議員とともに討論者として登壇し、「新型コロナと保健医療政策」について発表しました。その後、拙稿「新型コロナ感染症拡大と医療機関経営——第 2 波に備えて財政支援を——」の論考を、公益財団法人政治経済研究所『政経研究時報』No.23-1（2020.8）に投稿しました。現在も、感染症の拡大はいつ収束するのか、わからない状態が続いています。

社会保障費 2,200 億円削減をめぐる攻防

今月号で「医療メディエーション：対話による紛争解決の技法」の連載は最終回です。3 月から和田仁孝先生、安藤哲朗先生、中西淑美先生にリレー連載していただきました。医療メディエーションの理論は重要ですから、今後も機会があれば取り上げたいと思います。新たな企画として、香川県厚生連長尾省吾理事長の「医育のすすめ」が始まります。4 月に理事長とお会いしてから短期間で執筆いただきました。今後、アメリカ留学時代、大学教員、病院長時代の、そのときどきの "医育のすすめ" をお伝えしたいと思います。

立正大学の北原克宣先生には、「最近の農政・農協改革論をめぐって」を寄稿していただきました。道理のない農政・農協改革論に惑わされず、日本農業の未来が開ける改革を進める必要があります。

　また、愛知県厚生連知多厚生病院篠島診療所と日間賀島診療所の実践を取材しました。篠島診療所は、20年にわたり離島医療を守り続けてきました。日間賀島診療所の安井健三先生は、5年で健康な島にすることを目標にしています。血圧手帳を活用した血圧管理で投薬量の減少に成功し、減塩等の栄養指導を通じた生活改善の取り組みも実を結び、2008年度は対象となる外来患者数を大幅に減らすことができました。島民にとっては身近に診療所があることで、体調不良を押して海を渡らなくてもよくなりました。生活範囲内にある医療が安心して暮らせる基盤となっています。

　本誌では、平野裕子先生の「外国人看護師・介護福祉士の導入」を連載しています。今回それに呼応して、逸早く厚生連として現場からプロジェクトチームを立ち上げて、「海外からの介護労働力確保に関する取り組み」を、愛知県厚生連の牛田理栄さんから紹介していただきました。将来の外国人介護者との協力関係構築の視点や考え方など、フロントランナーとしての取り組みを学ぶことは重要です。ぜひお読みください。

　さて、6月初旬、出生率の回復をどう理解するか、というトピックがありました。2008年の合計特殊出生率は1.37で、前年を0.03ポイント上回りました。1975年に2.0を下回ってから低下がずっと続き2005年に1.26と過去最低になって以来、うるう年の影響を除去しても3年続けて出生率は上昇しました。晩産化の影響や少子化対策が奏功したなどの理由があげられていますが、はっきりしたことはわかりません。ただ、人口に占める若年人口（0〜14歳）の割合は減り続けており、少子化の流れに歯止めはかかっておらず、今後も人口減少が進む状況に変わりはありません。人口を維持できる水準の出生率は2.07とされており、現在の水準が続けば2世代後の人口は約4割、3世代後は3割にまで減ってしまいます。制度や職場環境が整わないために出産を躊躇する女性は多く、識者は仕事と子育てを両立できる支援策を今の倍以上に力を入れる必要があると指摘します。

　選挙を前に「社会保障費の 2,200 億円削減」をめぐって、自民党内では意見が大きく割れました。尾辻秀久参院会長（元厚労相）ら社会保障費 2,200 億円削減の撤回論者が、歳出削減路線の象徴とされる「骨太 06 等を踏まえ」との文言削除を再三再四にわたり迫りました。厚生労働関係議員は強く執行部に詰め寄り、尾身幸次元財務相などは「骨太 06 は諸悪の根源だ」と批判しました。骨太 06 がそのまま医療費削減につながっているのが、非常にイメージが悪いという考え方と、骨太 06 を外してしまうと財政再建路線を放棄したかのように報じられるとする考え方が対立し、ギリギリまで意見がまとまりませんでした。6 月 23 日の自民党総務会では、文言修正せずに 2010 年度予算編成では社会保障費を年 2,200 億円抑制する方針を適用しないとしました。（No. 376、2009 年 7 月）

社会保障全体の強化を図るより大きなグラウンドデザインを

　私は 7 月、佐久総合病院で開催された第 49 回農村医学夏季大学講座に参加しました。今年の第 18 回若月賞は、自立生活サポートセンターもやいの湯浅誠事務局長と夕張希望の杜の村上智彦理事長でした。二人の受賞講演はたいへん勉強になりました。私がはじめて夏季大学に参加したのは第 28 回夏季大学で、21 年前の 1988 年 7 月のことです。そのときのテーマは「老人介護施設と在宅ケアをめぐって」で、当時急速に高齢化する農村社会への対応が議論の中心でした。当時の夏季大学は 3 日間で、1 日目の岩崎栄先生などの講義のあと、2 日目には病院に併設された老人保健施設の見学もしました。そもそも佐久老健は、厚労省が昭和 62 年に新たなケア施設を制度化するために、全国で 7 施設がモデル事業の指定を受けて開設されたもので、そのうちのひとつでした。私にとって圧巻は最終日の川上武先生によるメディコポリス構想についての講義でした。先生は、「臼田町及びその近郊地域は農業を根幹にすえつつ佐久病院が存在するメディコポリスである」と指摘し、私にはたいへん興味深い問題提起でした。

　当時佐久総合病院へ行くには、現在のような新幹線はありませんでした。そのため、東京から臼田まで移動時間はたっぷりありまし

た。そこで私は、出版されたばかりの『農村医学からメディコポリス構想』（川上武・小坂富美子著）を購入し、佐久病院への往路で一心不乱に読み勉強したことを覚えています。20年以上も前に若月俊一先生が提唱した「メディコポリス構想」は、2008年来の佐久総合病院の再構築運動の中で、ますますその輝きを増しているように思います。残念なことは、メディコポリス構想の提唱者のひとりである川上武先生が7月初旬に逝去されたことでした。私は先生の著作から多くのことを学ばせていただきました。川上先生のご冥福を心からお祈り申し上げます。

　さて8月号の本誌は、田代洋一先生にお願いして、「農地法改正は何をもたらすか」を寄稿していただきました。今回は制度面からアプローチし、財界による株式会社の農地取得要求の危険性を指摘いただきました。次号は実態面からアプローチし、企業の動向や地域の対応から問題を見ていきます。木戸友二施設長には「経済危機にともなう介護労働力の確保」に関し、46名の求職者中24名を採用した巴の里[1]の取り組みを紹介していただきました。取手協同病院の久保田妙子さんには「感染対策と今後の課題」を寄稿いただきました。新型インフルエンザの第2波が予想される今秋に向かって、毒性の強いウィルス異変は懸念され、体制を整えることが必要です。長尾省吾理事長の「医育のすすめ」はアメリカ留学編です。クックカウンティ病院は私の好きなテレビドラマERのモデル病院であり、当時の思い出話は興味をそそられます。

　二木立先生のインタビューは、著書『医療改革と財源選択』を語っていただきました。社会保障改革は個別の制度ごとに考えるべきで、社会保障全般を公費負担イコール消費税というのは短絡的です。ぜひお読みください。堤修三先生の「高齢者医療制度をもう一度考える」は最終回です。先生は高齢者医療制度改革の見直しの選択肢を提示します。その上で、現在の戦後最大の社会保障の危機に対応するには、社会保障全体の強化を図るより大きなグラウンドデザインが求められていると指摘します。

　本誌がお手元に届く頃には夏本番でしょう。これから暑い日が続きます。どうぞご自愛ください。（No. 377、2009年8月）

1)　正式名称は、社会福祉法人東加茂福祉会特別養護老人ホーム巴の里。

日本はこれからどう変わるのでしょうか

　9 月号の二木教授の医療時評は、「民主党の医療政策とその実現可能性を読む」です。民主党のマニフェスト・医療政策を概括的・中立的に検討していただきました。民主党の医療政策が実現すれば、1980 年代以降続けられてきた医療費・医師数抑制政策の根本的転換となることが期待されますが、疑念・弱点もあるようです。そして民主党の医療政策がどこまで実現可能性があるかも興味があります。ぜひ時評をお読みください。

　大阪経済大学の初村尤而先生には、「地域医療の再生と財政支援」をテーマに執筆をお願いしました。初村さんは、自治体病院が減少する中で公的病院の役割が大きくなっており、地域医療確保のためのそれ相応の財政支援があるべきだと主張します。少し関連したデータを示すと、厚労省「病院経営管理指標」報告書では、自治体立の一般病院のうち、2007 年度に経常利益が赤字だったのは全体の 75% もあり、その他公的病院は 53.6% が赤字でした。帝国データバンクの全国企業倒産集計によると、2009 年の 1 月から 7 月までの医療機関の倒産は 38 件で、2008 年 1 年間の倒産件数 35 件を上回りました。地域医療をこれ以上崩壊させないためには、個別自治体への財政支援を求めながら、根本的には国の医療政策と安定かつ十分な財源対策を要望していくことが必要です。

　病院経営をめぐっては、経営努力の事例として VPP システム[1]導入を取り上げました。伊勢原協同病院では VPP システム導入により、コスト削減と最新機器配備を両立しました。効果的な投資とコストの可視化を実現するために、病院事務部門はリサーチ体質を持って病院にとって最大限の経済効果を生み出し、経営健全化につなげる努力をしています。

　また介護の問題では、松岡洋子先生の「デンマーク 1989 年版小規模多機能」は、いま日本ですすめられている小規模多機能居宅介護の事業展開とともに、自立高齢者の交流の場をどう配置するのか問題提起しています。「老齢者の世話を制度化することは自分自身

の未来を保障すること」（ボーヴォワール）です。わが国でもきっと地域の高齢者政策の参考になると思います。

さて、内閣府が8月に発表した「国民生活に関する世論調査」によると、前年の今頃と比べて「生活が低下している」と回答した人の割合は33.6％で、28.5％だった1999年の調査時点よりも5.1ポイント増えました。日銀の「生活意識に関するアンケート調査」（6月調査）では、1年後の勤め先での「雇用・処遇不安」を感じる人は87.2％に達しています。当然不安定雇用が増え、雇用不安が広がったことが背景にあります。地域の崩壊も進んでいます。8月下旬に長野市で開催された、地域医療研究会全国大会のテーマは「地域の再生・地域医療の再生」でした。そこでの報告は、家族・医療・地域が崩壊している現状であり、そこから再生しようと試みる実践報告でした。いまや地域医療は医療の一分野というよりも、「地域住民とともに命と健康を守る」地域問題のひとつであると思われました。

このように現在の日本は、国民生活の低下、雇用不安、地域の崩壊、等々、問題が山積しています。選挙が終わったばかりですが、日本はこれからどう変わるのでしょうか。（№378、2009年9月）

1) VPPシステムは、リースでもなく一括購入でもない、「症例単価払い」という今までにない発想のサービスです。最新鋭の内視鏡システムを、初期投資無しで導入できるVPPは、費用と機器運用を最適化し、費用の可視化と病院経営の改善に貢献します。患者、医師、医療従事スタッフそれぞれが納得のゆく医療環境を実現し、これからの病院経営の安定化をしっかりとサポートします。症例単価とは、最初に契約期間である5年間に必要とされるすべてのコストを算出して、契約物件総額を決定します。それを5年間分の契約症例数で割り、1症例ごとの使用料を算出します。それが症例単価です。契約症例数は、過去の症例数実績と、今後予想される症例数から導き出します。

君子は善良な人に好かれ、悪い人に憎まれる人でなければならない

10月号の本誌も、会員ほかからの寄稿で盛りだくさんです。

まず、第58回日本農村医学会学術総会開催にあたって、学会長の別所隆先生から「地域医療を支える──みなとみらいからの挑

戦」を寄稿いただきました。医療の崩壊は、その地域の崩壊にもつながります。こうした状況の中、地域を支え充実させていくために、中心となって活動していくことも日本農村医学会の役割だと先生はいいます。学会の取り組みに期待いたします。

　土浦協同病院の渡部誠一先生には、「小児 ICU（PICU）の取り組み」を執筆していただきました。現在、わが国の小児救急医療は、小児科医の数が圧倒的に不足し「瀕死の小児救急」（鈴木敦秋『小児救急』）と形容されることがあります。子供の救急患者を避ける救急病院も多く、社会問題化されているほどです。そのような状況下で、土浦協同病院の PICU は 20 年以上の歳月をかけて少しずつ発展してきました。渡部先生は、「私たちとともに地域医療を行う同士を集めて、子ども達の救命医療を高めていきたい」といいます。いま大事なことは、患者と医療者双方で小児医療を守ることだと思います。

　鹿教湯三才山リハビリテーション病院の永井久子看護部長の寄稿「『指定療養介護事業所』の立ち上げ——療養病床の再編で生き残る！」は目を見張ります。診療報酬の暫時マイナス改定と 2011 年問題といわれる介護療養病床の廃止問題によって、病院経営は苦境に立たされました。しかし指定療養介護事業所を立ち上げ、利用者だけでなく職員も生き生きしているそうです。興味深い新たな取り組みをお読みください。

　私は、秋田組合総合病院の阿部栄二先生の院長インタビューに驚きました。先生にかかれば曲がった背骨も正常の形になり、腰の曲がったお年寄りはまっすぐになって颯爽と歩くそうです。そして、本会の村上一彦監事の「地域密着と総合性で収益構造の転換を」、伊藤幸夫「医師不足と臨床工学技士の役割」も力作です。どうぞお読みください。

　平野裕子先生の連載 7 回目の「外国人看護師・介護福祉士の導入」は、「配属後の『ハネムーン』期が終わって」です。来日から半年がたって、看護師・介護士候補者と雇用者双方から不満もでてきたようです。関連して、前 JA 愛知県厚生連理事長の細江詢次さんが、団塊世代の仲間とフィリピンやブラジルから来ている外国人に日本語を教える教室を始めた、との記事を目にしました。細江さ

んは自宅近くの鉄工所を自費で改修して教室にしたそうです。週3回の授業には約30人が通っており、仕事の都合で来られなかった受講者には予備日も設けています。教えているのは細江さんのほか7人だそうですが、派遣で働く外国人が増加し、日本語ができずに仕事に就けない人や学校に通えない子供がいることを知り、日本語を教えたいと思ったそうです。細江さんにとってはじめてのボランティアだそうですが、立派な取り組みを心から応援したいと思います。

さて総選挙が終わってみると、民主党の圧勝でした。今回の選挙では各党とも社会保障を巡って論戦を展開し、子育てや教育費に政権公約（マニフェスト）の重点を置いていたことはこれまでになく画期的でした。思い起こすと、2005年の衆院選での自民党の大勝を背景に、わが国は国民の信を問うことなく毎年首相の顔が代わって政治を行ってきました。その結果が今回の衆院選での民主党の議席増を実現したと思います。しかし国民の支持があまりに高いことは危険です。かつて孔子は「君子は善良な人に好かれ、悪い人に憎まれる人でなければならない」と言いました。普通はすべての人から支持を得ることなんてあり得ません。政権党は社会保障の将来像を早く明確にしてほしいものです。（No. 379、2009年10月）

生命尊重こそが政治の基本でなければならい

今秋、「いのちの山河」が全国で上映されます。この映画は、憲法25条「生存権」で自分たちの命を守った人々の物語です。試写会を観た私は、深澤晟雄村長の「生命尊重こそが政治の基本でなければならい」という言葉と、虚心坦懐[1]に村民たちと語り合う姿に胸が熱くなりました。そもそも私が沢内村を知ったのは、25年前に出版された、太田祖電ほか著『沢内村奮戦記』です。本書は、沢内村の医療保障がどのような考え方から構築されたのかを明らかにした本でした。その後私は、2000年以降沢内村に業務で何度かうかがい、医療費無料化をどう継続するか、関係者の皆さんと話をしたことを思い出します。現在も西和賀町では、65歳以上の高齢者を受給者として、老人医療費給付制度（低額の患者一部負担金あ

り）が実施されています。「いのちに格差があってはならない」、この言葉が深く胸にしみ込む映画です。

　「いのちの山河」は、全国でも最悪の乳児死亡率だった村が、全国初の乳児死亡率"ゼロ"という記録を生み出すまでの村人たちの話でしたが、現在日本の小児医療提供体制は深刻な状況です。日本小児科学会の 2008 年度病院調査の分析によると、全国で小児科を閉鎖あるいは休止した病院が、2008 年度 1 年間で 600 病院を超えています。厚労省の医療施設調査では、小児科標榜病院は 1999 年度の 3,528 病院から 2007 年度には 3,015 病院に減少し、513 病院減少するのに 8 年間を要したにもかかわらず、2008 年度 1 年間で 600 を超える小児科標榜病院が小児医療から撤退したことになります。特に東京、大阪など都市部で閉鎖や休止が多いといいます。厚労省は、小児科医は増加に転じていることから、施設の集約化が進んでいると見ているようですが、それにしても異常な減り方です。同学会では、小児医療現場の実態を踏まえた診療報酬の評価が喫緊の課題だと主張しています。最近マスコミではマニフェストの点検が流行っていますが、鳩山由紀夫内閣にはいのちと暮らしを守る生命尊重の政治に重点を置いてほしいものです。

　さて、11 月号の本誌では、取手協同病院の椎貝達夫先生が主導する D3-30 プロジェクトを取り上げました。プロジェクトは、透析導入数減少を目ざす、世界で初めての取手市という一地域への介入治療研究です。結果は、3 年間で 39%透析導入数を減少させました。先生は「CKD 診療ガイド 2009」の治療方針は不十分かつ不正確であり、治療水準の改善は少ししか望めないと指摘します。一方、20 年以上の実績がある取手 CKD 診療ガイドラインに準じた治療法を普及すれば、日本全体の透析導入数が減少することは間違いありません。そのためには国の診療報酬によるインセンティブが必要です。椎貝先生の「世界で初めて透析導入数が減ってゆく国」という言葉は魅力的です。そうなるよう願うばかりです。

　また、秋田組合総合病院の上下水道料金削減への挑戦は、病院経営をめぐる軽費削減の事例です。この間、本誌では、事務部門の取り組みを断続的に紹介しています。他の病院の取り組み事例がありましたら、ぜひ投稿をお願いします。

最後に、68頁に、都内の中学生が農業のことを知りたくて、本会を訪問し勉強したという小さな記事を掲載しました。彼は、学校のレポートのテーマに「政権交代と農業問題」を選んだそうです。大きなテーマですが、先生や友人に農業の大切さをしっかり伝えて欲しいと思います。（No.380、2009年11月）

1）　虚心坦懐（きょしんたんかい）とは、心になんのわだかまりもなく、気持ちがさっぱりしていることです。心にわだかまりがなく、平静に事に望むこと。また、そうしたさま。「虚心」は心に先入観やわだかまりがなく、ありのままを素直に受け入れることのできる心の状態です。「坦懐」はわだかまりがなく、さっぱりとした心。平静な心境のことです。

新政権は本当に日本の医療を救えるのか？

　12月号から「知ろう！小児医療　守ろう！子ども達」の会の短期連載が始まります。今回は、代表の阿真京子さんから会発足の動機を紹介してもらいました。会は、お父さん・お母さんの不安に寄り添うことを大事にしているそうです。そこから小児医療について知り、子どもの病気と積極的に向き合えるようになって、結果として不必要な受診が減り、医師の労働環境の改善につながると阿真さんは述べます。4回の連載で会の活動を紹介しますのでご期待ください。

　「楽」理事長・柴田範子さんの「共にいる介護」は最終回です。ひつじ雲での利用者とのかかわりについて、1年間報告していただきました。柴田さんは「介護事業は命に向き合う仕事」であって、「その事業は簡単には止められない」と言います。連載を通じて、「共にいる介護」とは要介護者に「当たり前に生活を続けられるようかかわること」だとつくづく考えさせられました。そしてこのことは、佐久浅間農協の通所介護事業所の3年間の実践にも通じるものがあります。小林丈人さんの報告によれば、理学療法士がJAの通所介護事業所に関わることで、利用者の大半が機能維持もしくは機能向上しており、利用者の日常生活等の能力維持に重要な役割を果たしています。それは、病院退院後の在宅生活におけるセルフケアづくりの一環として、生活の一助となることを示唆します。

　佐久大学の宮田学長「くろしおの子」は米軍上陸前夜です。上陸前の艦砲射撃が止むと敵が上陸してきます。そこで皆は山の上の坑道に移動しなければなりません。しかし道夫には病弱な母と幼い弟妹がいます。そのとき道夫は……。ぜひお読みください。

　さて 11 月中旬から、行政刷新会議の「事業仕分け」が行われました。「事業仕分け」は月末まで前後半行われ、刷新会議会合、財務省査定、閣僚委員会を経て 12 月下旬には 2010 年度予算案を閣議決定する予定です。この編集後記を書いていたとき、マスコミには第 1 弾終了で「仕分け効果まず 1 兆円」の見出しが踊りました。財務省からの歳出削減圧力が強まる中で、農水関係予算は 0 勝 23 敗 1 分けの厳しい結果でした。医療に関しても、診療報酬について勤務医、開業医の給与の平準化がうたわれ、診療所（開業医）から病院への財源振り分けが問題視されました。健康増進対策費も廃止対象とされ、地域の健康増進に国が指導的役割を発揮する必要がないとされました。

　マニュフェスト予算は圧縮されたとはいえ、依然高速道路の無料化が重要政策とされており、本当に必要なところに予算が回るのか不明です。密室で行われてきた予算編成の一部が初めて情報公開されたことは評価されますが、1 時間程度の審議の中で 5 〜 7 分の事業説明時間しか与えられず、事業をバッサリ切る手法や法的な権限を持たない「仕分け人」への疑問もあります。しかも今回の「事業仕分け」の対象は 447 事業で、政府の全事業の約 15％に過ぎません。

　効率性ばかりを重視する、あまりに乱暴で非常識な仕分けは、むしろ日本の農業・医療をいっそう危機に陥れる危険さえあります。

　本誌がお手元に届く頃には、事業仕分け第 2 弾も終了し、刷新会議会合での報告・了承が行われていることでしょう。新政権は本当に「崖っぷち日本の医療」を救えるのか？　今後の展開が注目されます。（No. 381、2009 年 12 月）

第5章 縮小社会における持続可能な社会 (2010年)

地域医療と日本農業を守る立場から頑張ろう

新年おめでとうございます。

2009年は政権交代があり、わが国の新たな歴史の始まりを予感させました。しかしその後、民主党の政権公約は財源が確保できず、大幅に後退しました。小沢一郎氏が中心となり、「民主党の予算重要要点」を政府に求めるなどの「豪腕政治」が復活し、予算編成は年末まで調整が続きましたが、総医療費対GDP比をOECD加盟国平均まで引き上げるという公約は守られそうもありません。4月の診療報酬改定を巡っては、各方面から「財務省主導」ではなく「政治主導」で臨むことを強く求められました。

このような状況を踏まえ、二木立先生は医療時評で「民主党政権の医療改革手法の危うさ」を指摘し、政権発足後3カ月間の仮評価を行っています。党内では「適切な医療費を考える議員連盟」が活発な活動を展開するなど動きがあり、医療改革の中身を引き続き監視する、と述べます。同時に農業政策に関しては、田代洋一先生に「民主党の戸別所得補償政策」を検討していただきました。いま農政に求められるのは、生産調整・米価支持政策とセットにした不足払い政策であり、「協業等の構造改革の足を引っ張らず、地域農業の持続的な担い手確保に向けた確固たる政策環境を整えること」だと主張します。民主党の医療・農業政策がどう動くのか、今後も国民的注視が必要です。

さらに、新政権下の政治情勢を背景にしながら、新春座談会で「農山村の地域医療をどのように再生していくのか」を秋田県厚生連の小野地章一専務理事、長野県厚生連の盛岡正博理事長、愛知県厚生連の山田孝正理事長に検討していただきました。医師不足、病

院老朽化への対応や移転新築、健診事業、今求められる協同組合の意義など、地域の活性化と合わせた厚生連病院の課題を読み取っていただけるのではないでしょうか。

　長尾省吾理事長の「医育のすすめ」は最終回です。連載は2009年7月から7回にわたりました。約40年間の大学教員として医育に携わってきた経験は、色々な示唆を私たちに与えてくれました。最終回は、「香川県医療政策アドバイザーに委嘱されて」です。横浜の訪問看護ステーションの高砂裕子さんには、「訪問看護師の人材確保の難しさ」に関して、神奈川県での実態調査を踏まえて寄稿していただきました。調査では、看護職の充足状況は65％が不足との結果でした。現在、地域の医療提供体制確保の看護政策の重要性が示唆されます。

　知多厚生病院の宮本忠壽院長には、地域医療連携に必要な新しい外来診療棟の役割について寄稿をお願いしました。新診療棟は、生活支援部門に健康管理支援センター、母子支援センター、生活改善センターを設置し、地域医療・福祉連携センターも設置しているそうです。保健・医療・福祉の総合的継続的なサービス提供を行い、安心して暮らせる地域社会づくりに貢献しています。総合的医療では、知多半島南部における唯一の公的医療機関としての役割に期待します。

　本会は2009年12月、医療費の大幅増額で医療供給体制を整備することをはじめとした、公約実行を迫る要請書を経営管理委員会で決議し、長妻昭・藤井裕久両大臣宛に送付しました。要請書は各政党にも送り見解を求めています。また、中医協及び30の新聞社にも送付し、要請内容への理解を求めました。今私たちは、「医療を守る公約の実行を求め、声をあげていく」（武藤喜久雄理事長の新年挨拶）ことが必要だと思われます。本誌も地域医療と日本農業を守る立場から頑張りますので、本年もどうぞよろしくお願い申し上げます。（No.382、2010年1月）

財源問題の国民的議論は避けて通れない

　2月号も会員等からの寄稿で盛りだくさんです。長野の川妻幹将

さんには、「病院と住民による地域医療の再生」と題して、民意が動かした佐久総合病院の再構築を検証していただきました。川妻さんは、独自に調べ行動を起こした結果、佐久病院の再構築問題の重大さを認識し、再構築は地域医療を危機から再生させる事業であると同時に、新たなまちづくりのチャンスだと認識したそうです。地域に出て行く病院職員と地域医療を再生しようと行動する住民。住民が病院とともに地域医療を再生しようと行動するまで、川妻さんたちはいったいどのような取り組みをしたのか、大変興味があります。取り組みの紹介は3月号に続きます。1年前の掲載「住民から見た佐久病院再構築問題」（吉川徹氏）と合わせてお読みください。

　鹿児島厚生連病院の前之原茂穂院長には、医師不足、勤務医過重労働などの観点から、メディカルクラーク導入について、鹿児島厚生連病院の現状とあわせて検討していただきました。現在3名のメディカルクラークが勤務しており、医師の補助というより医師と患者さんとの橋渡し的な役目を果たしています。メディカルクラークが医療チームの一員として活躍の場を広げ、勤務医の負担軽減に貢献できるなら、医療再生につながるより良い医療提供ができることが期待されます。

　相模原協同病院の高野靖悟院長からの寄稿は、「バランスト・スコアカードによる目標管理」です。2004年に導入して以降6年間継続しています。内容も年々充実しており、今後はBSCを使った地域連携が期待されます。3月号にも寄稿がありますのでご期待ください。

　2009年の第31回厚生連薬剤師研修会での栗原敦さんの講演録、「副作用被害者救済から医療の安全と質を考える」を読んで驚いたのは、副作用報告が約3万件あるのに救済申請は900件しかないという事実でした。この大きなギャップには、本来救済されていい患者が放置されている懸念があります。MMRワクチン薬害に遭われた栗原さんの息子さんは、年に400回もてんかんを起こし、多いときは1日に20回というときもあったそうです。「薬は誰かが必ず深刻な副作用被害を引き受けるという前提で製造・販売されており、必ず犠牲者が出る」という言葉には説得力があります。副作用が起こってしまったとき薬剤師としてどう行動するか、参加者からは前

向きな感想が寄せられました。

　さて、先日都内で医療政策の学習会がありました。講師は、小泉内閣の 2006 年度医療改革の際に、医療費適正化計画の枠組みづくりに携わった経験があります。私は、06 年度医療制度改革の舞台裏よりも民主党の医療政策の話しに関心があり、今回の診療報酬改定は 10 年ぶりのプラス改定で方向性としては良いが、マニフェストからすれば改定幅は不十分だとの評価で、同感です。重要なのは、患者負担割合を引き上げることに限界を感じるなかで、民主党には医療費をどう上げるのか、財源の議論がまったく欠落しているとの指摘です。医療制度を安定して運営するには埋蔵金[1] では限界があります。では財源はどうするのか。元財務官僚だけあって、多面的な財源の可能性を示唆し、単純な消費税引き上げ論者よりずっと思慮深い説明でした。財源問題の国民的議論は避けて通れません。（No.383、2010 年 2 月）

1)　ここでいう「埋蔵金」とは、いわゆる「霞が関埋蔵金（かすみがせきまいぞうきん）」。元経済財政政策担当大臣の中川秀直自民党元幹事長がこの言葉を使ったことで世に広まりました。2007 年 11 月、特別会計の見直しなどで 15 兆円を捻出するという民主党案を「霞が関埋蔵金伝説のたぐい」と批判したのが始まりです。本来は長期金利の変動による利払い対策として「金利変動準備金」として積み上げられていたものです。2008 年度予算では、その存在について、いわゆる「上げ潮派」と「財政再建派」の間でその存否について争いがありましたが、元財務官僚の高橋洋一氏の指摘で存在が明らかとなりました。2009 年度予算では、急激な景気の悪化による税収減を背景に「霞が関埋蔵金」を活用することを前提に予算編成が行われました。2011 年度の予算（案）は事業仕分け第 2 弾で返納と判定された鉄道建設・運輸施設整備支援機構の利益剰余金のうち 1 兆 2,000 億円を返納させ基礎年金の 50% 国庫負担維持の財源としましたが、このあと 1 兆円を超える多額の埋蔵金は見つからないとされ、枯渇するとも言われました。

新生児医療の現状と希望

　3 月号の『知ろう！小児医療　守ろう！子ども達』の会理事・高橋夏子さんの執筆で「パパ・ママと医療者の架け橋をめざして」は最終回です。毎回、安心して子育てできる環境がほしいという願い

に満ちていました。「子どもを生んでもいいんだよ、安心して子育てできるんだよ」という空気をつくりだすことが何よりの子育て支援だという、母親の立場から政府への高橋さんの訴えに親と医療者だけでは解決できない難しさを感じます。

　一方、小児医療の現場はどうでしょうか。安城更生病院の加藤有一先生の「新生児医療の現状と希望」に胸が痛みます。新生児医療の現状は、医療現場のスタッフによる献身的奉仕に支えられており、医療システムとしては非常に脆弱で危機的状況です。新生児医療・小児医療の問題点は、本誌でも昨年来取り上げてきましたが、「危ぶまれる医療崩壊の結果として、赤ちゃんに不利益を与えてしまうことを心の底から恐れている」という、第一線で活躍する現場の医師からの訴えは深刻です。加藤先生は、たとえ現在過酷な労働環境であっても「もう一度人生をやり直すことができたとしてもまたこの病棟に帰ってくるだろう」「新生児医療の充実は、社会の健全なる未来にとって不可欠」と言います。新生児医療にかかる経済的負担より救済された生命がより大きな経済的価値を生み出すというデータは、新生児医療が社会にとって極めて健全で将来性の高い医療であることを証明しています。

　崩壊寸前と言われる小児医療の状況を改善するために、医師の過重労働など現状を改善することは、結果として重症の子どもがよりよい医療を受けられる環境作りにつながります。母親達と医療者の願いは同じ「大切な新しい生命の誕生」です。どうすれば安心安全なその瞬間を迎えることができるのか、お産にかかわる医療関係者や行政、マスコミ、患者・市民が手を取り合い、知恵を出し合うことが喫緊に求められています。

　では、医療を巡るわが国の政治はどうでしょうか。昨年末、長妻昭厚労相は、藤井裕久財務相（当時）と折衝後記者会見し、「ネットで10年ぶりのプラス改定」を強調しました。ところが、年が明けるとネット改定率「0.19％」に疑問の声が上がりました。二木先生は逸早く「2010年診療報酬改定報道の3つの盲点」（日経メディカルオンライン、1月27日）で、薬価「隠れ引き下げ」を加えた全体改定率は実質ゼロだと指摘しました。今回の後発品のある先発品の薬価引き下げも診療報酬の改定率計算に含めるべきであり、捻

出された財源は当然技術料の改定財源に入れるべきです。

　2 月 12 日の診療報酬改定に関する中医協答申は、医療全体の底上げではなく、急性期医療を担う大規模病院に集中的に財源が投入される一方で、慢性期の患者やその医療を担う中小病院と診療所に厳しい改定となりました。救急や産科、小児科、外科に手厚く配分され、出産や新生児を診る周産期医療も早産などリスクの高い妊産婦の入院や救急受け入れ、新生児集中治療室の管理料が大幅に引き上げられました。しかし、「引き上げはありがたいが、これで対策が十分に整ったとはいえない」との声もあります。診療報酬引き上げが病院収入増とともに医師らの処遇改善につながることが重要です。また、地域医療を支える中小病院や診療所の経営圧迫は「医療崩壊」を加速させる可能性もあります。今回の改定が医療現場、国民医療に与えた影響の把握が必要です。

　訂正とお詫び：2 月号編集後記で、栗原さんの息子さんが遭われた薬害は「MMR ワクチン薬害」と記述しましたが、正しくは「おたふくかぜワクチンによる障害」でした。訂正してお詫びいたします。（No. 384、2010 年 3 月）

国民不在の密約外交に怒りを覚える

　4 月号から、「社会保障の 50 年」論考をシリーズで取り上げることにしました。1 回目は、朝日健二さんに執筆をお願いしました。というよりも、朝日さんから送られてきた「人間裁判と"沢内村"の 50 周年」の原稿を読んで、このシリーズを思いつきました。この間、何度か朝日さんと会う機会があり、色々話しているうちに、朝日裁判から半世紀も経つこと知りました。国民皆保険・皆年金の実現からも来年で半世紀なのでよい機会だと思い、戦後日本の社会保障はどのように変遷しどこへゆこうとしているのか、皆さんと一緒に考えたいと思います。

　本会は 3 月半ばに、「厚生連医療経営を考える研究会」を開催しました。シンポジウムでは、雄勝中央病院の中村正明院長が「勤務医を減らさないことが今最も大事」だと指摘しました。この言葉は、本誌院長インタビューで、山本組合総合病院の近田龍一郎院長も述

べています。さらに、下伊那厚生病院の社浦康三院長の報告「農村における小病院のチャレンジ」でも、チーム医療を担うケースワーカーの存在が強調されました。医師不足の中で、地域医療を守る取り組みに本当に頭が下がります。

　本誌では、住民が主体となって地域医療を再生してゆくシリーズを追いかけています。2008年12月の千葉県東金市「NPO法人 地域医療を育てる会」の藤本晴枝理事長から始まり、「知ろう！小児医療　守ろう！子ども達」の会、そして今回の「柏原病院小児科を守る会」に続きます。丹波の母親たちが起こした市民運動は、全国の医療関係者から驚嘆のまなざしで迎えられ注目の的となりました。長年にわたり、県立柏原病院に小児科医の派遣を続けてきた神戸大学の松尾雅文教授は、この運動を『日本の小児科医を救う革命的な住民運動』と評価するコラムを神戸新聞に寄稿しました。最初に、丹波地域の「医療崩壊警報」を出した丹波新聞の足立智和さんは、会発足の火付け役です。医療界の革命とまで言われた柏原市の経験にご期待ください。

　宮田道夫先生の「くろしおの子」は、今回で幼年期が終わります。連載はたいへん評判がよく、実体験を踏まえた臨場感あふれる文章が読み手をひきつけ、多くの方々から「読んでるよ。すごいねー」などと感想が寄せられます[1]。私は、洞窟の様子を描写した文章に、従軍看護婦として洞窟内の野戦病院で傷病兵などの看護にあたっていた、ひめゆり部隊のあまりに悲しいエピソードを思い出しました。沖縄の歴史は、今も戦争の痛ましさを訴え続けています。

　先月初旬、その沖縄を舞台とした「日米密約」が明らかになりました。財務省が発表した、沖縄返還に絡む財政上の日米密約問題をめぐる調査結果は、日米の財政当局交渉分と日銀分を合わせて1億300万ドルを超える資金が、約27年間にわたり米国に預けられ事実上放置されていたというものです。菅直人財務相は、記者会見で無利子預金を「広義の密約」だったと認め、その後、外務省の有識者委員会が、核持ち込みなどの密約調査結果を発表しました。

　同盟関係を維持するため、「つかみ金」のような資金を日本側が負担する構図は、1978年度から総額約5兆円に及ぶ在日米軍駐留経費負担（思いやり予算）などに引き継がれているといわれていま

す。こうした手法の原型が沖縄返還をめぐる財政密約によって形作られたとみられ、そのツケは納税者に回されてきました。国民不在の密約外交に強い怒りを覚えます。（No.385、2010年4月）

1)　佐久大学は長野県最大の医療組織「厚生連」と長野県・佐久市の要請・支援を受け、2008（平成20）年4月に開学しました。開学してしばらくした頃、当時の樫山幹男理事長が宮田道夫学長同席で、私に鯉料理をご馳走してくれました。この時は、佐久市の魅力について取材することが目的で佐久大学を訪問しました。食事の後、樫山理事長の車に同乗し、商工会議所や地域で活躍している関係者らを紹介してもらい、取材したことが思い出されます。そのとき執筆したのが「佐久鯉の復活に挑む」（『文化連情報』No.362、2008年10月）でした。次に佐久大学を訪問したのは、宮田先生に連載の執筆を依頼するためでした。学長室でいろいろな話をしているうちに、宮田先生自身の体験談に魅せられて「くろしおの子──沖縄の少年」の連載をお願いすることになりました。それからことあるごとに連載中何度も佐久大学を訪問し、宮田先生と打ち合わせするようになりました。一度訪問すると2時間以上滞在し、いろいろな話題で話をするのですが、そうして宮田先生は執筆を続けるという感じでした。連載が終了してからだいぶ経った頃、宮田先生本人から電話をもらいました。「これから本格的に自伝を書くつもり」だと仰っていましたので、私も「応援しています。楽しみに待っています」と伝えました。その数日後、所用で宮田先生の携帯電話に連絡すると奥様が出られました。その時はじめて、先生が前日急逝されたことを知り、私は激しく動揺しました。奥様がいうには、原因不明の突然死だったそうです。私は電話の向こうですすり泣く奥様に「先日、電話してこられて元気でした。ご冥福をお祈りいたします」というのが精一杯でした。宮田先生の体験は、必ず、現在の若者が読んで感動する物語になったに違いありませんでした。先生の自伝が世に出なかったことは本当に悔やまれてなりません。

地方を揺さぶり続けた「平成の大合併」

　本会では、3月の厚生連医療経営を考える研究会開催の際に、会員の皆様にアンケートにご協力いただきました。今回、その一部を掲載しましたが、調査結果からは依然として続く医師不足の状況下で、経営改善に苦労されている様子が伺えます。アンケート回収に当たりましては、数々の取り組みについての教えと貴重な意見を伺うこともできましたことに、改めてお礼申し上げます。

　今回、本会の職員教育で講演した、又野亜希子さん「一人ひとり

の命を輝かせる社会に」を掲載しました。又野さんは 2004 年 7 月交通事故に遭い、頚椎損傷により胸から下が麻痺しました。その後、2006 年 5 月に長女杏子（ももこ）ちゃんを出産します。現在は車イスで子育てしながら講演・執筆活動で活躍中です。たとえ障害があっても社会で命が輝くような生き方はどうすればできるのか、又野さんの言葉を通じて皆さんと一緒に考えたいと思います。

　5 月号から、新連載「たべるってなんだろう？」が始まります。著者は、現在執筆、講演等で大忙しの幕内秀夫さんです。読者の中にはベストセラーとなった『粗食のすすめ』を読まれた方も多いでしょう。現代は、食に快楽（グルメ）と健康を求める矛盾した時代です。「たべるってなんなのか」を考える連載は 12 回続きます。今後の展開にご期待ください。

　青森県常盤養鶏農協石澤直士組合長は、「飼料米が地球を救う」と力説します。事実、組合が飼料米に取り組んだことで、少しずつ地域が変わってきたといいます。稲と鶏糞、米と鶏の相性が良いことから、とうもろこしを加工して農畜産物を作る業態からの脱却が必要だと述べます。自分たちが育てる家畜の飼料は自らが育てて循環させることが重要であり、このことが日本を救うことになるという石澤組合長の主張には説得力があります。

　幕内さんは消費者の立場から「食」を考えます。石澤組合長は生産者の立場から「農」を考えました。そして「都市農業」をキーワードに、編集部の熊谷麻紀が「生産者と消費者がローカルに展開する都市農業」の記事を執筆しましたので、合わせてお読みください。

　さて、地方を揺さぶり続けた「平成の大合併」が、2010 年 3 月末で幕を下ろしたことは大きなトピックでした。現行の合併特例法が期限切れを迎えたことで、1999 年から国が進めきた市町村合併はこれで一区切りです。合併前に 3,232 あった市町村数はほぼ半減の 1,727 となり、最も多かった町が 1,994 から 757（62％減）に、村は 568 から 184（68％減）に激減しました。村のない県が 2 から 13 に増え、一方で市は 670 から 786（17％増）になり町の数を抜きました。平成の大合併はもともと国の財政再建のためという色彩が濃い施策で、小泉政権下の三位一体改革で市町村は財政難に陥るな

ど、国のスリム化を棚上げしたまま地方にリストラを押し付けた印象は否めませんでした。残念ながら、一番大事な地域の暮らしをどう成り立たせていくか、といった視点は脇に追いやられてしまいました。

　現在、鳩山由紀夫内閣は「地域主権戦略会議」を発足させ、国と地方の協議の場を設置する法案も決定し、「地域主権」を進める体制づくりに意欲的です。「地域主権」には、地方分権からさらに一歩踏み出したかのような言葉の響きがあります。しかし、自民党以上に露骨な利益誘導のやり方に、多くの地方自治体は戸惑いを感じているようです。自治体側と政権との信頼関係構築は道半ばであるばかりか、参院選という大きな岐路にさしかかっています。鳩山首相がいうように「いのちを守る」ためには、小さな町村でも安心して暮らせるような支援が欠かせません。今後、合併後の暮らしにしわ寄せがきていないか、検証が必要だと思います。（No.386、2010年5月）

高齢者が不安なく老後を過ごせる社会保障の充実

　5月中旬、佐久病院の第64回病院祭に参加しました。今年の目玉は、生誕100年を迎える故若月俊一先生の足跡をたどる「若月記念館」でした。とくに、昭和20年代の手術の様子を再現した紙粘土の人形は、外科医としての若月先生をモチーフとした力作でした。また、雑誌「Lattice2010」に載った漫画「農民とともに～若月俊一物語～」が掲示され、小さいお子さんでも若月先生を知ることができるよう工夫されていました。病院祭の様子は、長野県厚生連の西澤早織さんがニュースを寄せてくれています。

　竹下彪・元広島県厚生連理事長からはいつも励ましのお便りを頂き、大変ありがたく思っています。本誌の内容を充実させご期待に添えますよう、今後も頑張りたいと思います。

　立正大学の北原克宣先生には、「現代の若者の食生活と農業・農村への関心」について、隔月で連載をお願いしました。2009年秋、先生の研究室をおじゃました際、講義の話やゼミ学生の様子を聞きながら、今回のテーマを決めました。素材は主として都市近郊から

都内中心部の大学に入学してきた学生です。農業・農村について現代の若者がどう考えているのか、若者の食生活を通して一緒に考えたいと思います。

　6月号から、取手協同訪問看護ステーションの横井由美子さんによる新連載「訪問看護ぽかぽか通信」が始まります。1回目は「『やっぱり家はいいなぁ』の声に支えられて」です。主人公Ａさんは、大好きな家で大好きな家族に囲まれながら天国へ旅立ちました。日常の訪問看護での出来事を、心温まる記事でお届けしたいと思います。

　さて現在の日本では、高齢者の多くがＡさんのような幸せな旅立ちができるのでしょうか。先月、『高齢社会白書』をはじめ4つの文書が政府から発表されました。白書は、2009年の高齢化率が22.7％に達し、10人に1人が75歳以上となるなど「本格的な高齢社会」になったと指摘します。誰にも看取られずに亡くなる「孤独死」を60歳以上の43％が身近に感じていることも、「高齢者の地域におけるライフスタイルに関する調査」でわかりました。60歳以上の男女5,000人を対象とした「高齢者の日常生活に関する意識調査」でも、将来の自分の日常生活全般について不安を感じている人が年々増えています（2009年は71.9％）。その1位は「自分や配偶者の健康や病気のこと」（77.8％）、2位は「自分や配偶者が寝たきりや身体が不自由になり介護が必要な状態になること」（52.8％）、そして3位「生活のための収入のこと」（33.2％）と続き、1999、2004、2009年の調査は同順位です。

　こうした状況を考えるなら、国民の「幸福度」をめぐる初の意識調査「平成21年度国民生活選好度調査」で、「自分は幸せ」と感じている人の割合は30代の61％をピークに年齢とともに低下し、70歳以上では44％にとどまったことは当然といえるでしょう。日本は、東欧諸国やロシアよりは高く、北欧や西欧の国々よりも低いという結果でした。国民に手厚い介護などデンマークの高福祉政策は、本誌の松岡洋子さんの連載からもわかります。

　日本では核家族化や高齢化が一段と進み、独り暮らしを迫られる高齢者は増加傾向にあります。生活を支える年金への不信は根強く、高齢者は「自分を介護してくれる人はいるのか」と不安を感じなが

ら生活している様子がどの調査からも浮き彫りになりました。

　訪問看護ステーションは、地域で頼りになる身近な社会資源です。しかし残念ながら、高齢者の多くが A さんのような旅立ちができる環境はまだ整っていないのが現状です。高齢者が不安なく老後を過ごせるような社会保障の充実が求められます。（No.387、2010 年 6 月）

参議院選挙では、各党・各候補者の主張をよく吟味して投票したい

　全中の伊藤澄一常務と長野県厚生連の盛岡正博理事長の対談「一つひとつの珠を糸でつないで数珠にする『新たな協同の創造に向けて』」は長野県厚生連から投稿いただいた記事で、2009 年の第 25 回 JA 全国大会を受けて行なわれたものです。対談の中で、「地域の再生」を巡って新町病院の事例が語られています。病院を一つの地域のセンターと捉えて、医療を中心としたまちおこしを行なうことも「地域の再生」につながります。病院は、安心して暮らせる地域づくりの役割と生活を支える企業としての役割を担っており、これが農村再生・地域再生につながります。農業・農村は食料の安定供給だけでなく、国土の保全や水源のかん養、自然環境の保全、良好な景観の形成、文化の伝承などの多面的な機能を持った国民の財産です。そして医療も、「地域の共通財産」であることは間違いありません。地域医療の多面的機能には代替がありません。地域再生に農業と医療が位置づけられることがとても大事です。

　「シリーズ◇社会保障の 50 年を考える」の 2 回目は、立教大学の浅井春夫先生に「子どもの貧困」について執筆をお願いし、「現実と歴史素描」となりました。厚労省によれば、「最低生活費未満」で暮らす世帯は約 4,800 万世帯のうち 229 万世帯（4.8％）だそうです。母子世帯に限れば、約 74 万世帯のうち 22 万世帯（30.2％）が「最低生活費未満」で暮らしています。子どもの貧困の存在は、「日本の社会保障制度の綻び」（芝田英昭・立教大教授）です。公的社会支出を増加させ、子どもの貧困を根絶したいものです。

　岡田玲一郎さんの間歇言は今回で 100 回目です。1992 年 7 月号（No.174）からで、今月号で 19 年目に入ります。1 回目のテーマは

「四月改定は、経営そのものを見事に映し出している」で、今読んでも現在に通じるものがあり、しかも実に"辛口"です。時々のテーマは病院経営、診療報酬、職員の質の問題など多岐にわたりますが、視点はいつも患者本位です。今後も引き続き元気に執筆していただきたいと思っています。

さて、5月8日、菅直人内閣が発足しました。発足直後の読売新聞の調査では、内閣支持率は64％で歴代5番目に高い支持率でした。菅首相は、「経済成長と財政再建の二兎を追う」と公言し、公約で「強い経済」を目指すと強調しました。首相が目指す税制抜本改革では、企業の国際競争力を高めたり、海外から日本への投資を呼び込んだりするために、「法人税引き下げ」を成長戦略の柱に位置付けています。そして当然、法人税減税と合わせた消費税アップは不可避です。政府は6月18日、医療や介護などを「成長けん引産業」に位置づけた新たな成長戦略を閣議決定しました。新戦略では医療や介護などは「ライフ・イノベーションによる健康大国戦略」の項目を中心に、2020年までに具体策を盛り込み、高齢者が生涯、生活を楽しむことができる社会づくり、「高齢社会の先進モデル」として世界に発信するそうです。

首相は消費税を10％に引き上げることで「高齢者福祉を賄える」と言います。2010年1月に当時財務相だった菅氏が、消費税引き上げは「鼻血も出ないほど無駄をなくしてから」と言っていたことを思い出します。それなのに、わずか5カ月後に首相として年度内に増税の具体像をまとめると宣言し、野党に増税協議を持ちかけました。しかも、なぜ税率が10％なのか、根拠がわかりません。

2009年の衆院選時のマニフェストからの大幅な後退はもちろんですが、今回の参院選のマニフェストを見ても民主党の社会保障の形が見えません。

7月11日投開票の参議院選挙では、各党・各候補者の主張をよく吟味して投票したいものです。（No. 388、2010年7月）

植物症[1] からのリハビリテーション

「植物症患者。たとえ意識が無いように見えても、そこには家族

が支え、また家族を支えているいのちがある。失われていたのは、私たちの意識の方であり、回復の芽を見つけ出そうという私たちの姿勢が、今問われている」

　この文章は、佐久病院の太田正先生からの寄稿「植物症からのリハビリテーション─人間らしく生きる権利の回復を」の一節です。私が太田先生に原稿依頼したのは、植物症からみごとな回復をみせた宮下千春さんの話を、お姉さんの宮下静香さんから聞いたからです。

　2009年12月、内閣府の主催で、障害者週間連続セミナーが全国で開催されました。そのセミナーの一つに、東京で行なわれた「脳損傷による若年の障害者〜マザーチャートで見る“脳損傷後”」というセミナーがありました。私は、パネリストの一人が鹿教湯三才山病院の泉従道先生だと聞き取材に出かけました。これがきっかけで、若年脳損傷者ネットワーク代表の宮下静香さんと出会います。

　太田先生は、植物症に陥った人たちを「忘れられた存在」と呼びます。それは単に人々の目から忘れられているだけでなく、現在の医療・福祉制度からも忘れられているからです。福祉の現場は障害固定（現状維持）が前提であり、植物症からのリハビリテーションは制度から全部切り捨てられ、必要な訓練の機会は奪われます。若年脳損傷はいつでも誰でも遭遇しうるものであり、自分自身の問題として受け止めてほしいと太田先生は言います。若年脳損傷者には、この国の「医療と福祉」が抱えている問題が凝縮されています。

　千春さんの姉・静香さんからは、編集部宛に『週刊 THE ちはる』という通信が毎週配信されてきます。たとえば7月10日のIさんのレポートです。「ベッド端座位や普通イス座位よりもバランスボールに座るのが一番安定しているように感じます。かなり勢いよく上下動してみましたが、手を握り締めることもなくリラックスして乗っていました」「普通イスでの食事はお疲れモードだったのか、余裕のないペースでしたが、ベッドに寝た途端『ふふふ』と笑って満足そうです」。千春さんがいつどこで何をしたかがわかるだけでなく、顔の表情までレポートされます。配信された彼女の写真を見た人は、かつて千春さんが植物状態だったなどと誰も思わないでしょう。一般的には「植物症＝回復しない」ことが常識とされて

いますが実はそうではなく、植物状態の後にも長期にわたる回復があるし、社会的支援が必要なのです。

菅直人総理は就任会見で「強い経済、強い財政、強い社会保障を一体的に実現していく」と宣言しました。この文脈で違和感があるのは「強い」社会保障です。これまで社会保障は大きいか小さいかで論じられてきました。そこで「強い」を「大きい」と置き換えれば話は通じます。大きな社会保障で、これまで助けられなかった人と家族を一人でも多く助けたいものです。

今年の夏は暑くなるようです。ご自愛ください。(No. 389、2010年8月)

1) 植物状態の原因として最も多いのは、頭部外傷による重度の脳損傷と、心停止や呼吸停止などの脳への酸素供給が絶たれる病態です。植物状態の人は目を開けることができますが、話すことや、思考や意図を必要とする行為を行うことができず、自分の状態や周囲の環境を認識していません。医師は、一定期間、複数回にわたり観察しても意識がある証拠が見つからない場合に限り、植物状態の診断を下します。植物状態の人には、十分な栄養補給と動けないことで生じる問題（床ずれなど）を防止するための対策を含めた、包括的なケアが必要になります。

増え続ける行方不明高齢者

「シリーズ◇社会保障の50年を考える」の3回目は、金沢大学の井上英夫先生に「患者と人権」についてお願いし、「健康権を中心に」となりました。先生は、医師をはじめ、看護師、薬剤師などの医療保障制度の中で患者にケアを提供する医療・福祉従事者は、すべて人権、健康権のにない手であるが、同時に人権侵害のにない手になる危険性も常にはらんでいると述べます。現代の人権・健康権は、国・自治体によって保障されなければならないのはもちろんですが、人間の尊厳の理念、自己決定・選択の自由の原理に照らすと、住民・国民によって創り上げられるものでなければならないし、その際の手法として参加が保障されなければならないと指摘します。

神戸大学の二宮厚美先生の「民主党菅政権とこれからの社会保障」は、本会主催の第14回医療・福祉研究会での基調講演録のうち、財政と社会保障問題を中心に要旨をまとめたものです。二宮先

生は、この1年、日本国民が何とかしなければならないと思っている問題が3つあると言います。それは、格差・貧困の社会問題と不況問題と財政危機の問題という難問です。この難問をどうすれば解決できるかがここ数年政治の世界で問われてきました。二宮先生が到達した結論は、垂直的所得再分配の再構築です。財政危機も社会保障の拡充も垂直的再分配で打開していく、「消費税に頼るのは筋違い」と述べます。先生は最後に、日本の社会保障が参議院選挙の結果どっちを向いてどう歩むかは、社会保障や福祉の関係者の世論次第であり、社会保障の未来を決めるのは国民自身だと問題提起しました。

　さて、100歳を超えた老人たちの行方不明が、まだ増え続けています。放置された白骨遺体の露見がことの発端でした。7月26日、厚生労働省が2009年の日本人の平均寿命は女性86.44歳、男性79.59歳で、いずれも4年連続で過去最高を更新したと発表したばかりのことでした。これだけ長寿の国ならば、10年間で要介護者も介護保険にかかる総費用も倍増しても仕方あるまいと思っていたところ、29日の新聞夕刊に、都内の男性最高齢者が、約30年前に死亡していた疑いがあると報道されたのです。杉並区では都内最高齢の113歳といわれた女性が行方不明になっていました。8月15日時点での読売新聞の調査では、100歳以上の行方不明者は、全国で242人に上っています。

　「長寿」と思われていたお年寄りの行方が誰にもわからない。長寿社会と言われる日本ですが、そこには家族や地域と切り離された孤独な高齢者の姿が見えてきます。都市化が進み、安否を確認し合う地域の機能も崩壊してしまっているのでしょうか。安否確認の壁となっている要因の一つは「個人情報」への意識の高さだといわれています。行方不明者の問題を、高齢者・家族の社会的孤立状況の視点からみると、介護保険導入を機に、高齢者福祉に対する行政の責任が大幅に後退したことは見逃せません。高齢者の子どもや孫との付き合い方も変化しており、1995年に54.2％だった「いつも一緒に生活できるのがよい」は2005年度には34.8％まで減り、6.6％だった「たまに会話する程度でよい」は14.7％へと2.2倍化しています（「高齢者の生活と意識に関する国際比較調査」）。「困ったとき

に頼れる人がいない」者は、全体では 3.3％である一方、男性単身世帯では 24.4％もいます（「高齢社会白書」）。ここには、長寿社会日本の希薄な関係が見て取れます。

　地域では高齢者に声を掛け、支えあう取り組みが各地で始まっています。行政の支援も必要です。（No. 390、2010 年 9 月）

縮小社会における持続可能な地域とは

　2010 年の農村医学会のテーマは「『イーハトーブ』をめざす農村医学」です。宮澤賢治は理想郷としての岩手を「イーハトーブ」と命名して、そこに生きる農民のためにすべてを捧げようとしました。岩手には「自分たちで生命を守った村」として有名な旧沢内村など、市町村や国保診療施設の優れた歴史があります。学会長を務める立身政信先生は、農村医学会には臨床医学と並行して疫学研究や労働衛生学研究が必要であると主張します。2010 年 5 月に設立された農作業事故防止対策連絡協議会のサテライト集会も開催されるそうで、学術総会と合わせて大いに期待したいと思います。

　鹿教湯三才山病院の泉従道先生からの寄稿「植物症からのリハビリテーションに必要な医療福祉費は尽くされているのか」は、8 月号の佐久病院の太田先生（植物症からのリハビリテーション）、9 月号の JA べっぷの福盛一美さん（植物症からのリハビリテーションはつづく）に続く、第三弾の問題提起です。泉先生には、障害者自立支援法による療養介護事業所を併設する病院の医師の立場から、若年脳損傷者問題を詳しく論じていただきました。私が驚いたのは、障害者自立支援法でいう「障害者」は 3 つの別々の福祉法に規定されており、若年脳損傷者には「障害者制度はあるが利用できるサービスがない」という矛盾があるとの指摘です。若年脳損傷者が法や制度の谷間におかれ続けた一因は、その存在を意識し難いことでした。存在が見えてこないので、何が問題なのかが一層見えてきません。医療制度の中で孤立し、障害者制度の中でも孤立してしまっているのが若年脳損傷者です。

　「医療費の適正配分という美名のもと、回復が困難な患者の切り捨てがなされているのではなかろうか」「たとえ重度の障害があっ

ても、回復の可能性の芽が摘み取られずに、必要なリハが誰でも受
けられるような制度設計を望む」との先生の訴えに大いに共感しま
す。私たちは、植物症からのリハビリに必要な医療福祉費は尽くさ
れているのかと、国に問い続けることが必要です。

　「シリーズ◇社会保障の 50 年を考える」は、長野県泰阜村[1] の
松島貞治村長のインタビューから、「縮小社会における持続可能な
地域とは」になりました。泰阜村では平成 14 年をピークに、65 歳
以上人口が減り始めました。私の周りでは、人口が減少することに
危機感を抱く人が少なくありません。しかし松島村長と話している
と、そんな心配はまったくしていません。むしろ人口が減少して適
正な規模になっていき、縮小社会における持続可能な地域になって
いくと述べます。現在話題の「限界集落」や「道州制」「地域主権」
にも言及しています。

　さて、2009 年 9 月に歴史的な政権交代が実現し、9 月 16 日で 1
年を迎えました。17 日に発足した菅改造新内閣は、初閣議で「政
権交代の原点に立ち返り、政策を官邸主導、政治主導で実現する」
ことと、「経済、財政、社会保障の一体的立て直しに誠心誠意取り
組む」ために、「（6 月に閣議決定した）『新成長戦略』の着実かつ
早急な実現を図る」などの基本方針を決定しました。

　社会保障が雇用を創出し、年金、医療、介護、各制度の建て直し
を進めるとしたことは評価できますが、医療・社会保障が「成長牽
引産業」となりうるのでしょうか。この点について、10 月号の二
木教授の医療時評では、「新成長戦略」とその補足文書である「医
療産業報告書」を分析しています。（No. 391、2010 年 10 月）

---

1)　長野県泰阜（やすおか）村は、在宅福祉の村として当時大変有名でした。
　　私が初めて泰阜村を訪問したのは 2007 年 6 月初旬でした。役場、国保診療
　　所、社会福祉協議会、特別養護老人ホーム、高齢者支援ハウス等の社会資
　　源について視察し、キーパーソンから聴き取りをしました。これらは日本
　　文化厚生連の業務としての訪問調査でした。その時に、松島貞治村長とも
　　初めてお会いしました。その後、若手職員研修でも、泰阜村を訪問する機
　　会を得て、松島村長と夕食をとりながら語り合う機会も得ました。ですか
　　ら松島村長に原稿をお願いするのはいわば必然でした。実は、この時の松
　　島村長のインタビューが私の『文化連情報』での初インタビューでした。
　　私は、泰阜村が大変気に入ってしまい、業務とは別に休日を利用して何度

も訪問し調査することになりました。最終的に「高齢者生活調査」では、高島昭彦さん、鈴川一成さん、土屋静子さんといった住民の人たちに大変お世話になりました。特に、高島さんにはその当時訪問先の手配やら何から何まで本当にお世話になりました。ですから高島さんとは、あの時から現在に至るまで、ずっとお付き合いさせていただいています。ただ残念なのは、高島さんから村へのお誘いを何度も受けているのですが、私が全然泰阜村に行けていないことです。申し訳ありません。

八千穂村全村健康管理と住民活動

　「シリーズ◇社会保障の50年を考える」は、佐久総合病院名誉院長の松島松翠先生にお願いし、「八千穂村全村健康管理と住民活動—特定健診・特定保健指導で住民の健康は守れるか」となりました。

　八千穂村（現佐久穂町）の全村健康管理は2009年で50年を迎えました。八千穂村がモデルになった老人保健法の制定以来、各町村も一斉に健診に取り組んできており、検診内容についてはそう大きな違いはないはずです。しかし八千穂村と他町村との医療費の差が年を追うごとに開いてきています。その原因は何か。理由の一つにソーシャル・キャピタルの蓄積の面での違いを松島先生は上げています。ソーシャル・キャピタルとは、アメリカのロバート・D・パットナムが『Making Democracy Work』（『哲学する民主主義』）の中で提唱した概念です。松島先生は、ソーシャル・キャピタルの本質は「協働力」であり、それを高め、人と人とのつながりを大事にしたことが八千穂村全村健康管理を推進した一つの因子としてみて間違いないと述べます。

　「特定健診・特定保健指導で住民の健康は守れるか」の問いへの答えは、「地域の住民自身が地域の健康状態をよく知り、みんなでどう改善していくかを考え、地域ぐるみで健康を守る運動を進めていこうという気にならない限り、住民全体の健康は守れないのではなかろうか」と結論づけました。

　11月号から、田代洋一先生の「土地利用型農業の担い手像」が始まります。この連載は、農村を歩く中で接した土地利用型農業の担い手像を紹介し、その育成にどのような政策が必要なのかをみていきます。1回目は「担い手とは何か」です。

　二木教授の医療時評「混合診療原則解禁論はなぜゾンビのように復活するのか？」は、佐久総合病院で行われた公開講座で会場から出された質問が執筆のきっかけとなったそうです。民主党政権下でなぜ混合診療論争がゾンビのように復活するのか、包括的に検討しています。

　さて 10 月 1 日に、『若月俊一対話集 1　地域で人間をみる』（旬報社）が出版されました。それに先立って、地域住民からの強い要望で『信州の風の色』（若月俊一著、旬報社）が再版されています。どちらも若月先生の生誕 100 年を記念して刊行・復刊された著作です。

　私はいま『対話集 1』を読み終え、『信州の風の色』を読み返しています。第 1 集の「地域で人間をみる」は、地域へ出ていって住民と向き合うこと、そして人間的なつながりを深めていくことの大切さが語られています。対話を通して語られる若月先生の言葉は、これまでも何度も聞いたことがあるはずなのに、私には今でも新鮮に感じ、そしてとても懐かしく思われました。『信州の風の色』は若月先生の自叙伝だとも言われていますが、話し言葉でとても読みやすく書かれています。

　本書は 1993 年 11 月から 94 年春に行われた「若月塾」の講座での速記に先生自身が手を入れたものです。若月先生が私たちに語りかけます。「地域の健康はだれがつくるのか。それは地域住民がつくる」「健康という、生活にいちばん重要な問題は、住民の自主性の立場から取り上げねばならない」（212 頁）。今回の松島先生の論考との関係では、八千穂村の「全村健康管理」が始まった経緯も書かれていますので、参考になると思います（205-212 頁）。（No. 391、2010 年 11 月）

TPP 参加には断固反対すべき

　2010 年夏に発覚した所在不明高齢者問題は記憶に新しいところです。12 月号の「社会保障の 50 年を考える」は、明治学院大学の河合克義先生にお願いして「高齢者の社会的孤立をめぐる現状と課題」になりました。先生は高齢者がある日突然孤立するのではなく、

生涯の中で労働と生活の不安定な状態が、高齢期になって孤立を深刻化させると指摘します。介護保険制度は、自分からサービスを利用しようとする高齢者には有効ですが、声を上げない高齢者には制度はほとんど機能しません。本文中の「行（こう）旅（りょ）死亡人（しぼうにん）」という言葉は、警察でも自治体でも身元がつかめなかった無縁死のことです。「無縁死」「無縁社会」という言葉は、NHK取材班が作った造語です（『無縁社会』文芸春秋）。「住所、居所、もしくは氏名が知れず、かつ（遺体の）引取り者なき死亡人は、行旅死亡人とみなす」（「行旅死亡人および行旅死亡人取扱法」第1条第2項）そうです。

　こうした人々の情報は、自治体が火葬、埋葬した上で、公的な書類で広告するように定められており、それが国が毎日発行している官報です。人生の最期がわずか数行にまとめられ、簡単に片付けられています。地縁や血縁、社縁から孤立して一人孤独死（無縁死）する人が3万2千人以上（年間）おり、自殺者数に匹敵する事実に驚きます。

　さて、11月中旬に日本、米国、中国など、21カ国・地域が参加して横浜市で開かれたアジア太平洋経済協力会議（APEC）首脳会議は、貿易、サービス、資本移動の障壁を減らし、域内を「緊密な共同体」にすることを目指すとした首脳宣言「横浜ビジョン」を採択し閉幕しました。菅首相は討議で域内の経済統合を進めるため、環太平洋戦略的経済連携協定（TPP）について、関係国と協議入りするとした政府方針を説明しました。これは、11月9日閣議決定された「包括的経済連携に関する基本方針」に沿ったものです。

　そもそも菅首相が10月1日の所信表明演説で参加を検討すると述べたことから、TPP議論が高まりました。参加の判断は先送りされたものの、国民的議論がないままTPPの協議を決めたことに唐突感は否めず、菅政権に対する批判も相次ぎました。国内の農業施策をきちんと方向付けすることなく、日本がTPPに参加するのは大変危険です。農林水産関係団体はもちろん、市町村、消費者団体からも、TPPに反対する集会や運動が各地で起こったことは至極当然で、TPPで地域農業が崩壊するだけでなく、雇用は340万人喪失する（農水省試算）など地域経済や地域社会への影響も大き

いことが地域の危機感を一層強めました。

　全国紙はこぞって推進を主張しますが、地方紙や農業関係新聞は慎重・反対論が主流です。TPP に参加すれば、10年以内の関税撤廃が原則となることから、コメなど重要品目に配慮しつつ、すべての品目を自由化交渉の対象とし、工業品や農産物の貿易だけではなく知的財産、労働力なども含めた包括的な自由化を目指します。過去の例を見ると、ウルグアイ・ラウンドの合意に基づき事業規模で6兆円を超える農業対策費が投入されましたが、再生には程遠い結果に終わりました。

　GDP の1.5％の産業を守るために98.5％のかなりの部分が犠牲になっていると述べた（10月19日講演）、前原誠司外相の見識の無さにも驚かされます。第一次産業は単なる数字で判断できるものではなく、人が暮らし、営農している農村の多面的機能や地域経済・雇用など、農林水産業の果たす重要な役割を正しく認識すべきです（鹿野道彦農水相）。

　国土、自然環境を守る農業の多面的機能は、貿易では取引できません。国民共有の財産であり、一度失えば取り戻せません。政府の自給率目標は50％（3月30日閣議決定）ですが、関税撤廃の例外を認めない TPP に参加すれば日本農業は壊滅し、自給率は14％に落ち込みます（農水省試算）。生産者だけでなく消費者を含めた国民全体にかかわる重要課題であり、TPP 参加には断固反対すべきです。

　政府は2011年6月をめどに TPP への参加判断をします。内閣府の調査では、86％の人が将来の食料輸入に不安を感じており、9割の人が今後のわが国の食料自給率は「高めるべき」と回答しています（「食料の供給に関する特別世論調査」）。菅首相は国民の声を丁寧に聞く必要があります。（No. 391、2010年12月）

第6章 復旧から復興、地域再生（2011年）

安心して生活できる地域づくりに貢献し、地域住民に支えられる組織づくりを

新年おめでとうございます。

本誌では、2010年から「シリーズ◇社会保障の50年を考える」を始めました。最初の「人間裁判と〝沢内村〟の50周年」から6回掲載し、1月号は沢内村の太田祖電さんのインタビューとなりました[1]。本年も引き続きシリーズで皆様にお届けする予定です。

さて、2010年の社会保障政策を振り返ってみれば、社会保障が充実した実感がありません。政府は2010年12月に「社会保障改革の推進について」を閣議決定し、基本方針には（消費税を含む）税制の抜本改革案を本年半ばまでにまとめることを明記しました。少子高齢化が進む中、国民の安心を実現するために「社会保障の機能強化」とそれを支える「財政の健全化」を同時に達成することが不可欠であり、それが国民生活の安定や雇用・消費の拡大を通じて経済成長につながるという改革の基本方向によるものです。しかし改革をどう実行するのか具体的手立てはこれからです。

介護保険制度を巡っては、「介護保険制度の見直しに関する意見書」が2010年11月にまとめられました。意見書に、24時間対応の定期巡回・随時対応サービスの創設、介護保険事業計画における医療サービスや住まいに関する計画とのさらなる連携などが提案されたことは評価できます。しかし、生活援助中心の軽度者の保険対象外や利用料負担増、ケアプラン作成の有料化など、介護保険利用料の大幅値上げとサービス削減の方向は看過できません。「介護保険制度に関する世論調査」（内閣府、2010年9月実施）では、自分自身の介護が必要となったときに困る点の1位は「家族に肉体的・精神的負担をかけること」（73.0％）であり、次に「介護に要する

経済的負担が大きいこと」（60.1％）が挙げられています。介護保険料の値上げが確実ななかで、これらの改革案では高齢者や介護者の願いに叶うとはいえないでしょう。

　高齢者医療制度も迷走が続きました。沢内村元村長の太田祖電さんは、「金がない人はくたばってしまえというようになってしまっています」と現在の高齢者医療制度を批判します。そして、2010年12月の「高齢者医療『新制度』最終案」は、70～74歳の患者負担の2倍化、75歳以上低所得者への保険料軽減措置の段階的縮小など、高齢者の生活を圧迫し受診抑制に拍車をかける内容となりました。負担増には民主党の高齢者医療制度改革ワーキングチームも異論を唱えました。

　このような社会保障を巡る政策は、政権交代時の私たちの願いからすると大きく後退したことは否めません。それに対して私たちはどうすればよいのでしょうか。私は2010年、少ないながら各地を取材し、地域づくりに取り組む農協や医療機関を訪問する機会がありました。このような時だからこそ、地域住民・組合員の暮らしに根ざした取り組みが特に大事だと思われました。

　TPPの交渉参加問題等もあり、2011年も国民的運動が重要な年になります。本会は会員の皆様と「安心して生活できる地域づくりに貢献し、地域住民に支えられる組織づくりを」（武藤喜久雄理事長の新年挨拶）共に目指す決意を新たにしています。本年もよろしくお願いします。（No. 394、2011年1月）

1)　太田祖電さんのインタビューは、岩手県・西和賀農協組合長で日本文化厚生連第6代会長だった佐々木覓（もとむ）さんの紹介で、実現したインタビューでした。私が祖電さんとお合いした時は、佐々木さんは文化連の顧問でした。佐々木さんは、1929年岩手県沢内村生まれで、盛岡農林専門学校卒業後、営農指導員として旧沢内村農協に入り、1979年から西和賀農協組合長でした。私が当時医療事業企画課という課に所属していたことから、祖電さんと会う以前から沢内病院の経営再建に関して佐々木会長（当時）から相談を受けていた経過があり、村役場や病院を訪問し職員ともいろいろとディスカッションしていたこともあり、何度か村を訪問していました。祖電さんは、深澤晟雄（ふかさわ・まさお、1905年12月11日－1965年1月28日）村長の時の教育長で、村長の右腕として働いていました。その後自ら村長になるのですが、深澤村長の理念をその後も身をもって体現し

た人でした。佐々木さんは祖電さんのことを「兄貴」と呼んで慕っていま
したし、実際そのような関係でした。私がインタビュー訪問したときにも
体を気遣いながら、三人で一緒に酒を酌み交わしながら寿司を摘んだこと
が昨日のことのように懐かしく思い出されます。その二人はその後しばら
くして逝去されたことを思うと、本当に残念です。

植物症からのリハビリテーションに鍛えられて

　鹿教湯三才山病院永井久子看護部長の「バーセルインデックス
『0点→0点』の回復―植物症からのリハビリテーションに鍛えら
れて」は、2010年8月号の「植物症からのリハビリテーション」
から続く論考シリーズの第4弾です。2010年12月、東京で開催さ
れた内閣府セミナーでは、2009年に続き若年脳損傷者ネットワー
クが「植物症からのリハビリテーション」という表題で発表を行い
ました。報告者の一人である永井部長は、入院時も退院時もバーセ
ルインデックス（BI）が0点だった宮下ちはるさんを、点数に表
れていないがすごく良くなった事例として紹介しました。私も
2010年11月、宮下ちはるさんにお会いし、「すごく良くなった」
事例だと理解できました。
　医療制度改革によってリハビリ提供単位数に制限が設けられ、若
くて重度の患者さんにとっては「回復の芽をつぶされる」ことにな
りました。しかし、医療制度で十分なリハビリテーションが提供で
きないような状況でも、「私たちの病院が、この地域にとって『な
くてはならない、潰せない医療型施設』となることが不可欠」だと
永井部長はいいます。それは、若年脳損傷者との関わりで、困って
いる人のために長期リハビリテーションを提供することには社会的
意義があることがわかってきたからです。普通の病院が若年脳損傷
者と出会い、そして出会ったから「どうするか」を問われて続けて
いるといいます。
　東京大学医科学研究所の児玉有子先生には、慢性骨髄性白血病
（CML）治療薬グリベックを服薬している患者の調査結果から、
「がん患者の経済的負担と高額療養費制度の問題点」について寄稿
していただきました。びっくりするような特効薬が開発されるとい
う患者にとって喜ばしいことが医学の進歩にはありますが、制度や

財源が追いつかないことが多々あります。景気が一向に回復せず世帯収入が低迷する中で、長い闘病を強いられる世帯に対し、年収や患者の症状などを考慮した負担軽減制度は必要です。とくに医療費を超長期間負担する世帯、医療費が生涯ローンになっている世帯への支援策は早急に検討すべきです。がん患者や希少疾患患者の自己負担軽減の問題は、私たちの誰もがそうなる可能性があるだけに、国民一人ひとりが自分のこととして考える必要があります。

　菅直人首相は1月14日、第2次改造内閣を発足させ、与謝野馨元財務相を社会保障・税一体改革担当相（経済財政担当相）に〝目玉〟として起用しました。菅首相は、財政再建に積極的な与謝野氏の入閣で税と社会保障の議論に勢いをつけ、与野党協議も有利に進めたい考えでしたが、報道各社の世論調査ではいずれの調査でも、半数が「評価しない」との回答でした。19日の関係閣僚らの会議で、与謝野経済財政相は野党との折衝には関与しないと宣言し、改革案の中身をまとめる役割に徹することになりました。代わりに政調会長を兼務する玄葉光一郎国家戦略相が与党内の意見集約や野党との交渉を担い、「社会保障と税の抜本改革調査会」会長に仙谷由人民主党代表代行を起用しました。首相の公約通り6月までに方向性を打ち出すことができるかどうか、課題は山積しています。しかも、6月はマニフェスト見直しやTPPへの参加に向けた重要な政策判断を担う時期とも重なります。2010年12月に日本医師会からも、TPP参加は医療や介護分野に重大な影響が出るとの懸念が表明されました（「日本政府のTPP参加検討に対する問題提起」）。

　日本の社会保障をどうするのか、その財源をどうするのか、税制の改革をどうするのか、そしてTPPへの参加をどうするのか、国民的議論は避けて通れません。4月の統一地方選挙を睨みながら、今後の政治動向を注視しないわけにはいきません。（No. 395、2011年2月）

山口一門さんの逝去を悼む

　先月、東京で開催されたフォーラム『協同組合への期待〜幅広い連携は地域を救うか〜』の記事を掲載しました。フォーラムでは、

アジア諸国を分断し、仁義なき社会に突き進もうとする TPP にも議論が及び、現在菅首相がしきりに強調する「国を開く」とは、「国を明け渡す」ことと同じだとの発言がありました。また、「日本社会はいまみんなで泥舟に乗っている。このままではいずれは生産者がいなくなり、食べ物がなくなってしまう」との発言もありました。私はこれらの TPP への反対意見は当たり前に思うのですが、菅政権はそのような意見にまったく耳を貸そうとしません。

世界の食料事情は深刻です。世界銀行は 2 月 15 日、高騰する食料品価格の監視報告書（Food Price Watch）を発表し、今回の食料高騰で、最貧困層は世界全体で 4,400 万人も増えたと推計しました。

ロバート・ゼーリック世界銀行総裁は 2008 年に世界各地で暴動が起きたことを踏まえ、「のんびり構えている暇はない。世界の食料品価格は危険水準に達している」と警告しました（読売新聞 2 月 16 日）。このような世界の現状を踏まえるなら、菅首相の選択はまったく間違っています。現在日本には、食料の量や安全性への不安を持つ人が大勢います。これらの国民の不安にこたえることこそが政治に求められています。

さて、去る 1 月 24 日未明、本会の 2 代目、4 代目の会長、顧問をされた山口一門さんが亡くなられました[1]。私が入会当時の山口さんは全国農協問題研究会の会長をされていて、研究会の事務局員だった私は山口さんとご一緒する機会が多々ありました。私が業務課で福島県担当のときは二本松市でご一緒し、茨城県担当のときは石岡市で土浦協同病院の保健師さんと一緒に研究会を開催したこともあります。私は水戸からの出張帰りに度々山口さん宅を訪問し、帰りには必ず職員への土産だと言われて、大量の富有柿や野菜を車の荷台にいただいて来たものです。私はとくに山口さんが作られたこの富有柿が大好きで、いつも職員分とは別口で家族の分までいただいてきました。

ある時は山口さんから頼まれて、秋田県出張の際に秋田犬を大館市までとりに行ったこともあります。そのとき私は、1 頭の約束のはずの秋田犬を事情があって 2 頭連れてきてしまいました。途方にくれた私に山口さんは、2 頭は兄弟だから別れてはかわいそうだと

言って、2頭とも連れて帰りました。その後、山口さんが事務所に来るたびに愛犬の写真を持ってきて犬の成長ぶりを私に教えてくれました。山口さんは秋田犬をとても可愛がっていたのですが、さすがに大型犬2頭の世話は大変だったと後からうかがいました。

　2010 年6月初旬、体調を崩されていた山口さんから突然電話が入りました。本誌の記事の内容を褒めていただくと同時に、「農協組合長にもっと登場してもらうべき」「農協職員が読める記事を」との強い要望を受けました。編集委員会では、農協を取材し3カ月に1回くらいは載せたいものだと話し合い、私は山口さんに 10 月号から掲載するとお伝えしました。それからいくつかの農協を取材しました。本誌への期待が山口さんからの遺言になってしまったことは大変残念ですが、山口さんの思いにこたえ誌面の充実をお誓いします。心よりご冥福をお祈りします。(№ 396、2011 年3月)

1)　2011 年1月 24 日、元玉川農協組合長で元文化連会長・顧問の山口一門さんが亡くなられました。92 歳でした。山口さんは、1918（大正 7）年2月 20 日台湾台北生まれで、石岡農学校（現石岡第一高等学校）を卒業後、1943（昭和 8）年に農業会常務理事に就任しました。戦後は茨城県農村青年連盟委員長（1948 年）、玉川（現ひたち野）農協組合長（1950 年）、茨城県農協中央会副会長（1969 年）などを歴任しました。その後、全国農協問題研究会会長として全国を飛び回り、地区内では若い農業者の学習会（山小屋塾）を組織し、農業や農村、農協の話や人生論などを語り、後進の育成に尽力しました。山口さんは亡くなるまで、生涯一貫して「農民が農業で飯が食える」ことをめざし、リーダーシップを発揮しました。県内で最小規模の玉川農協が全国初の生産部会を設立し、1957 年から始まった営農形態確立5カ年計画運動や、世にいう「米プラス・アルファー方式」や養豚経営を集団で行い、収益を平均的に分配する玉川方式と呼ばれる農協経営を確立したことでも有名です。これらの実践を通じて、決して豊かとはいえなかった半農半漁の玉川地区を今日の姿に変える礎を築きました。また、『玉川農協の実践』『組合長日記』『実践的農協論』『農民は死なない』『いま農協をどうするか』など数多くの書を著しました。そして、農民の地位向上はもちろん、農村社会の改革や農村文化の発展に尽くし、戦中・戦後から今日までの日本の協同組合運動を知りえる貴重な人であったことは、全国の農民・農協役職員の知るところです。私は山口さんと同郷だったこともあって、来京すると必ず私の席の横に座って話をしてくれました。私も山口さんが来て話をするのをいつも楽しみにしていました。

地震国日本に原発は必要なのか

　東日本大震災に際し、犠牲者と被災されたすべての方々に心から
お悔やみとお見舞いを申し上げます。

　マグニチュード 9.0 は、1923（大正 12）年の関東大震災の 7.9 を
上回る日本国内観測史上最大、世界の観測史上 4 位（アメリカ地質
調査所）の桁外れの巨大地震でした。破壊力は関東大震災の約 45
倍、阪神・淡路大震災の約 1,450 倍で、東北地方を中心とした大き
な被害により、1 都 9 県が災害救助法の適用を受けました。

　震災の夜、私は大勢の帰宅難民とともに新宿から田端まで 3 時間
半歩き、通常なら田端から自宅まで電車で 10 分ちょっとの道のり
を、友人の車に同乗して大渋滞の中 2 時間かけて自宅に着きました。
職場に泊り込む同僚もいましたが、何とかその日のうちに帰ること
ができたのは幸いでした。しかしその後の東京は数え切れない程の
余震が続き、眠れない日々が続きました。とくに私は、本誌連載中
の畠山重篤さんと熊谷龍子さんの安否が確認できず大変心配してお
りました。二人と電話連絡がとれたのは、震災から 10 日以上過ぎ
た 22 日と翌 23 日でした。私の友人たちの家族も岩手、福島で被災
しましたが、無事が確認されたときはほっとしました。

　福島原発事故は、地震、津波に続く大衝撃でした。15 日にイギ
リスの友人からメールが入りました。「『原発漏れ』がトップニュー
スです。あまりのすさまじい報道に目をそむけたくなります。日本
がどうなってしまうのか、不安でたまりません」と。16 日付ニ
ューヨーク・タイムズは「最後の防御」と題して、福島第 1 原発に
残って作業を続ける作業員 50 人を特集し、驚くべき自己犠牲の精
神を称賛する一方で、国家的危機に際しても国際社会の総力を結集
できない日本の対応への疑問やいらだちを募らせました。「クリー
ンなエネルギーで絶対に安全」「日本では旧ソ連のチェルノブイリ
原発のような大事故は起きない」、電力会社のそんな言い分（安全
神話）を信じる人はもう誰もいないでしょう。

　今回の事故は、1986 年のチェルノブイリ原発事故（国際原子力
事象評価尺度レベル 7）に次ぐレベル 6 の大事故で、1979 年の米国
スリーマイル島原発事故（レベル 5）以上の惨事です[1]。東京電力

清水正孝社長と菅首相は、「想定を大きく超える津波だった」と発言しました。しかし作家の広瀬隆氏は、1989 年に出版した著作（『新版　危険な話　チェルノブイリと日本の運命』）の中で、重大事故が起きる要因として地震と津波を挙げ、「原子炉が 1 基だけでなく何基かまとめてメルトダウンが起こりうる」と指摘していました。まさに今回の事故そのものです。これでは、福島原発事故が人災だと言われても仕方ありません。日本には現在 54 基の原発があります。それらはすべて津波の可能性がある海岸に立地しています。福島原発事故は、地震国日本に原発は必要なのかと、重い問いを投げかけました。

　さて、私が今回の震災で最も驚いたのは、菅直人首相が最初の会見（13 日）で、「一人一人が覚悟を持って、しっかりと危機を乗り越えて欲しい」「よりよい日本を作りあげようではありませんか」と言ったことでした。巨大地震と大津波と原発事故に襲われて、電気、ガス、水道などのライフラインが断たれ暗闇の中で寒さと空腹を我慢しながら、体育館等の避難所で身を寄せ合う被災者に努力を強いる、この国のリーダーとは何なのか、私には理解できない一場面でした。（No. 397、2011 年 4 月）

1)　福島第一原発事故当時の日本の担当機関（経済産業省原子力安全・保安院）は、2011 年 3 月 11 日にはレベル 3、翌 12 日にはレベル 4、同年 3 月 18 日にはレベル 5 と、放射性物質の放出に伴って段階的に評価を引き上げました。 同年 4 月 12 日に国際原子力事故評価尺度（INES）で最も深刻な事故に当たるレベル 7 に引き上げられ、現在に至ります。外国メディアは「1986 年の（旧ソ連の）チェルノブイリ原発事故に並んだ」（ロイター通信）などと速報し、国内からは「先が見えない」と怒りの声が上がりました。

“いのち” をどうつなぐのか

　工学院大学の医療建築エキスパートチームからのメッセージ、「これからの病院づくり」の連載が 4 月号から始まりました。そして今月号から、香川県厚生連長尾省吾理事長の「病院の力を生かす」が連載開始です。2 つの連載は、病院建築と病院経営という、どちらも病院に関する重要なテーマです。病院建築を計画している

厚生連と経営改善目指す病院に、連載が役立てば幸いです。

　訪問看護ステーションとりでの横井由美子さんの連載「訪問看護ぽかぽか通信」は今回で最終回です。毎回、患者さんとのふれあいのエピソードを寄せていただき、もっと読んでみたかったのでとても残念です。また機会がありましたら、原稿を寄せていただきたいと思います。宮田道夫先生の「くろしおの子」はいよいよ東京編です。これからどんな物語が展開するのか楽しみです。

　4月初旬に畠山重篤さんと熊谷龍子さんから入稿し、畠山さんの原稿は「巨大津波襲来」となりました。宮城県気仙沼市の被害は甚大でした。私は、町が津波でさらわれる様子を、震災当日のテレビで繰り返し見たことを思い出します。畠山さん宅は4月17日現在、電気、水道、電話が通じておらず、原稿は蝋燭の明かりを頼りに書いたそうです。

　安城更生病院の秀野功典さんは、宮城県石巻市の石巻赤十字病院で研修中に、震災と津波に遭って被災しました。DMAT（災害派遣医療チーム）隊員でありながら自らも被災した秀野さんは、病院の災害対策本部と日赤救護班、DMATの活動様子を、「東北太平洋沖地震体験記」としてまとめてくれました。秀野さんは、災害時に、地域にとって病院の存在がいかに重大で大きな使命を持っているかを実感したそうです。

　皆さんは、4月初旬に放映されたNHKスペシャル「東日本大震災“いのち”をどうつなぐのか～医療現場からの報告～」を観たでしょうか。番組は、東日本大震災から3週間が過ぎた被災地の医療を取材していました。被災地では、長引く避難生活から広がる感染症や肺炎など、かつてない事態に直面していました。重症患者は、病院そのものが崩壊した被災地から、地域の中核病院へと次々に搬送され、中核病院の受け入れを圧迫していました。「危機」はさらに被災地から、周辺の自治体へも波及しようとしており、被災を免れた「いのち」を救おうと、苦闘する医師や看護師の姿を通し、被災地の医療現場の今を見つめた秀作でした。

　読売新聞（4/14）が行なった聞き取り調査によると、東日本大震災で、岩手、宮城、福島の3県に約380か所ある病院の7割が、建物の損壊や停電などによる休診などの影響を受け、1カ月たった後

も 2 割近くが通常診療に戻っていないそうです。特に津波の被害の大きかった沿岸部は深刻で、復興に向けた地域医療の体制作りが課題となっています。東日本大震災は、広範囲でかつ甚大な被害をもたらしており、地域の復活・復興には地域で医療を提供する医科・歯科診療所や有床診療所、中小病院などの医療機関の再建が、住民の安心と安全を確保する上でも不可欠です。

　東日本大震災は、地域医療に深い傷を負わせました。復旧までは長い道のりになります。被災地への継続的な支援が必要です。（No. 398、2011 年 5 月）

またぞろ TPP 推進論

　佐久病院の北澤彰浩先生には、「宮城県石巻での医療救護班としての経験」をまとめていただきました。「地震後（2 週間近くたって）、初めて笑えた。私はまだ笑うことが出来るんだね。ありがとう」と述べた、3 人の息子を連れた大腸癌術後の 80 代の女性のエピソードが印象的です。福島県双葉町の方々 1,300 人は、埼玉県加須市の旧騎西高校 [1] の体育館や柔道場などで、避難生活を余儀なくされています。熊谷総合病院の多田朋子さんには、「被災者の健康管理を担うためのシステム」について、継続的な健康管理の重要性を問題提起してもらいました。私は 2 つの記事から、医師・看護師など医療者の救護・健康管理活動が、被災した人たちをどれだけ励まし、その視点がいかに大事か、改めて考えさせられました。

　東濃厚生病院の大林浩幸先生には、「岐阜県東濃地区における『喘息死ゼロ作戦』の成果」を執筆いただきました。喘息のことを調べていたら、東濃地区の喘息死ゼロ作戦が検索で多数ヒットし、全国的に有名なことを知りました。病・診・薬・行政連携システムの構築、その基盤となる医薬連携、薬薬連携は目を見張ります。喘息死ゼロの日が来ることを期待してやみません。

　李啓充 [2] 先生の「米オバマ政権の医療制度改革を読む」は新連載です。2010 年 11 月、先生の講演を聞く機会がありました。その後、「オバマの医療制度改革の本当を知りたい」とお願いしたところ、快く執筆の了解を得られました。連載は 6 回続きますので、ご

期待ください。

　さて、政府は5月17日の閣議で、東日本大震災の影響を踏まえて、これまでの政策課題の優先順位を組み直す「政策推進指針」を決定しました。指針は「国家戦略の再設計」と「財政・社会保障の持続可能性」の2本柱で構成。「財政・社会保障」では、今後3年程度で「復興に必要な財源確保と社会保障・税一体改革を実行に移す」と明記し、2015年までに消費税引き上げを含む税制抜本改革を実施する必要性を強調しました。TPPについては、「交渉参加の判断時期を総合的に検討する」という表現にとどめ、当初6月としていた時期を先送りしました。TPP実現の鍵を握る農業改革の基本指針の取りまとめも延期されました。

　閣議決定に先立って、読売新聞（15日）は、「TPP参加で復興に弾みを」の社説を掲げ、「日本は貿易自由化に備えながら震災復興も後押しする経済活性化策を打ち出すべきだ。TPPへの参加がその軸となる」と述べました。日本経団連の『経済Trend』4月号は、「TPP交渉へ早期参加が日本の未来を切り拓く」という特集を組みました。その巻頭言で米倉弘昌会長は、国内農業の構造改革を「乗り越えなければならない課題」とし、「TPPがその土台だ」と述べ、TPP参加への政府の覚悟を求めました。日経新聞（5月17日）でも、三菱商事執行役員が「国際競争力強化の観点から、TPP参加方針は貫くべきだ」と檄を飛ばしました。またぞろTPP推進です。

　本来なら、大震災を契機にして、改めて国民生活にとって「本当に豊かな農村社会」とはどのような状態か、持続的で安全で安定した生活環境をどのように形成していくかという視点で、TPP問題も考えるべきです。「東日本大震災復興の教訓をふまえた農業復権に向けたJAグループの提言」（JA全中）が、「TPP交渉への参加の検討は農林水産業の復興の足かせとなる」、「直ちに中止すべき」と指摘したことは当然です。TPP推進派による拙速な議論再燃には警戒を要します。（No. 399、2011年6月）

1)　埼玉県立騎西（きさい）高等学校は、埼玉県北埼玉郡騎西町大字騎西に所在した公立の高等学校です。旧騎西町唯一の高等学校でしたが、2008年に埼玉県立不動岡誠和高等学校と統合し閉校しました。また、生徒の募集は

2005 年を最後に停止しました。

2)　1980 年、京都大学医学部卒業。天理よろづ相談所病院内科系ジュニアレジデント、京都大学大学院医学研究科を経て、1990 年よりマサチューセッツ総合病院（ハーバード大学医学部）で骨代謝研究に従事しました。ハーバード大学医学部助教授を経て、2002 年より文筆業に専念。鋭い医事評論で知られています。単著に、『市場原理に揺れるアメリカの医療』『アメリカ医療の光と影——医療過誤防止からマネジドケアまで』『市場原理が医療を亡ぼす——アメリカの失敗』（いずれも医学書院）があります。この連載のおかげで、私は李先生に講演をお願いする機会が多くなりました。

復旧から復興へ、そして地域再生

　本誌 400 号に寄せて、4 人（＋ 1 人）の方から寄稿していただきました。OB と現役の違いはありますが、どなたも長きに渡る本誌の愛読者です。本誌へのお祝いと感謝の言葉に、編集に当たらせていただいている私たちこそ、読者の皆様の期待に応えねばとの思いを、一層強くしました。日頃からのご支援にお礼申し上げますとともに、今後もよろしくお願い致します。

　さて、大震災からもうすぐ 4 カ月になりますが、現場の惨状は未だに続いています。安曇病院の中川真一院長からは、「災害支援『大槌町で考えたこと』」を寄稿していただきました。若い人たちは家の片付けやハローワーク等へ仕事を探しに出かけるため、大槌高校避難所の冷え冷えした体育館には、日中は高齢者と子どもたちが残されるそうです。そこでの脳卒中の片麻痺の方からのベッドの必要性の訴えや、ある人にはベッド代わりに教室で使う教壇が用意され、「寝床が少し高くなり楽になった」との話しには心が痛みます。機動性に欠ける対応によって、事態の改善が遅れています。

　この間、私は現場からの報告を聞く機会がありました。ある農業者は、義父母が津波で流されて行方不明でしたが、後日 DNA 鑑定で消息が判明しました。その人は 4 月 22 日に「計画的避難区域」に指定された福島県飯舘村在住でしたが、6 月 21 日役場機能が福島市に移転し、9 割以上の住民が避難するなか、現在は福島市に住んでいます。何より、飯舘の畜産農家が廃業に追い込まれたことを悲しがっていました。環境ジャーナリストの小澤祥司さんの報告（「平和な村を襲った放射能という津波」）のとおり、「核の平和利

用」のツケはあまりにも大きな犠牲であることに憤りを感じます。

　今回掲載した立命館大学名誉教授の安斎育郎先生が、インタビュー（「福島原発事故　どうする日本の原発政策」）の中で指摘するように、人々が環境と折り合いがつくような、エネルギー節減型の生き方にこそ価値があると思える教育も大事ですし、「今後、原発敷地をどう活用するか」も大事な視点です。恵寿総合病院神野正博理事長のインタビュー「地域と運命共同体」は、今後の復旧と復興の方向性を示唆する、農協・厚生連には大いに参考になるものです。

　JA新いわてでは、津波被害農地再生に向けた農家負担軽減支援として、瓦礫撤去、除塩対策、水田補修対策や、青果物の流通がストップしているので、その復興などの営農支援をしています。また生活支援として、生活物資の販売のための臨時のAコープ店出店と産直を開始しました。そしてホームヘルパーは仮設住宅へ訪問し、心のケアをしています。

　震災の現場から遠いところでは、かなり好き勝手な未来のプランが飛び交っています。こうした議論では、現場で復旧に当たる被災者らが置きざりにされています。私は、被災した現場のJAと職員が、復旧作業で果たしている役割の重要性を声を大にして言いたい。現場では今、農業者と漁業者の協同、そして医療と介護・福祉の協同、消費者との協同が求められています。元小諸厚生総合病院事務次長の依田発夫さんからは、本会が先導役の一端を担えないかとの問題提起をいただきました（400号によせて）。本会の地域づくりのための連合会機能の発揮も問われています。

　震災の悲劇から立ち上がり、復旧から復興へ、そして地域再生に向かおうとする被災地の皆さんと全国の会員に対し、「安心の地域づくり」のための協同の実践をどう生み出し発信するのか、400号の節目に当たり、本誌の役割も一層重大だと考える次第です。（No. 400、2011年7月）

地震・津波・原発事故・風評被害・人災

　知多厚生病院の山岸庸太先生には、「宮城県南三陸町における知多厚生病院の活動報告」をお願いしました。東北地方の医療崩壊が

148

叫ばれる中、先生のレポートで言葉を失ったのが南三陸町内の基幹病院公立志津川病院が津波で全壊し、診療不能との情報です。入院患者 109 名のうち 67 名の患者さんが死亡・行方不明、職員も 4 名が死亡・行方不明という痛ましい状況に胸が痛みます。本誌は地震発生直後から、宮城県石巻、岩手県大槌町、福島県飯舘村など、現場の医療活動と地域の状況を不十分ながらも取り上げてきました。

　今回は、飯舘村在住の渡辺勝義さんから「大震災・大津波・原発事故の被災体験」を寄せていただきました。村の民生児童委員や困り事相談委員をしている渡辺さんは、今回の計画的避難を拒否した 83 歳のお爺さんと 86 歳のお婆さんの二人暮らし高齢者を説得に行きます。しかし、認知症のお婆さんをそばで介護し続けなければならないお爺さんは、避難するリスクがここに住み続けるリスクより高いと判断して、自らの意思で避難しません。渡辺さんは支援物資と妻の手作り食事を持って足を運びながら説得し続けます。このような老夫婦にも避難していただきたいと私も考えます。しかし、現在も苛酷な避難所生活を強いられている人たちの姿を思い浮かべると、どうしたらよいか迷ってしまいます。地震・津波・原発事故・風評被害の「四重苦」の被害に直面していると渡辺さんはいいますが、私はそれに「復旧の遅れ」を加えて「五重苦」だと考えます。中々進まない災害からの復旧には政治が大きくかかわり、その責任は重く明らかに人災といえるでしょう。

　安藤満先生からは大論考「原発暴走による放射能汚染と生活環境　大震災・原発被災後の 100 日」を投稿いただきました。8 月号は、「地震国日本に原発は適切か」から論考が始まります。マスコミ報道が下火になったせいか、私たちは放射能が弱まったか止まったかのような気になりますが、よく考えてみると止まるどころか相変わらず放射能は放出され続けています。そしてついに 7 月中旬、放射性セシウムに汚染された稲わらを与えられた福島県産牛肉から、相次いで暫定規制値を超す放射性セシウムが検出されました。福島原発事故の放射能漏れは楽観できる状態などではまったくありません。4 回に分けて短期連載しますので、ご期待ください。

　今回も畠山さんの「旅の途中で」が掲載されていることを皆さんは不思議に思わないかもしれません。しかし実は 7 月中旬に、畠山

さんから「やっと電話・FAX が使えるようになりました」と、編集部に FAX が入りました。震災後の著者校正の原稿は郵便でしかやり取りできませんでした。固定電話が仮設されるまで、何と 4 カ月かかったのです。携帯電話があっても電気がないので充電できない、水道が復旧しないから朝晩一家総出で水を汲む、そして炊事と風呂に燃料の薪がどれだけいるか思い知らされる、燃料と水の用意で一日が暮れてゆく毎日だとの原稿に震災の爪痕が色濃く感じられます。とりあえずこれからは普通に原稿のやりとりをすることができます。

　田代洋一先生の「土地利用型農業の担い手像」は最終回です。今回は「少数農家協同の軌跡」で、宮城県米山町の事例です。本誌に掲載された以外の事例は、新刊『地域農業の再生と農地制度』（農文協）の第 5 章に書かれていますので、合わせてお読みいただければ幸いです。

　8 月号でも本誌 400 号に寄せてお祝いの言葉をいただきました。福島県白河厚生総合病院の前原和平院長先生、新潟県魚沼みなみ農協の井口博監事にお礼申し上げます。

　暑い日が続きます。ご自愛ください。（No. 401、2011 年 8 月）

第7章 国際協同組合年と医療・農業
（2012 年）

協同組合理念に基づく地域づくり

「ここで働いている職員もそうですが、私自身もここで生きることを決めたわけですから、いまさらどこかに行こうなどという気は全然ありません。ここで生きるということは、きっとそれなりの覚悟みたいなものが必要なのだと思います」

地震、津波、そして原発事故にさらされた、福島第一原発から33km 地点にある、福島県厚生連鹿島厚生病院の渡邉善二郎院長の言葉です。震災直後、南相馬市で入院できる病院は鹿島厚生病院しかありませんでした。以前は人口7 万人以上の住民がいた900 床の地域に、2011 年5 月時点では3 万人以上の住民がいるのに鹿島厚生病院の80 床だけしかありませんでした。避難した患者さんを戻したら新規の患者さんを受け入れできない状況だったそうです。

南相馬市では医療スタッフの離職者が多く、医師がいなくなって入院が再開できない病院もいまだにあるそうです。震災前5 つあった老健施設は2 つとなり、行き場を失ったお年寄りがたくさんいます。そんななかで、鹿島厚生病院の職員はみんな帰ってきました。病院職員は、今後も鹿島地区の医療、福祉、介護に携わり続けます。

鹿島厚生病院の体験は、4 月17 日東京で開催された2012 国際協同組合年記念シンポジウム「共生する社会を目指して〜重要性を増す『社会的経済』の役割と協同組合への期待〜」（農林中金総合研究所主催）に通じるものがあります。このシンポジウムは、本来なら2011 年3 月に開催されるはずでしたが、3.11 の大震災で1 年遅れの開催となりました。基調講演は、「ペストフの三角形」で有名な元ストックホルム大学政治学教授のビクター・ペストフ博士と国際協同組合年全国実行委員会代表の内橋克人氏でした。私が驚いた

のは、ペストフ博士が、In Japan both the JCCU and Koseiren provide health care to their members and others. と、日本生協連と厚生連が組合員などにヘルスケア・サービスを提供していると述べたことでした。この言葉は、「社会的サービスにおける新たな市民参加のあり方」という文脈の中で語られました。

第15回厚生連医療経営を考える研究会「アンケートにみる厚生連の現状と今後の課題」では、地域の医療を協力して守る意識が行政、医師会、農協、地域住民に強くなってきていると指摘し、地域の中へ入っていく厚生連医療活動は、儲かりさえすればよいという市場原理主義ではなく、協同組合理念に基づく地域づくりの理念があるからこそ、そうした地域医療活動ができるし、そこに厚生連病院の価値があると述べました。鹿島厚生病院の渡邉院長も「多くの人とのつながりが、今は一番重要だと思っていますし、嬉しいと言いますか、喜びがあります」とインタビューの中で述べています。

増大する福祉へのニーズと深刻化する財政問題、高まる格差社会への抗議の声など、わが国を含めた多くの先進国において国家、市場の限界と課題が次第に明らかになりつつあります。そうした中で、協同組合、NPO、ボランティア活動など、市民が共同して取り組む様々な経済活動が、国家や市場の機能を補完するものとして注目を集めるようになっています。シンポジウムで内橋氏が、こうした「社会的経済」と呼ばれる経済活動が、新自由主義思想に基づく市場原理主義の対抗軸になりうるのか、協同組合はその担い手となりうるのか、2011年の震災から1年1カ月を経た今日、震災時に果たした協同組合の役割とともに、震災からの復興に関して協同組合がどのような役割を果たすべきかについて、「社会を転換しなければならない」という人々の声が消えかかっている中で、「社会をどのように築きなおしてゆくか」が我々の課題だと問題提起したことは大変印象的でした。（No. 410、2012年5月）

沖縄基地問題と TPP

宮田道夫先生の「くろしおの子」は、2009年4月から3年2カ月にわたり39回の連載になりました。連載を思い返してみると、

先生が子どもの頃洞坑道内で集団自決しようとした場面が鮮明に思い出されます（幼年期 七号坑）。しかしそうせずに、病気の母親をおぶいながら逃げ惑ったあとに、攻めて来るアメリカ兵に先生自らが白旗を掲げて降伏しました。私は、あの場面を何度も読み返しました。長期間連載していただきました宮田先生に心からお礼申し上げます。

　沖縄は2012年5月15日、1972年に復帰してから40年を迎えました。沖縄宜野湾市内で政府と沖縄県が共催した復帰40周年記念式典で、野田佳彦首相は沖縄の基地負担軽減に取り組む決意を改めて述べました。しかしその内容は、米軍基地は「沖縄の大きな負担になっていることは認識している。抑止力を維持しつつ、基地負担の早期軽減を目に見える形で進める」と述べながらも、1996年の日米合意以降、移設・返還が実現していない米軍普天間飛行場については「固定化は絶対にあってはならない」と述べるに留めざるを得ませんでした。仲井真弘多沖縄県知事が、沖縄の米軍基地問題を国全体で考えるよう改めて求めたことは当然でした。

　沖縄の米軍基地は、今も全国の米軍専用施設の74％にあたる228.78平方キロ（11年3月現在）あり、復帰時からの返還率は18％しかありません。本土では半分以上が返還され80.85平方キロに減少していますが、沖縄には米軍基地が集中することとなりました。東日本大震災と福島第一原発事故には、沖縄県民も含め日本国民が困難な問題解決に立ち向かっているのに、沖縄の米軍基地問題ではなぜ県民の苦しみは置き去りにされるのでしょうか。戦後27年間の米国統治下で多くの人々が願った基地負担の大幅な軽減は今もってかなっておらず、県民を未だに苦しめています。

　さて、アメリカと日本の政治で現在私達を苦しめているのがTPPです。4月25日には、生産者や消費者の団体でつくる実行委員会主催で、TPP交渉参加に反対する国民集会が東京日比谷野外音楽堂で開かれました。4,000人が参加し、30日の日米主脳会談などで訪米する野田首相に、交渉参加を表明させてはならないとの強い意思を結集しました。この時壇上にいた9つの政党の代表は、全員が交渉への参加反対を表明しました。

　しかし、外務省の日米交渉概要（5/1）によると、野田総理から、

「TPP はアジア太平洋自由貿易圏（FTAAP）実現のための道筋の一つであると認識しており、昨年 11 月に表明した総理の考えは変わっていない旨述べ、双方が日米間協議を前進させるようお互い努力することで一致した。その際、オバマ大統領からは、自動車、更には保険、そして従来から取り上げてきた牛肉について関心の表明があった」と記述されています。

　「日米共同声明」では、「我々は、現在行っている環太平洋パートナーシップ（TPP）に関する二国間協議を引き続き前進させ、どのように二国間の経済調和と地域経済統合を推進していけるのかを更に探求する」と述べています。日米安保については、野田総理が、「海洋、宇宙、サイバーといった国際社会が共有する空間の安全保障の向上や、共同訓練等を通じた自衛隊と米軍の運用面での協力の発展を促進していきたい旨述べた」とあります。

　沖縄の苦しみや国を二分している TPP に関していえば、政府の対応は私達の想いとあまりにも違いすぎます。学習会で講演したある研究者は、「TPP は経済問題ではない。明確に政治問題だ」と述べました。つまり、TPP は実は紛れもなく日米の安全保障問題であるということです。（No. 411、2012 年 6 月）

国際協同組合年とロバート・オウエン

　「国際協同組合年」を記念して、6 月号から「会長が語る協同組合の価値―いま農協に期待されるもの」の連載が始まっています。今回は秋田県厚生連の木村一男会長にご登場いただきました。秋田県の高齢化率が将来は 40％になるというお話です。農業の後継者問題は大きな問題となっていますが、人口減少は人が住めない地域を作り出してしまいます。そして、農業県の秋田県に TPP は大打撃となることは間違いありません。しかし、二木先生がインタビューで述べているように、そもそも TPP 参加でまとまるかどうかもまだ流動的です。これからも運動を強化し、TPP 参加をとりやめにすることが重要です。しかも政府は、世論の多数が反対する大飯原発を再稼動させました。野田首相が遮二無二突き進む税と社会保障の一体改革（消費税を 10％に引き上げる法案と社会保障制度

改革推進法案）は、民・自・公修正協議合意は取り付けましたが、民主党内は分裂含みです。民主党政権は 79 日間の会期延長を決めましたが、いずれにしても「任期中は消費税を増税しない」という 2009 年衆院選の公約を投げ捨て、さらに社会保障の公約も根こそぎ放り出そうとしています。本誌が発行される 7 月には、国会はどのようになっているのでしょう。

　さて、今回から 2 つの新たな連載が始まりました。一つは、これも国際協同組合年を記念して、元明治大学教授の北出俊昭先生の「協同組合の源流を考える」です。連載は 4 回続く予定ですが、1 回目は「ロバート・オウエンと地域共同体」です。ロバート・オウエンは、アダム・スミスが『諸国民の富』を世に出す 5 年前の 1771 年 5 月にイギリス北ウェールズに生まれました。10 歳から働きに出て、ロンドンでの奉公先の商店やマンチェスターでの共同経営などでビジネスの経験を積むことになります。そして、1798 年にはニュー・ラナーク紡績工場の総支配人という運命的な地位に巡り会います。オウエンの足跡を辿ると、彼の思想と理想が驚くほど現代と繋がっていることがわかります。今から 30 年前に、オウエンに憧れて『ラナーク州への報告』（未来社、1970 年。原著は Report to the Country of Lanark, 1820）を夢中で読んだことを思いだします。エンゲルスらからはサン＝シモン、フーリエなどと共に空想的社会主義者と評されますが、産業革命に起因するさまざまな経済的、政治的、社会的な問題に取り組み、解決策を見いだす努力を惜しまなかった社会改革者として高い評価を受けています。北出先生が指摘していますが、人間労働と教育・人間形成を重視したオウエンに、現代日本の私たちが大いに学ぶ意味があると思います。

　もう一つは、東京大学名誉教授の醍醐聰先生の「医薬品業界の経営動向」です。1 回目は、「医薬品メーカー独り勝ちの構図」です。製薬メーカーの異常な高収益には改めて驚くばかりです。7 回の連載を予定していますのでご期待ください。

　熊本県厚生連の高森猛常務の「厚生連として JA の文化連直接加入の推進に取り組んで」は、県下 JA の介護・福祉事業への取り組み状況の紹介の他に、本会を大いに頼りにしていただく記述に感謝いたします。高森常務がいうように、地域住民も安心して暮らせる

地域社会の実現を目ざし、JAの取り組みが今ほど必要とされているときはありません。本会の厚生連・単位農協を会員とする特長を活かし、会員の皆様への支援業務をより一層強化できるよう取り組んでいきます。(No.412、2012年7月)

社会保障・税一体改革関連法案の成立

　7月14・15日、熊本県山都町で、第7回「福祉の協同を考える研究会」現地研究会が開催されました。JAかみましき、熊本厚生連、中央会・連合会の皆様には大変お世話になりましたことをお礼申し上げます。そして、熊本県・大分県をはじめ各地で、九州北部豪雨災害[1]で被災された皆様には、心からお見舞い申し上げます。

　今回は、ミニTPPと呼ばれる米韓FTAの実態について、立教大学の郭洋春先生に問題点を詳しく解説していただきました。韓国では2011年11月に米韓FTAの採択をめぐって与党による単独採決が強行され、2012年3月に発効しました。なぜ韓国ではそれほど混乱したのか。一言で言えば、「その内容が不平等条約そのもの」だったからです。米韓FTAの内容がTPPに反映された場合の日本社会に与える影響を想像しながら読んでください。次回は、韓国社会で実際に起きている事態について、具体的に弊害を見ていきますので、ご期待ください。

　さて、「社会保障制度改革推進法案」は、「年金機能強化法案」「被用者年金一元化法案」「子ども子育て支援法案」「同関係法律整備法案」「認定こども園法改正案」「消費税法改正案」「地方税法・交付税法改正案」とともに、民主・自民・公明3党合意を踏まえた一部修正を経て、6月26日衆院本会議で8割近い賛成で可決された後、7月18日には参院特別委員会で審議入りしました。その前日には大飯原発の再稼動反対を理由に、3人の民主党参議院議員が離党し執行部が動揺する場面もありましたが、国会会期が9月8日まで延長されたことで「社会保障・税一体改革関連法案」(社会保障・税関連8法案)は、よほど大きな波乱がない限り成立すると思われます。

　私が驚いたことは、「消費税増税法案」の「付則第18条修正第2

項」です。二木先生が医療時評の中でも指摘していますが、増税で
生まれる財源を「成長戦略並びに事前防災及び減災等に資する分野
に資金を重点的に配分する」こととなってしまいました。「成長戦
略」だけでなく、その後に続く文言に「等」と「資する」が入りま
した。「等」が入るだけで、防災や減災に関係ない分野にも財源が
使えるようになります。そもそも消費税は社会保障目的税化するこ
とで、「消費税で社会保障の機能強化を図る」ことが大義名分でし
た。消費税増税分を社会保障以外にも使えるようにしたことで「消
費増税分はすべて社会保障にまわす」と言っていた増税正当化の根
拠は崩れ去りました。

　また今回、医療時評 105 は、「自助・共助・公助」という表現の
出自と意味の変遷について述べています。現代社会では、何かにつ
け「自助・共助」が強調されて、「公助」は後回しにされる風潮が
あるように思われます。例えば自民党の「日本再起のための政策」
（5 月 31 日）の 3 つの理念の一番目が「まず、自分が頑張る！」と
なっており、「自立自助・個人の責任感」が最初に来ています。そ
して「自助を基本に共助、公助を組み合わせた持続可能な社会保障
制度の確立」を強調しています。1986 年 3 月 20 日の参議院予算委
員会公聴会で、「我々の福祉というものの一番基盤は公助でもって
賄う、その上に積み重ねる部分として互助の部分と自助の部分とが
ある」と、故・江見康一[2] 先生が当時の民活導入論を批判して、
国・政府の役割を強調した点は現在に通じます。

　暑い日が続きます、ご自愛ください。（No. 413、2012 年 8 月）

1)　平成 29 年 7 月九州北部豪雨は、2017 年 7 月 5 日から 6 日にかけて福岡県
　　と大分県を中心とする九州北部で発生した集中豪雨。被害の規模は気象庁
　　が豪雨について命名する基準を下回ってはいたものの、人的被害が大きい
　　ことから、同年 7 月 19 日付で命名されました。
2)　江見康一（えみ こういち：1921 年（大正 10 年）1 月 12 日 - 2011 年 12 月
　　22 日）は日本の経済学者です。財政学専攻。一橋大学・帝京大学名誉教授。
　　日本統計学会理事長、生存科学研究所理事長等を歴任しました。日経・経
　　済図書文化賞特賞受賞。兵庫県相生市出身。1940 年に東京都の豊島師範学
　　校を卒業後、小学校・中学校・高等学校の教員を経験しました。また、幼
　　稚園教諭の免許も所持しています。一橋大学経済研究所では統計学研究部
　　門に所属し、日本経済の長期分析、社会保障分析、サービス経済分析など

の実証分析で研究を展開しました。『社会保障の構造分析』により博士号を取得（後に岩波書店から刊行）しました。帝京大学でも着任時から経済研究所長を務め、一橋大学大学院経済学研究科長などの要職を歴任していました。1978年日本統計学会理事長。2011年12月22日、心不全で死去。90歳でした。

原発からの撤退はまさに圧倒的世論

　JA新ふくしま菅野孝志専務の「新生福島の実現への闘い！」は、2012年7月の本会厚生連常勤役員参事会議での講演録です。皆さんは、2011年4月の『文化連情報』No.397の表紙写真を覚えているでしょうか。「JA新ふくしまの炊き出しボランティア」でした。地震発生後すぐにお願いし、表紙に使わせていただきました。JA新ふくしまでは、女性部を中心に高校生や中学生とともに、被災して避難した人たちの支援としておにぎりの炊き出しをして、1日2,000人分4,000個を作ったことを知りました。菅野専務の「福島が直面したのは、地震、津波、放射能汚染、農産物の出荷制限、風評被害という五重苦です」という言葉が耳に残っています。JA新ふくしまでは、生産による除染と自然再生エネルギーの開発、その基地を福島に造ること、雇用創出、道路網の整備、原子力災害防護総合研究開発センターという、農業・健康・福祉・医療産業等の研究施設設置など、新生福島の実現に向けての具体的提案をしています。

　また、子どもたちを放射能から守る福島ネットワーク代表の佐藤幸子さんから投稿していただきました。テーマは、「原発事故と福島の子どもたち」で、1回目は「子どもたちを守る闘いが始まる」です。2011年3月11日は、福島県民を狂わせた瞬間であり、佐藤さんの人生を狂わせた瞬間でした。今思い出すと、テレビでは枝野幸男官房長官（当時）が「直ちに健康への被害があるレベルではない」と何度も繰り返していました。しかし佐藤さんは放射能漏れが起きていると思ったそうです。100億円もの巨額をつぎ込んだSPEEDI（緊急時迅速放射能影響予測ネットワークシステム）の存在を知らされず、データの公表は1カ月も経ってからでした。しかも、福島県庁に届いていたデータが県知事の命令で消されていたと

いう事実が今年になって発覚しました。佐藤さんは、過去の公害問題同様に「真実は隠される。企業を守るため、国民は捨てられる」と指摘します。そして事態が深刻なほど、『政府は必ず嘘をつく』（堤未果）ことが、今回も実証されたのです。2011 年 3 月 27 日、ガイガーカウンターが佐藤さんのもとに届けられ、それを使ってまず学校の空間線量を測りました。その日以来、放射能から子どもを守る闘いが続いています。

　野田首相が 2011 年 12 月 16 日夕方の記者会見で、原発事故は「収束した」と発表したことはまったくの欺瞞です。実際、7 月には福島第 1 原発の収束作業で作業員が警報付き線量計（APD）を鉛板カバーで覆い、被ばく線量を低く偽装しました。8 月 1 日には南相馬市の太田川沖合 1 キロメートルの海域で採取したアイナメから 1 キログラム当たり 2 万 5,800 ベクレル（国の食品基準の 258 倍）の放射性セシウムが検出されました。そして復興庁の震災関連死の調査（2012 年 8 月 21 日）では、震災関連死 1,632 人（3 月 31 日現在）のうち 761 人が福島県で、半分近い 380 人は「避難所等への移動中の肉体的・精神的疲労」による死亡です。それは原子力発電所事故に伴う避難等による影響が大きいと考えられています。33 人は「原発事故のストレスによる肉体的・精神的負担」が直接の原因で死亡しました。

　2030 年時点の原発依存度をめぐる国民的議論の結果を検証する政府の第 1 回専門家会合が 8 月 22 日開かれ、パブリックコメントの集計や意見聴取会のアンケート結果が報告されました。それぞれ 89.6％、81％が原発ゼロ案に賛成。国民同士で議論して意識の変化を調査する討論型世論調査は事前に 32.6％だった原発ゼロ案が最終的には 46.7％に拡大しました。いずれも原発 15％案や 20 ～ 25％案を圧倒しています。原発からの撤退はまさに圧倒的世論です。（No. 414、2012 年 9 月）

食と環境を支える農村の再生

　北出俊昭先生の「協同組合の源流を考える」は最終回です。「現代社会と協同組合の役割」について検討しています。先生が指摘す

るように、「21 世紀に向けての協同組合宣言」は、「人口増加」「富の集中による格差と貧困」「地球規模の環境破壊」「コミュニティの維持」「女性・青年・原住民などにかかわる社会的公正」の 5 つの課題を示し、未来に向けて協同組合はその解決に貢献すべきと宣言しました。そして、2009 年の国連総会宣言は「先住民族および農村地域の社会経済状況の改善」「持続可能な開発、貧困の根絶、都市と農村地域における様々な経済部門の生計への貢献」に、協同組合は重要な役割があることを強調しました。そのために、「女性、若者、高齢者、障害者を含むあらゆる人々の最大限の参加」を呼びかけたのです。

　先日私は、イギリスの複数の社会的企業を訪問する機会がありました。英国を代表する NPO の中間支援組織から教育、医療、犯罪・失業対策の各分野に重点を置いた調査研究や支援活動を行う非営利団体、そして NHS（国民保健サービス）関係者（医師・看護師）が貧困地区で地域住民とともにコミュニティ利益企業会社とて立ち上げた社会的企業などです。どの社会的企業からも、最初の話はキャメロンの緊縮財政でした。

　現在、イギリスはこれまでの労働党ブレア・ブラウン政権による医療費増加策から、保守党キャメロン政権による NHS の民営化の推進と病院の人員削減など医療費抑制策に転換し、現場は再び混乱してきています。ソーシャル・インパクト・インベストメント（公共サービスの社会的インパクトの向上と投資とを結び付けたアプローチ）・アドバイザーの Karl Richter 氏のレクチャーを聞いたときに、最も印象に残ったのは「資本主義は危機ではなく危機的状況にある」と述べ、そして「資本主義を資本主義で立て直す」と述べたことでした。この文脈を理解するには今後のイギリスの動向を注目しなければなりませんが、社会的企業には明確に協同組合も含まれています。

　私は、国連総会宣言の「持続可能な開発、貧困の根絶、都市と農村地域における様々な経済部門の生計への貢献」に、どのようにアプローチするかは各国様々だと思いますが、英国には英国流のやり方があり、日本には日本流のやり方があるのだと思います。例えば、島根大学の塩飽邦憲先生は「食と環境を支える農村の再生―第 61

回日本農村医学会学術総会開催にあたって」の中で、「中山間地域
での過疎・高齢化、自然災害などの地域課題解決、地域産業や地域
医療を牽引する先駆的技術に関する研究を重点的に推進する」と述
べます。中山間地域の持続可能で自立的な地域再生のために、島根
大学では島根県、市町村、営利企業、非政府組織、住民とともに学
際的研究や教育を展開しています。こうした取り組みの積み重ねが
日本社会を良くしてゆくのだと考えます。

　新自由主義政策の矛盾が国民に明らかになってきているとはいえ、
未だ多くの国の国民にその政治的経済的支配は大いに影響していま
す。二木教授の医療時評では、野田内閣が閣議決定した「日本再生
戦略」（7月31日）では、「社会保障の充実」「社会保障の機能強化」
という表現が消えたことを指摘しています。「社会保障分野を含め、
聖域を設けずに歳出全般を見直す」という表現が復活するとともに、
いわゆる「病院輸出」が書かれました。現在民主、自民の代表選び
が行われていますが、この"儀式"を不毛だと感じるのは私だけで
しょうか。（No. 415、2012年10月）

消費増税法案成立にあたっての民自公三党による党利党略

　11月号では、8月10日に「社会保障と税の一体改革」関連法が
成立したことを受けて、「医薬品業界の経営動向」連載中の醍醐聡
先生（東京大学名誉教授）に急遽インタビューさせていただきまし
た。先生は、参議院「社会保障と税の一体改革に関する特別委員
会」中央公聴会の意見陳述では、消費税増税に代わる財源の私見も
述べています。消費増税をめぐる政府とメディアの動きや、日本経
済への影響等についてお聞きました。私はインタビューから、今回
の消費増税法案成立にあたっての民自公三党による党利党略に憤り
を感じます。消費税が上がることで病院経営はこれからどうなるの
か、重大な問題です。

　10月19日に開催された平成24年度第1回税制調査会では、や
っと各省からのヒアリングが始まりました。厚労省は「社会保障・
税一体改革大綱及び社会保障の安定財源の確保等を図る税制の抜本
的な改革を行うための消費税法の一部を改正する等の法律第7条第

一号トの規定等を踏まえ、医療に係る消費税の課税のあり方について、引き続き検討する」ことを要望しています。政府は、12月中旬をメドに税制改正大綱を取りまとめます。

厚労省内では、4月の中医協総会において「診療報酬における消費税の取扱については新たな分科会を設置して検討する」とされたことから、「診療報酬調査専門組織・医療機関等における消費税負担に関する分科会」（庶務は保険局医療課）の中で議論が始まっています。今後のスケジュールでは、今年度後半には議論の中間整理が行われ、平成25年度には8％引き上げ時の対応とりまとめがなされます。

医療に係る消費税の課税のあり方については、中医協での検討と同時に税調での検討内容についても動向をきちんと見極めていく必要があります。そして、消費税非課税措置に対する診療報酬等への対応については、医療機関が積極的に発言することも必要だと考えます。

TPPについては、冒頭の志村善一神奈川厚生連会長インタビューに勇気付けられるとともに、8月に視察した「韓米FTAと韓国医療等」調査団報告の概要を、本会の武藤理事長が述べています（「韓国の経験に学び、TPP参加断固阻止を！」）。報告は、韓米FTAは農林漁業分野に限らず全分野に犠牲を強いられる問題であることを強調しています。あまりの不平等条約の内容に、韓国国内での反対は70％にもなっているそうです。

韓国の経験に学ぶなら、TPP参加は断固阻止しなければなりません。しかし、10月10、11日に都内で開催されたJA全国大会で挨拶に立った野田首相は、TPPについては「豊かさを享受するにはアジア太平洋地域の経済力を取り込んでいかなければならない」「参加する際には守るべきものは守る。国益を最優先に交渉する」と交渉参加推進の考えを表明しました（農業新聞10月19日）。韓国の例を見るなら、国益優先の交渉などできないことは今では誰もが知っていることです。なぜできもしないことを平気で口にするのか、私には理解できません。

2011年（8〜11月号）に続き、元国立環境研究所総合研究官・日本農村医学会客員研究員の安藤満先生からは「原発事故から学ぶ

脱原発と地域再生への道」を寄稿いただきました。4回に分けて掲
載します。大論文ですが、経過を丁寧に追いながら脱原発と地域再
生への道を指し示す論考です。（№ 416、2012年11月）

FTA、TPPは薬価と医療費を高騰させ、医療保険制度を脅かす国民の健康への災い

　衆議院が11月16日解散されました。衆院選は12月4日公示、
16日投開票の日程で行われます。「政権交代」選挙から3年4カ月
ぶりの総選挙に、民主党が政権を維持するか、自民党が政権を奪還
するかが焦点だとマスコミは報道しました。しかし国民目線で見れ
ば、脱原発や消費税増税、TPP交渉参加、憲法改正の是非が主な
争点であり、なかなか進まない東日本大震災の被災地復興や東京電
力福島原発事故の処理を投げ出しての震災後初の本格的な国政選挙
といえるでしょう。そして東京では、石原慎太郎都知事が突然都政
を投げ出したことで都知事選とダブル選挙となりました。その石原
氏は自民党出身者らとともに橋本徹大阪市長らと合流し、第三局の
結集を目指すといいます。しかしそれらは理念と政策の一致も大儀
もない国民置き去りの離合集散にしかみえません。

　インタビューで醍醐先生（東京大学名誉教授）が指摘するように、
総選挙ではTPP問題と並んで消費税増税の実施を容認するかどう
かが大きな争点になることは間違いありません。先の国会で、消費
税増税法案の可決を阻止するために共同で内閣不信任案を提出した
中小野党は、消費税増税阻止を公約に掲げることが国民に対する信
義です。そして、TPP交渉参加を前のめりに推し進める野田首相
には、TPP交渉参加反対の意思を明確に突きつけなければなりま
せん。郭洋春先生（立教大学教授）が「米韓FTA発効後に明らか
になってきたもの」で述べているように、ISD条項の再交渉の米国
側の否定や、韓国国内の保健産業分野の大幅輸入増加＝貿易収支赤
字は、保健産業が厳しい状況におかれていることを示しています。
また営利病院設立は、現在は経済自由区域内に限定されていますが、
今後全国に営利病院誘導を許容する懸念が最大の問題だと指摘され
ています。

　韓国で韓米FTA阻止の国民運動を展開しているウ・ソッキュン

医師も、アメリカのターゲットは「非関税障壁」としての社会保障制度であり公的健康保険制度だと指摘します（韓国医療調査団報告）[1]。そして、相手国の保険財政や病院経営がどうなろうとお構いなしに、多国籍製薬企業の利益のための薬価引き上げと後発品排除が行われており、アメリカ政府は彼らの利益を代弁するために動いています。FTA、TPP は薬価と医療費を高騰させ、医療保険制度を脅かす国民の健康への災いでしかありません。TPP に関連するニュージーランド、オーストラリア、ベトナム、マレーシア、そしてアメリカ国内でも、保健医療をズタズタにする FTA は反対だという声が高まっている中で、日本の TPP 交渉参加を認めるわけにはいきません。

　被災地復興と脱原発はどうでしょう。子どもたちを放射能から守る福島ネットワーク代表の佐藤幸子さんは、「強制避難地区の人々は、自分から望んだわけでもなく、仕事や日々の暮らしを奪われました」「仮設住宅や借り上げ住宅で何が起こっているかを知る人は少ないでしょう。現地に来なければわからないことがたくさんあります」といいます。そして、「直ちに健康への被害はない」と言い切った枝野前官房長官を「直ちに出た被害は心が壊れたことだ」と断罪します。さらに、原発事故が引き起こした被害のはずが、いつの間にか本人の問題のせいにされる現実に言いようのない憤りを感じるといいます。

　私は、消費税増税と TPP 参加、被災地復興と原発事故への対策の遅れなど、弱いものへの対策を置き去りにして党利党略私利私欲だけで物事を進める政党と政治家に対し、国民の投票行動で民意を示す必要があると考えます。（No. 417、2012 年 12 月）

1)　2012（平成 24）年、「ミニ TPP」といわれる米韓 FTA（自由貿易協定）で韓国ではどのような問題が発生しているのかという実態を探るため、韓国のソウルに 15 名からなる「米韓 FTA と韓国医療等調査団」を派遣しました。韓国では、アメリカとの FTA 発効により、関税ゼロからくる農業の崩壊、食料の自給率の悪化だけでなく、医療など非関税障壁も非常に大きく、まさに「壊国」であることがわかりました。医薬品等の価格上昇、公的保健制度や薬価制度の後退や混合診療の拡大、営利病院の進出等の問題が噴出していました（『日本文化厚生連七十年史』pp.142-143）。

第8章 国益を損なう TPP 交渉 (2013年)

「早期の復興」と「国民の命を守り抜く」防災対策を重点政策の第一に

あけましておめでとうございます。

2012年末、宮城県石巻市を訪問する機会がありました。東日本大震災から1年9カ月が経った商店街は歯抜け状態で市内の所々に空き地が目立ちます。1階だけを戸締りしている商店やブロック塀が壊れたままビニールシートが張られた家は明らかに地震と津波の被害です。市内の日和山という小高い公園から眺望すると、石巻湾に面した南浜と呼ばれる地域に、1階部分が津波で壊滅された石巻市立病院の建物だけがありました。旧北上川河口の中州にある中瀬（なかぜ）という地域には、仮面ライダー等で知られる漫画家の故・石ノ森章太郎氏の萬画ミュージアムが1年8カ月ぶりに営業を再開しましたが、他には何も見当たりません。

女川原発で有名な女川町は地盤沈下した港を盛土しているところでした。横倒しになった七十七銀行が無残に置き去りにされておりその横をトラックが何台も通り過ぎていきます。石巻市の雄勝（おがつ）地区（旧雄勝町）はいまだに瓦礫の山で、被災した小学校と中学校、公民館はがらんどうの残骸のままです。雄勝湾は地盤沈下したまま盛土もなく手つかずのままでした[1]。

『石巻市震災復興基本計画』（2011年12月）によると、津波の高さは最大8.6m以上を観測し、死者2,978名、行方不明者669名にのぼる「未曾有の大災害」と述べています。この津波により、平野部の約30％、中心市街地を含む沿岸域の約73km^{2}が浸水し、被災住家は全住家の約7割の53,742棟、うち約4割の22,357棟が全壊しました。

このような被災地の状況下で、小選挙区選の投票率59.32％とい

う戦後最低の衆院選は12月16日投開票され、自民党は単独で過半数（241議席）を超えて自民・公明両党合わせて325（自民294、公明31）の議席を獲得し、約3年3カ月ぶりに政権奪還しました。参院で否決された法案を衆院で再可決できる3分の2（320）を確保する圧勝です。一方の民主党は公示前の230議席を57議席に激減させ、破壊的な打撃を受けました。小選挙区と比例代表選合わせて267人を擁立した候補のうち、特に264人を擁立した小選挙区は27人しか当選できず、当確率は21％にとどまりました。現憲法下で最多の8人の閣僚も落選しました。

　選挙で自民党は「早期の復興」と「国民の命を守り抜く」防災対策を重点政策の第一に掲げました。公明党も「東日本からの復興」と「防災・減災」の推進をマニフェストの第一としました。私は恥ずかしながら現地を訪問して初めて政府の震災復興の取り組みの遅さがわかりました。新政権には震災で傷ついた人たちが希望を持てるような現場優先の政治を強く願うばかりです。

　さて恒例の新春座談会は「TPPでどうなる日本の医療」です。混合診療問題や韓米FTAの状況などにも触れながら、佐久総合病院の伊澤敏先生には医療の現場を踏まえて、李啓充先生にはアメリカの現状から、TPP導入で日本の医療がどうなるのか議論しました。示唆に富む内容ですのでどうぞお読みください。

　また、工学院大学「建築学部」のエキスパートチームからのメッセージを連載します。今回のテーマは「社会的資産としての病院建築」です。国内外のFM（ファシリティマネジメント）に詳しい第一級の執筆陣が担当します。

　本年もどうぞよろしくお願い申し上げます。（No. 418、2013年1月）

1)　この時の様子を、「被災地復興はまだ遠い――石巻市・旧雄勝町・女川町」（『文化連情報』No. 420、2013年3月、pp.28-34）として執筆しました。この時が被災地に行った最初でしたが、その後、私は定点的に被災地を訪問することになりました。

再生可能エネルギー

経済産業省は1月21日、電力システム改革に関する専門委員会

を開き、大手電力会社の発電と送配電を分ける「発送電分離」は、送配電部門を別会社にする案を採用することで大筋合意しました。専門委は法的分離案を盛り込んだ報告書を 2 月にもまとめます。政府は報告書をふまえて電気事業法を改正する方針です。ただ、大手電力は発送電分離を進めることに慎重姿勢で、実現時期は現時点で明確になっていません。発送電分離には、大手が独占する送配電網の中立性を高めて、新規参入を促す狙いがあります。

　今回が最終回の安藤先生の論考「原発事故から学ぶ脱原発と地域再生への道」でも「発電・送電・配電を分離し、巨大電力会社による地域独占を止めさせることは、多くの新規事業者が発電と配電に参入し、合理的な発電・配電と節電に取り組む道を広げます」と提案しています。

　私は、2012 年 11 月に南ドイツのフライブルク市やシェーナウ市、フライアムト村などを訪問し、太陽光、小水力、風力、バイオマスの実際を視察してきました。シェーナウは、黒い森（シュヴァルツヴァルト）の山あいにたたずむ、人口約 2,400 人のごく普通の小さな町です。住民運動の力で 1997 年にシェーナウ電力協同組合（EWS）を設立しました。はじめ 1 人の従業員しかいませんでしたが、現在では 100 名の従業員がいて、13 万 5 千世帯と契約し電気を配電しています。中央集権型発電の不効率性を学び、同時に地域分散型発電で再生可能エネルギーを生産することの合理性を実感しました。今ドイツの各自治体では一度民間に売ってしまった電線網を市民の手に取り戻そうという動きが起きていました[1]。

　現地でコーディネートしてくれたエアハルト・シュルツ氏（イノベーション・アカデミー）は、「日本にはすばらしい技術があり、風力発電はこれからどんどん事業化する」といいました。安藤満先生が提案する「発電・送電・配電」の分離は絶対に必要だと私も思います。

　子どもたちを放射能から守る福島ネットワーク代表の佐藤幸子さんの連載も最終回です。佐藤さんには 6 回にわたって被災者の生の声を伝えていただきました。被災者の実体験は東京にいてはけっしてわからないことばかりでした。著書『福島の空の下で』（創森社）も出版されるそうです。

下都賀総合病院の村野俊一院長のインタビューにあるように、2013年3月で栃木県厚生連は産業組合時代から74年という歴史の幕を閉じます。下都賀総合病院は、昭和13年に「農村地区の住民が設立したそうです。戦後厚生連に移管し、昭和60年の時点では一般病床515床、結核病床36床、精神病床158床で合計709床の栃木県最大の病院と言われた歴史もありました。私が入会した当時の下都賀総合病院は大病院で、病院に勢いがあった時代だったことを思い出します。

　4月からはとちぎメディカルセンターとして再出発します[2]。院長先生がいうように、下都賀の地域で医療を担ってきた歴史は大変重要な意義があったと考えます。新たなモデルケースとして成功することをお祈りいたします。(№ 418、2013年2月)

1) この時の視察報告は、『くらしと健康』(2013年2月)と『文化連情報』に執筆しました。『文化連情報』では、2013年3月〜2014年4月まで連載しました。連載のうち、再生可能エネルギーについてまとめた著書が拙著『ドイツのエネルギー協同組合』(同時代社)です。
2) 一般財団法人とちぎメディカルセンター(TMC)は、2013(平成25)年4月、下都賀総合病院、下都賀郡市医師会病院、とちの木病院が統合し設立されました。規模・経営形態・歴史の異なる3病院が統合し、新病院の建設と既存施設の整備を行いながら、急性期、回復・慢性期、保健医療支援の機能に分けて再編するという全国でも初めてのケースで、各方面から大きな注目を受けながらスタートしました。急性期は「TMCしもつが」が、回復期・慢性期・緩和ケアは「TMCとちのき」が担い、「総合保健医療支援センター」は介護老人保健施設、訪問看護ステーション、居宅介護支援事業所を有し介護保健老人医療を行うと共に、総合健診センターも持ち予防医療にも力を入れています(一般財団法人とちぎメディカルセンター公式法人サイトより)。

復興の加速と脱原発

　東日本大震災から2年が経ちました。政府は東日本大震災二周年追悼式を、3月11日に国立劇場で、天皇皇后両陛下臨席のもと各界代表の参加を得て実施します(1月22日閣議決定)。「日本経済再生に向けた緊急対策」(1月11日閣議決定)では「復興の加速・防災の強化」として、「東日本大震災からの復興のため、これまで

の体制や取り組みについて強化し、現場の目線に立って復興を加速」させ、「老朽化した社会インフラ対策を重点的に実施、産業・生活基盤の強化を図ることなどにより国土強靭化を推進し、国民生活の安心、成長基盤の強化を図る」とあります。第 2 次安倍内閣が発足した 2012 年 12 月 26 日には、「『閣僚全員が復興大臣である』との意識を共有し、東日本大震災からの復興を加速する」（閣議決定）と述べていますので、「復興の加速」は当然です。

　日本列島のあちこちで現在も地震が続いています。老朽化した社会インフラ対策の実施は喫緊の課題です。2013 年度公共事業関係費は 5 兆 2,853 億円と 12 年度比で 15.6％増となりました。12 年度補正予算 2 兆 4,107 億円も含めた「15 カ月予算」でみると 7 兆 6,960 億円になります。問題は、防災対策と称した、民間企業の成長力強化のための不要不急の大型公共事業が並んでいることです。

　現地を訪問してみると、政府の威勢の良さとは裏腹に、被災地の復興は遅々として進まず、地域による「復興格差」ともいうべき現象が起こっています。長純一先生（石巻市立病院開成仮診療所所長）は、仮設住宅での被災者の健康問題が大きいこと、生活支援を含めたトータル支援が必要なこと、そして東北地方はもともと医療資源が少なく、高齢者のケアの問題ではニーズはさらに大きくなると述べています。「被災者目線に立った復興の加速」と不要不急の大型公共事業との間には違和感があります。

　福島第一原子力発電所事故を受けて、日本の電力政策を取り巻く環境は劇的に変わりました。原発の安全神話が崩壊し、計画停電も経験しました。「総合資源エネルギー調査会総合部会電力システム改革専門委員会」は、今後のあるべき電力システムについて専門的な検討及び詳細制度設計の議論を行い、委員会として「電力システム改革専門委員会報告書」を取りまとめました。その工程表は 2015 年を目途とした第 1 段階、2016 年を目途とした第 2 段階、そして 2018 ～ 2020 年を目途とした第 3 段階に分けて、段階別に電力システム改革に関する方針が実行されるようになっています。小売り分野への参入の全面自由化は第 2 段階であり、法的分離による送配電部門の一層の中立化、料金規制の撤廃は第 3 段階です。つまり、5 ～ 7 年後を目途に法的分離を実施することが想定されています。

ドイツで 1998 年から電力自由化が始まった（高瀬雅男福島大学教授）ことと比較しても、第 3 段階の送配電分離の実施は遅すぎる気がします。

福島県議会は野田首相が行なった「収束宣言」の撤回を強く求めて二度にわたる意見書を全会一致で採択しています。それは、「収束宣言」を理由に避難区域の見直しが進められ、東京電力による賠償打ち切りが進むからです。衆院予算委員会で茂木敏充経産相は「いまだ福島原発事故は高い放射能の状態に間違いありません」と答弁しています。

原発の再稼働から新増設発言まで飛び出す日本の政治・マスコミには納得いきません。3.11 後の日本の電力政策は、福島原発事故直後に脱原発を決めたドイツから、脱原発、再生可能エネルギー、電力自由化を見習うべきではないでしょうか。（№ 420、2013 年 3 月）

安倍首相 TPP 交渉参加を表明

安倍晋三首相は 3 月 15 日首相官邸で記者会見し、TPP 交渉に日本が参加すると表明しました。2012 年の総選挙で自民党は、「『聖域なき関税撤廃』を前提にする限り、TPP 交渉参加に反対します」と公約しました（重点政策 2012）。しかし、2013 年 2 月 22 日に開催された「外交・経済連携調査会」に、「TPP 参加の即時撤回を求める会」所属議員が多数出席し意見表明を行い、長時間にわたる議論の末、「TPP 交渉参加に関する決議」が採択されました。その中に「TPP に関して守り抜くべき国益」として政権公約に記された 6 項目が挙げられ、①は農林水産品における関税で、③は国民皆保険、公的薬価制度でした。

「米、麦、牛肉、乳製品等の農林水産物の重要品目が、引き続き再生産可能となるような除外又は再協議の対象となること」と「公的な医療給付範囲を維持すること。医療機関経営への営利企業参入、混合診療の全面解禁を許さないこと。公的薬価算定の仕組みを改悪しないこと」が明記されました。⑤の ISD 条項では「国の主権を損なうような ISD 条項は合意しないこと」と明記されました。

ワシントンで行った日米首脳会談では、TPP は「『聖域なき関税

撤廃』ではない」との認識を安倍首相は表明しましたが、自民党が
「聖域」とした農林水産物の重要品目を関税撤廃の例外にできる保
証はなく、全国の農業団体や市民団体などから抗議の声が一斉に上
がりました。林芳正農相は 15 日の閣議後会見で「現時点で米国と
日本の重要品目の米に関する事前協議は行っていない。今後の予定
も聞いてない」と述べています。首相は「国益を守る」といいます
が、国益を判断する材料すら国民は知らされていません。政府は同
日、政府統一の新たな関税撤廃により農林水産業の生産額は年間 3
兆円減ると発表しました。同様に北海道でも、関税撤廃による北海
道農業等への影響を試算しています。北海道の計算では、影響額合
計は 1 兆 5,846 億円の減で雇用への影響は 11.2 万人の減、農家戸数
への影響は 2.3 万戸減になるなど、農業産出額だけでなく関連産業、
地域経済への影響を試算しています。試算方法の精査は必要ですが、
関連産業と地域経済に及ぼす影響も視野に入れた試算を積み上げる
と、TPP 影響額は政府試算より大きくなることは確実です。

　田代洋一先生は、TPP 問題の第三段階（参加表明したとしても）
に入ったとしても交渉参加は秋以降（第四段階）、各国の国会批准
（第五段階）が残っていると指摘します。そして、アメリカにとっ
ても TPP は今や日米同盟の問題ではなく、経済の問題です。通商
関係、経済問題として TPP が本当に国益なのか冷静にチェックす
べきです。

　全中の萬歳章会長は 15 日、抗議声明の中で、関税撤廃を原則と
する TPP の本質を踏まえ「交渉が現在の枠組みで行われている以
上は、日本の国益は守れない」と指摘しました。奥野長衛三重県厚
生連会長が述べているように、「TPP はまさに不平等条約」です。
圧倒的不利な後発国に「聖域」など用意されていないことは火を見
るより明らかです。これからの事前協議、参加承認、全体協議の過
程で、国益を守れない不平等条約の実態は明白になるものと考えま
す。国益が勝ち取れなければ脱退すべきだし、国会批准などできな
いでしょう。参院選までに、TPP の本質を明らかにし多くの国民
に訴えていくことが必要です。（№ 421、2013 年 4 月）

TPP が農林水産業や農山漁村に深刻な打撃を与え国民生活にも大きく影響

4月19日の全国紙は、「TPP 全参加国が承認へ」(読売)、「TPP 交渉、7月参加　11カ国が日本承認へ」(朝日)と報じ、特に日経新聞は1面トップで「TPP 交渉7月参加へ　全11カ国『日本を歓迎』」の見出しを付けました。

3月15日に安倍首相が交渉参加を表明して以降、4月12日の日米協議の合意を経て、オーストラリア、ニュージーランド、カナダなど10カ国が承認したことで、交渉参加11カ国は19日に閣僚会議を開き、日本の参加を認めることで合意しました。米政府は同日にも議会に関係国が日本の参加で合意したと通知したことで、日本は7月に交渉入りする環境が整いました。その後の日程は、9月の交渉会合、10月の APEC 首脳会合に合わせた TPP 首脳会合(インドネシア)、そして年内に交渉妥結する筋書きを政府は描いています。

日本農業新聞(4月19日)は内閣に関する3回目の意識調査をまとめています。内閣支持率は59.7％と高率を維持し、自民党の支持率も他党を圧倒しています。しかし、夏の参院選で与党が参院で過半数を確保することについては賛否が拮抗しています。安倍首相による3月15日の TPP 交渉参加表明後の今回調査では、交渉参加に63.5％が反対で、賛成は13.4％にとどまりました。反対の割合は専業農家で高まっています。北海道 TPP 協定対策本部では政府に「TPP 協定に関する緊急要請」をしており、「国民合意・道民合意がないままでの TPP 協定への参加にはあくまで反対」と述べたうえで、「本道の農林水産業はもとより、食の安全、医療、公共事業など本道経済や道民生活に影響が生じると見込まれる場合には交渉から撤退するなど、万全な対応を行うこと」を強く求めています。

熊本県厚生連園田俊宏会長が述べているように、熊本県では米は50％、乳製品100％、牛肉70％、豚肉79％と、全国試算より減少幅が大きくなっています。これでは農業崩壊だけでなく、地域の自然環境も崩壊してしまいます。

18日の参院農林水産委員会は TPP 交渉参加問題に関する決議を賛成多数で採択しました。政府に対し、米麦や牛肉・豚肉、乳製品、

甘味資源作物など農林水産物の重要品目を関税撤廃などの対象から
「除外」するか「再協議」扱いにするよう要求しています。重要 5
品目などを「聖域」として確保できないと判断した場合、交渉から
の「脱退も辞さない」との方針で臨むことを求めています。決議で
は、TPP が農林水産業や農山漁村に深刻な打撃を与え国民生活に
も大きく影響するとの懸念を示しています。交渉参加には「幅広い
国民の合意が形成されている状況ではない」との認識も明記されま
した。

　さて、TPP 騒動に隠れて、社会保障は生活保護がターゲットに
なっています。2013 年度 3 兆 7 千億円に上ると予想される生活保
護費のうち、食費や高熱費などを新年度から 3 年かけて総額 370 億
円程度減らす方針です。元受給者の和久井みちるさんにインタビュ
ーしました[1]。生活保護者の生活実態について聞いてみると、マ
スコミの報道とは大違いです。そして、生活保護が様々な制度の下
支えになっているので、生活保護費の減額は最低賃金や教育扶助、
国民健康保険や介護保険料の減免にも影響するのです。そのことは、
朝日健二さんも「生活保護基準の引き下げは国民の総貧困化につな
がる」と指摘します。生活保護への攻撃は、受給者だけでなく全国
民の生活を脅かすものです。（No. 422、2013 年 5 月）

1）　「生活保護制度は人間をダメにする制度ではありません——生活保護費元
　　受給者和久井みちるさんに聞く」『文化連情報』No. 422、2013 年 5 月、
　　pp.30-31。

関税撤廃の「聖域」はもちろん、守るべき国益がすでに破たん

　5 月 22 日、「TPP 参加交渉からの即時脱退を求める大学教員の
会」は参議院会館で記者会見し、TPP に日本が参加した場合の影
響について独自試算を発表しました。政府の試算と同様に農林水産
物 33 品目の関税を撤廃した場合、農林水産業と関連産業を合わせ
て生産額が約 10 兆 5 千億円減少すると試算しました（うち、農林
水産物は約 3.5 兆円減少）。農林水産業で約 146 万人、関連産業を
合わせて約 190 万人の雇用も失われ、国内総生産（GDP）は約 4

兆8千億円（1%）落ち込みます。

東京大学の鈴木宣弘研究室の「GTAPモデルによるTPPの影響試算の再検討」では、政府と同じ計算手法でTPPの影響を試算しました。その結果、GDPの増加率はTPP0.66％増、日中韓FTA0.74％増、日中韓＋ASEAN1.04％増、そして東アジア地域包括的経済連携（RCEP：ASEAN＋日中韓＋インド、NZ、豪）は1.10％増となり、TPPは他の経済連携に比べて経済効果が最も小さいと指摘しました。

鈴木先生は「TPP参加の欺瞞と日本の針路」で、「安倍総理とオバマ大統領との日米共同声明は、『関税並びに物品・サービスの貿易及び投資に対するその他の障壁を撤廃する』とした『TPPのアウトライン』に基づいて『全品目を交渉対象として高い水準の協定をめざす』ことを確認した」と述べています。つまり、関税撤廃に例外はありません。この共同声明に基づき、米国政府は自国の農業界に対して「日本はすべての農産物関税を撤廃するという米国の目的を理解した」と説明し、業界が歓迎しているのが現実です。このように日米の解釈が真っ向から食い違う事態になっています。関税撤廃の「聖域」はもちろん、守るべき国益がすでに破たんしています。

私が5月20日に北海道庁、市長会、町村会で聞き取りした時、「政治家は本当に国会の批准で覆す覚悟はあるのでしょうか」と尋ねると、「それはわからないが、国益を守らない国などあるのだろうか」という答えでした。しかし、郭洋春先生（立教大学）の「あらゆる幻想を許さないTPP」によると、米韓FTAの事例からTPPの実態が明らかになりつつあります。相田利雄先生（法政大学名誉教授）も、TPP参加によって、中小零細企業や地場産業は大きな問題を抱え、それらに依存する地域経済が崩壊する危険性を指摘しています。北海道でも、専業農家と農業生産と関連する製造業・加工業などの中小零細企業や地場産業は大打撃を受けると聞きました。

北海道ではTPPへの参加・関税撤廃で麦・馬鈴しょ・てん菜が輸入に置き換わると、4年輪作の体系が崩れて豆類も破壊的打撃を受け、平均的な畑作農家は従前の収入の半分近くを失います（5月

22 日記者会見）。私の北海道庁での聞き取りでも、農家は連作障害を避けるために輪作をしており、小麦・馬鈴しょ・てん菜がほぼ 100％輸入に置き換わった場合、それらに替わる品目は現実的に見当たらないとの答えでした。そして何よりも、作るものがなくなった農家の生産意欲低下は否めず、農業をやめる農家も出てくるだろうと危惧しています。北海道市長会と町村会では、「専業農家が農業をやめたとき、一番困るのは“都会の消費者”ではないのか」との指摘もありました。香川県厚生連の宮武利弘会長が述べているように、「輸入頼りの農産物では食生活を守れない」ことは明らかです。何より道内の「地域崩壊の危機」を現実に受け止めているところに深刻さがうかがえました。（№. 423、2013 年 6 月）

TPP 交渉の戦いはこれから始まる

　北海道庁が国の計算方法に準じて TPP 影響を試算したところ、農産物生産額はこれまでの道生産額の約半分の 4,762 億円まで落ち込み、食料自給率はカロリーベースで 210％から 89％まで大幅に低下します。農業産出額、関連産業、地域経済への影響も合わせると合計で 1 兆 5,846 億円の減少です。雇用は 11.2 万人、農家戸数は 2.3 万戸の減少です（「関税撤廃による北海道農業等への影響」）[1]。

　北海道市長会は 5 月 16 日、35 都市の市長が集まって「TPP に関する決議」を採択しました。国民に対する十分な情報提供を行うこと、食料自給率を向上させること、そして農業・農村の持続的な発展に支障が生じると見込まれる場合には交渉から撤退することなど、食の安全・安定供給、食料自給率の向上の議論を行うことを要請しています。また、北海道町村会の谷本辰巳常務は、TPP で基幹産業の農業が衰退すれば、地域が崩壊しかねないと訴えます。

　北大名誉教授飯澤理一郎先生によれば、農家はそれぞれの品目を作っているわけではなく、農業を作物トータルで考えるべきなのです。十勝では小麦と豆類とビートとイモ類と野菜を作っています。輪作で農家経営は成り立っており、TPP で関税ゼロになって作るものがなくなれば、農業だけでなく地域が成り立ちません。農業市場学が専門の先生の指摘で私が驚いたのは、農産物価格は安い価格

に引っ張られるということです。TPP に参加すれば、再生産費価格を簡単に割り込んでしまいます。そうなったときに本当に困るのは農業者ではなく消費者であり、農にまつわる職を営んでいる人が一番困ると飯澤先生は指摘します。

生活クラブ連合会の加藤好一代表理事会長は、遺伝子組み換え食品に代表されるように、食品の安全・安心は間違いなく確保できなくなるといいます。消費者は選択の権利を奪われ、アメリカの多国籍企業は貿易ルールを自分たちに都合よく変えていく、これが TPP の本質だと指摘します。

韓国のウ・ソッキュン氏（健康権実現のための保健医療団体連合政策室長）がいうように、米韓 FTA による変化は急激ではなく徐々に起きています。しかし、影響は微々たるものではなく潜在的影響力は大きいと指摘します。それは保健医療や公共サービスの分野で民営化政策として進められ、鉄道、発電、ガス、空港の民営化が進み、医療でも公共サービスでも、米韓 FTA と結合する形で政府の自発的な民営化が進んでいます。韓国で現在進行している現実は、TPP に参加した日本の未来の姿です。

東大大学院の鈴木宣弘先生は、「日本では、自己や組織の目先の利益、保身、責任逃れが『行動原理』のキーワードにみえることが多いが、それは日本全体が泥船に乗って沈んでいくことなのだということを、いま一度肝に銘じるとき」と「いまこそ問いたい」と言います。失うものが最大で得るものが最小の史上最悪の選択肢、それが TPP なのです。

徳島県厚生連荒井義之会長が指摘するように、TPP は農業問題のみならず、ISD 条項、食の安全・安心、医療、保険など、国の形を変える重要な内容が含まれています。このまま TPP 参加を許すわけにはいきません。「TPP 交渉の戦いはこれから始まるものと認識」（荒井会長）すべきです。（No. 424、2013 年 7 月）

1）　TPP の影響が大きいと思われた北海道について、集中的にインタビューしました。2013 年 7 月号の『文化連情報』には、北海道庁、北海道市長会、北海道町村会、そして北海道大学名誉教授の飯澤利一郎先生のそれぞれのインタビューを掲載しました。

アメリカ経済と TPP

　自民党単独過半数には届きませんでしたが、参院選は与党の圧勝
で終わりました。これで国会の衆参「ねじれ」は 3 年ぶりに解消し、
再び自民党 1 強体制に戻りました。TPP、原発、憲法、消費税、社
会保障など、国家の根幹が問われた選挙でしたが、争点はぼやけ論
戦は深まらないままでした。

　特に看過できないのが自民党の TPP 対応です。「国益にかなう最
善の道を追求する」という公約も曖昧なら、選挙戦でも TPP 問題
の争点化を避けました。ところが翌 22 日、参院選での圧勝を受け
て自民党本部で記者会見した安倍首相は、経済政策への評価と併せ、
「国論を二分した TPP への交渉参加も決断することができた。そう
した新しい自民党の姿勢が参院選で国民から信任を受けた」との認
識を示しました（農業新聞）。

　「『聖域なき関税撤廃』を前提とする限り TPP 交渉参加に反対」
という先の衆院選公約が、なぜわずか 3 カ月で交渉参加表明容認に
変わったのか有権者の疑念に答えたとは思われません。しかも投票
率は過去 3 番目に低い 52.61％で、批判票の多くが棄権に回ったこ
とは否定できません。国民は政策を白紙委任したわけでは決してあ
りません。安倍首相はそのことを肝に銘じるべきです。

　TPP 交渉では「聖域」の確保や、規制・制度改革では農業や医
療分野への対応が焦点となりますが、会見では具体的な方針につい
ての言及はありませんでした。自公安定政権は、数と権力を振りか
ざし、国民より大企業、同盟国優先の新自由主義に走る愚を冒す危
険性がますます高まったような気がします。

　7 月 23 日、マレーシア・コタキナバルで開かれている TPP 交渉
に日本が初参加しました。立教大学の郭洋春先生は、日本政府は既
に話し合われた内容に対して交渉することは不可能だと言います。
TPP というのは、その国の法律、制度、習慣をすべて変えること
が本当の目的であり、そのためにあらゆる産業をアメリカの企業が
入りやすいように変えていく。つまり国家主権を侵されるという点
が一番大事なところです。郭先生は「TPP によって日本社会自体
が大きく変えられてしまう」と警告します。

萩原伸次郎先生（横浜国立大学名誉教授）は、「オバマ政権は、なぜTPP交渉妥結を急ぎたいのか」を、「アメリカ経済とTPP」の中で述べています。それは、TPPがオバマ政権の輸出拡大戦略の重要な一環として位置づけられているから、その早期妥結を現在懸命に働きかけしているのです。また、だから米国企業は日本のTPP交渉参加に対して、様々な要求をアメリカ政府に行なっているのです。

　広島県厚生連の上野泉会長が述べているように、TPPは日本のくらしや私たちの生命を脅かす極めて危険な協定です。TPP参加は「食料自給率50％の目標」とは矛盾した行為です。本会は、武藤喜久雄理事長名で、内閣官房「TPP政府対策本部」に意見を提出しました。その中で、「農産物のセンシティブ品目の関税を守れないなら、TPP交渉から撤退すべき」だと明確に主張しました。今回の選挙を通じて、農家を含め多くの有権者が受け取った自民党のTPPのスタンスは、「重要5品目などの除外や再協議を求め、それができない場合は交渉からの脱退も辞さない」ということです。この国民の認識を政府が、きちんと交渉に生かすかを注視する必要があります。（№425、2013年8月）

TPPからの撤退を強く求める

　日本が2013年7月から加わったTPP交渉は、8月22日からブルネイで19回目の会合が開かれました。すべての貿易品目（日本は9,018品目）のうち、関税をなくすことを約束する品目数が占める割合を「貿易自由化率」と呼びます。日本は最大で85％程度とする一方、関税を守りたいコメなどの農産物は態度を明らかにしない「留保」すると決めていました（朝日新聞8/19）。日本がこれまで結んできた13の通商協定の自由化率は86％台が中心でした。これに対し、米国が韓国など各国と結ぶ通商協定の自由化率は96～99％程度と高いことがわかっています。政府が示す85％の中には、10年以内に関税をなくす品目なども盛り込まれています。しかし4月に開催された衆参農林水産委員会では、「農林水産分野の重要五品目など聖域の確保を最優先し、それが確保できないと判断した場

合は、脱退も辞さないものとする」、そして「十年を超える期間を
かけた段階的な関税撤廃も含め認めない」と決議しています。政府
の方針は初めから委員会決議と整合性がとれません。

　また決議は、「交渉により収集した情報をすみやかに国会に報告
するとともに、国民への十分な情報提供を行い、幅広い国民的議論
を行うよう措置すること」を求めています。しかし政府は、マレー
シアで開催された参加国交渉に参加する際に守秘義務に署名したこ
とを理由に、国会議員にも国民にも交渉の経過を明らかにすること
を拒んでいます。これは、明らかに衆参農林水産員会第 7 項に違反
しています。

　最大 85％という自由化率は、交渉で日本が切る最初のカードに
すぎません。今後もっと引上げざるを得ず、最終的な自由化率は
「96％以上にもなる」と外務省幹部はいいます（朝日新聞）。それを
裏付けるかのように、米通商代表部（USTR）のフロマン代表は 19
日、日本記者クラブで会見し、関税撤廃がゴールであることと重要
品目の扱いは交渉過程にあること、そして今後二国間交渉などを通
じて柔軟に対応する余地があると述べています。さらに「貿易自由
化率」では最大 85％程度とする日本政府に対して、「我々はもっと
野心的な合意を目指している」と述べ、さらなる市場開放を求める
考えを明らかにしました。

　現実に TPP を先取りした事態も起こっています。日本郵政傘下
のかんぽ生命保険が、がん保険など新商品を申請しても日本政府は
当面認可しないことを決めました。7 月 26 日に記者会見し、日本
郵政はアメリカンファミリー生命保険（アフラック）が売り出すが
ん保険を、全国約二万カ所の郵便局で販売することなどを目指しま
す。つまり、アメリカの保険なら許可するが日本製はダメだという
ことです。選挙が終わった途端いろいろな事がアメリカに都合よく
動いていきます。他にどんな約束を交わしているのでしょうか。

　今回、静岡大学の土居英二先生に、設備投資の減少の影響を含め
た最終試算をお願いしました。その結果は、関税撤廃による影響は
13.6 兆円の生産減少、就業者数 212 万人の減少という試算となりま
した。TPP は決して農林水産業だけの問題ではないこと、全国の
地域の産業全体に影響が広く及んで、多くの地域の仕事と暮らしが

崩壊の危機に瀕することが明らかになりました。本会第65回通常総会で決議したように、TPP交渉からの撤退を強く求めます。(№ 426、2013年9月)

社会保障の充実なき消費増税に反対する

　安倍政権は、国民には何の説明もなく、消費税増税に突き進もうとしています。

　関西大学教授・日本租税理論学会理事長の鶴田廣己氏、東京大学名誉教授の醍醐聰氏、ジャーナリストの斎藤貴男氏、政治経済学者の植草一秀氏は、9月13日国会内で記者会見し、「社会保障の充実なき消費増税に反対する」緊急アピールを発表しました。反対理由として鶴田氏は、①社会保障の充実どころか切り捨てが検討がされている、②財政再建に貢献しない、③被災者、零細業者、中低所得層の生活、生業を直撃する、④デフレ不況を深刻化させる、⑤増税は国民の信任を得ていない、と説明しました。

　最大の問題は社会保障の充実とは縁もゆかりもない、逆方向の検討がされていることです。斎藤氏は、消費税は弱い方へ弱い方へと負担を押し付ける税制だと批判しました。零細業者が価格競争や元請け業者からの圧力によって、消費税を転嫁できていないことは問題です（斎藤氏・植草氏）。社会保障の充実や零細業者が価格転嫁できない問題の対策を解決しないまま、景気と増税時期の問題だけが議論されているのはおかしなことです（醍醐氏）。

　2014年4月から8％、2015年10月から10％への引き上げが予定されている今回の消費増税の場合も、3％ないし5％の増税分すべてが社会保障の充実に充てられるわけではありません。税率5％増のうち社会保障の充実に使われるのはわずか1％分の2.7兆円です。残りの4％分の10.8兆円は社会保障の「安定化」、つまり、年金国庫負担2分の1への引き上げ、後代への負担のつけ回しの軽減など、既存の社会保障制度の財源として補てんされます。緊急アピールは、「社会保障の充実とは程遠い内容と言わざるを得ない」と指摘しています。

　10月号で前原和平先生が「第62回日本農村医学会学術総会開催

にあたって」で述べているように、東日本大震災からの復興・再生に向けての遠く困難な道のりが待ち構えています。病院の復旧・復興も進んでいません。消費税増税が、厳しい医業経営を強いられている病院と被災者に追い打ちをかけることは必至です。

　二木立先生は、8月6日に発表された社会保障制度改革国民会議報告（国民会議報告）を複眼的に評価し、8月21日に閣議決定された「社会保障制度改革推進法第4条の規定に基づく『法制上の措置』の骨子について」に基づいた、「社会保障制度改革の全体像及び進め方を明らかにする法律案（プログラム法案）」を批判しています。閣議決定されたプログラム法案の理念が、国民会議報告とは異質であり、改革推進法の「基本的考え方」にも反することを指摘しています。また、プログラム法案では、「個々人の自助努力を行うインセンティブを持てる仕組み」を医療制度と介護保険制度に入れると明記しています。しかし今日、社会疫学の膨大な研究と1990年代以降の低所得者、失業者の健康状態が悪化したとの大量の研究を踏まえると、時代錯誤の方針だと言わざるをえません。

　プログラム法案は、秋の臨時国会冒頭に提出され、それに沿った医療（保険・提供）制度と介護保険制度の改革が2014〜17年度に順次実施される予定です。これは2018（平成30）年に、次期医療計画が策定されることを踏まえてのことです。必要な法律案は2014（平成26）年度通常国会に提出することを目指します。

　法案では「給付の重点化・効率化」と公費投入の抑制、自助努力が強調されており、国民が安心できる社会保障充実とはいえません。まさに看板倒れの「社会保障と税の一体改革」であり、社会保障充実は消費増税の単なる口実でしかなかったといわれても仕方ありません。消費増税ありきではなく社会保障を充実させる施策や財源確保を優先させるべきです。（No.427、2013年10月）

聖域すら守れない TPP 交渉からは直ちに撤退すべき

　10月6日、TPP 交渉会合が開かれていたインドネシアのバリ島を訪れていた西川公也・自民党 TPP 対策委員長は、当地で、農産物の「重要5品目（コメ、麦、牛・豚肉、乳製品、砂糖）」につい

て、細目（タリフライン）では関税撤廃の対象になる品目があり得ると発言しました。これは、自民党の公約を反故にする国民への背信行為であるとともに、自民党や衆参両院農林水産委員会の決議を踏みにじるもので容認できないものです。しかも甘利明TPP担当大臣は西川発言に対し、「大変ありがたい」と即座に呼応しました。約束された「聖域」は重要5品目の他、国民皆保険、食の安全・安心、ISDSなど、その他5項目にわたります（Jファイル2013）。そこから国民の目をそらし農業問題に限定する点でも西川発言は効果的だと田代洋一先生は指摘します。オバマに代わってTPP推進の旗振り役を買って出た日本としては、「聖域」への固執を捨てるチャンスと考えたのが西川発言でした。

第185回臨時国会が10月15日に召集され、安倍首相による所信表明演説に対する代表質問が16日、衆院本会議で始まりました。TPPについて首相は「公約はたがえてはならないと考えている」と述べ、「守るべきものを守り、攻めるべきものを攻めて国益を追求するという政府の方針に何ら変更はない」と従来の方針を強調しました。しかし21日の衆院予算委員会では、首相はTPPに関する自民党の参院選公約の定義について、「守るべきものは守り、攻めるべきものは攻めることにより、国益にかなう最善の道を追求する。これが公約だ」と述べ、農林水産分野の重要5品目など聖域確保を求める総合政策集「Jファイル」は、総務省に届け出た正式な公約とは別物との考えを示しました（民主党の大串博志氏への答弁）。自民党の参院選でのJファイルはTPPについて「農林水産分野の重要5品目など聖域を最優先し、それが確保できない場合は、脱退も辞さないものとする」などとしています。首相は繰り返し「公約はたがえてはならない」との答弁を繰り返しましたが、公約の定義そのものが問われています。

驚いたことに、Jファイルは公約ではなく総合政策集で、総務省に届け出ているものが「われわれが目指すべき方向を示している」そうです。情報公開にしても、首相は「国民に理解を深めてもらうよう努力している」「できる限り情報提供を続けるとともに、国益を追求したい」と答えています（大串氏への答弁）。

代表質問や衆院予算委員会でも、情報開示の在り方に加え重要品

目も含め関税区分の細目の自由化影響検証などで追及が相次いでも、首相や政府は従来通りの原則論に終始しています。「年内妥結ありき」という TPP 対応の政府方針も大きな問題ですが、53 日間というわずかな期間しかない臨時国会にもかかわらず、掘り下げた本格的な国会論戦は一向に行われないことは問題です。安倍首相が繰り返し強調する国益とはいったい何を指すのでしょうか。5 品目が聖域でなくなる事態になったら、公約通り TPP から脱退するのでしょうか。国民には TPP に関する情報は公開されていると、政府は本当に考えているのでしょうか。

　TPP は米国仕様のルール改正やゼロ関税を大原則とした「異常協定」で、国民の暮らしと命に関わる問題に直結します。聖域すら守れない TPP 交渉からは直ちに撤退すべきです。(№ 428、2013 年 11 月)

安倍内閣が誰のための政治を行っているかは法案をみれば一目瞭然

　社会保障プログラム法案が 11 月 19 日、衆院本会議で自民、公明両党の賛成多数で可決し、参院に送付されました。プログラム法案は、社会保障 4 分野（子育て、医療、介護、年金）の改革の項目やスケジュールを定めています。2014 年度以降、70 〜 74 歳の医療費の自己負担割合（1 割に凍結中）を新たに 70 歳になる人から 2 割とし、一定以上所得がある人の介護保険の自己負担（一律 1 割）を 15 年度から 2 割に引き上げることなどが柱です。

　同日の衆院本会議では、大企業が大儲けできる枠組みを国がつくる産業競争力強化法案が、自公と民主などの賛成で可決されました。法案には産業再編の促進策や企業単位の規制緩和の仕組みが盛り込まれており問題です。この 20 年間に及ぶ「構造改革」と規制緩和は国民に貧困と格差しかもたらさず、多国籍企業の競争力強化が国民の利益と対立することは明白です。成長戦略の柱と位置付ける国家戦略特区法案は 11 月 13 日から衆院内閣委員会で審議が始まりました。政府は法案成立後、2014 年初めにも全国で 3 〜 5 カ所の特区を指定する方針です。

　そして「特定秘密保護法案」は、与党（自民・公明）はみんなの

党に続く維新との合意を取り付け、4党で修正案を共同提案しました。ジャーナリストだけでなく俳優の菅原文太さんが反対集会に参加したり、国際ペンクラブが戦後初めて日本の国内法への反対声明を出したりしたことは、法案がいかに世界の常識に逆行しているかを示しています。法案は、今国会に提出されている国家安全保障会議（日本版NSC）設置法案と一体でアメリカから提供される軍事情報を守り、安倍政権が進める海外で「戦争する国」になる狙いを進める法案です。

　TPPも11月19日から始まった米ソルトレークシティでの主席交渉官会合は、日米間の懸案を含め、難航分野で各国の主張の隔たりを埋められるかが焦点でした。12月上旬には閣僚会合、さらには年内妥結へと今後の交渉の流れに影響する重大局面を迎えます。日本は関税をなくす品目の割合を示す「自由化率」を、コメなど農産品の重要項目の関税を守る「ぎりぎりの水準」の95％前後まで上げる方針を決めました（日本経済新聞）。しかし、他の参加国は自由化率100％近くにする方針を示し始めており、米国などは農産物を含めたすべての貿易品目の関税をゼロにするよう求めています。日米協議では、コメの関税を無くして輸入する「ミニマムアクセス（最低輸入量）米」の米国枠を増やす案なども協議する公算ですが、米国と妥協できても他の参加国が納得するかは微妙です。

　一方で安倍政権は今国会で、困窮に追い込まれた人でも必要な保護を受けられなくする生活保護制度改革2法案（生活保護法改正案と生活困窮者自立支援法案）や、高校生をもつ家庭の約2割を直撃する高校授業料無償化廃止法案もごり押ししており、法案が成立すれば、2014（平成26）年度の高校入学者から所得制限などが導入されます。

　安倍内閣が誰のための政治を行っているかは、現在審議中の法案をみれば一目瞭然です。民主主義、平等、平和の理念を原則とするわれわれ協同組合とは相いれません。協同組合の存在価値を自らもっと発信すべきだと思います。（No. 429、2013年12月）

第9章 戦後レジームからの脱却農政
（2014年）

TPP交渉の閣僚会合の議論は平行線

あけましておめでとうございます。

シンガポールで開かれていたTPP交渉の閣僚会合は12月10日、目標としていた年内妥結を見送り閉会しました。交渉官による事務レベルの調整は続け、1月下旬に再度閣僚会合を開いて妥結を目指します。年内妥結を断念した背景には米国の強硬姿勢があります。米国は日本には農産物の関税撤廃を求めて譲りませんでしたが、新興国とは新薬の特許権や国有企業改革などで対立しました。新興国側は年内妥結を急ぐ米国の譲歩を期待しましたが、米国は自国の利益を最優先し最後まで妥協しませんでした。

医薬品では米国は新薬業界の利益のために特許保護を求めようとし、特許切れを利用した安価な「ジェネリック医薬品（後発品）」を活用したい新興国と対立しました。農産品5項目の関税は、維持を主張する日本に対して、コメなどの輸出拡大を目指す米国が原則通りの全廃を主張しました。自動車の分野でも米国は対日輸出を増やすため、日本に安全や環境基準の緩和を求め、議論は平行線をたどりました。

米国が妥協に慎重な姿勢を変えない限り、難航分野での進展は難しく、TPP交渉は年明け早々にも正念場を迎えます。「越年すれば関税交渉のハードルは上がる」（政府関係者）との見方は強く、日本は年明け以降、米国など多くの国が自由化率100％を要求するなか、いっそう厳しい交渉と戦略の見直しを迫られることは必至です。新春座談会で元外務省国際情報局長の孫崎享先生が指摘しているように、TPPのメリットは日本には何もありません。TPP交渉から直ちに撤退することが唯一国益を守る道だと考えます。

新春座談会は「情報と外交の世界から見た日本」です。「情報と外交」という広い視野から問題点を探っていき、TPP の背景となる日本の外交の本質に迫った内容となっています。ぜひお読みください。

　「社会的資産としての病院建築」は今回で最終回です。工学院大学の FM エキスパートチームの先生方から 2013 年 1 月から 12 回連載いただきました。これから病院建築を考えておられる院長先生にはよく読まれており大変好評でした。前回の「これからの病院づくり」は 12 年 3 月までやはり 12 回連載いただきましたので、合計 24 回連載いただいたことになります。病院建築関係の論考は貴重だと考えています。第 3 弾にもご期待ください。

　熊本県厚生連の久光正太郎先生の「火の国からのアンチエイジング」は 2 年にわたり連載いただきました。先生が問題にしてきたのは「体の歪み」です。わかりやすく絵と文章で丁寧に説明していただいたことで実践していた読者もいると聞いています。こちらもかなり熱心な読者からの反応もあり、連載終了が惜しまれます。また機会があればお願いしたいと思います。

　新企画として「農協組合長インタビュー」が始まりました。1 回目は新ふくしま農協の菅野孝志組合長です。新ふくしま農協は原発事故で大変な苦労をされている農協です。土壌の一筆調査は生協の人たちの支援をいただいて 53 回行い、土壌汚染マップで汚染の実態把握もして、今後の対策なり検査の仕方に役立てています。安倍総理はあちこちで原発を売り歩いていますが、むしろ菅野組合長が提案するように、世界に冠たる技術力を持った日本が安全に廃炉にする技術を開発することに私は大賛成です。

　「安心して暮らせる地域づくりを掲げ、『つなぐ・つながる』取り組みを推進」（神尾透会長）できるよう、本誌も努力してまいります。本年もどうぞよろしくお願い申し上げます。（No. 430、2014 年 1 月）

農協攻撃が始まった

　平成 26 年度診療報酬改定は、4 月に行われる消費増税に伴うコ

スト増対応分を除いた実質改定率で 1.26％のマイナスとなりました。健保連などが主張していたように、薬価・特定保険医療材料改定分（引き下げ分）を診療報酬本体の引き上げに充当するやり方を取りやめ、薬価改定分は国民に還元する必要があるという理由で、診療報酬改定はマイナス改定とすべきという要請が取り入れられました。社会保障・税一体改革においては、消費税を引き上げ、その財源を活用して医療サービスの機能強化を強調していました。しかし、医科の本体報酬に係る財源の病院と診療所間の財源配分は、病院は約 1,600 億、診療所が約 600 億円にすぎません。

　同時に、重点化・効率化に取り組み、2025（平成 37）年に向けて、医療提供体制の再構築、地域包括ケアシステムの構築を図ります。具体的には、診療報酬改定、補助金の活用、医療法改正等により、急性期病床の位置づけを明確化し、医療資源の集中投入により機能強化を図るなど、医療機関の機能分化・強化と連携を推進します。医療機関の連携、医療・介護連携等により必要なサービスを確保しつつ、一般病床における長期入院の適正化を推進し、在宅医療の拠点となる医療機関の役割を明確化するなど、在宅医療の充実等に取り組むこととしています。スケジュール通りなら、2014 年秋には、病院は自院の病床の機能を都道府県に報告することになります。自院は高度急性期病床、一般急性期病床、亜急性期病床（回復期を含む）など、どの病床機能を選択するかを決めなければなりません。

　日本農業を巡る状況も、政府が 2013 年 11 月 26 日に、経営所得安定対策（戸別所得補償制度）をはじめとした、米政策の見直しについて全体像を決定したことで、大変化が起きつつあります。政府は、主食用米の生産量を抑制することで価格を維持する生産調整（減反）を 5 年後の 2018 年度をめどに廃止することを決めました。国が各農家に生産量目標を配分する現行制度を廃止し、生産者や農業団体が需要に応じた生産量を判断する仕組みへの移行を目指します。JA 全中は 1 月 16 日、新たな農業政策が始まる 2014 年産以降の JA グループの水田農業についての取り組み方針を決めました。拡充される飼料米への交付金や、地域ぐるみの農地集約に対する協力金などを最大限に活用し、農業者の所得増大につなげるといいます。食料自給率・持久力を向上させるためにも、集落や地区の話し

合いや共同活動を重視し、集落営農の法人化への取り組みを再強化するといいます。

政府の産業競争力会議は20日会合を開き、「成長戦略進化のための今後の検討方針」を決めました。農業分野では、JA、農業委員会、農業生産法人の在り方を検討することを明記しました。規制改革会議に続き、産業競争力会議もJAを検討課題とする方針を打ち出した格好で、今後の検討には警戒が必要です。農業分野への企業参入促進や農林水産物輸出促進の具体策も検討課題とします。検討方針ではこれまで成長産業とみなされなかった分野を「日本の成長エンジンに育て上げる」と明言し、安倍晋三首相は「医療・介護、農業を新たな成長エンジンにすべく改革を進めていく」と強調しました。農業では、6次産業化推進、輸出促進、担い手が農業展開するための環境整備の3つを課題としました。具体的には、農地中間管理機構（農地集約バンク）による農地集積や経営所得安定対策の見直しを掲げています。政府で組織改革を検討していく考えは明らかです。2月号で坂本進一郎さんは「農協攻撃が始まった」と指摘していますが、私もまったく同感です。（№431、2014年2月）

TPP交渉から撤退すべき

畠山重篤さんの「旅の途中で」と熊谷龍子さんの「柞の森から」は今回で最終回です。連載が開始されたのは2009年4月号です。途中、2011年3月には東日本大震災があり、畠山さんは被災されて、電話がつながらず安否確認がなかなかできませんでした。連絡が取れた時に「電気が通じてないのでろうそくの灯りで書いた」といって、原稿を郵送してくださいました。来月からお二人の原稿を読めないのかと思うと寂しいですが、これからも元気でご健筆をふるわれますよう、お祈り申し上げます。5年間にわたり連載していただきましたお二人に、心から感謝申し上げます。

二木学長の医療時評「財政審『建議』の診療報酬引き下げ論の検証」は重要な論考です。二木先生は、薬価引き下げの診療報酬への振り替えを「フィクション」と全否定する主張、「公共料金」である診療報酬は「安ければ安いほどよい」との粗雑な主張を批判しま

す。ただし「建議」で評価できる点として、「薬価部分の合理化・効率化」のための３つの提案のうち、①「長期収載品の薬価の大幅引き下げ」とともに、②新薬創出・適応外薬解消等促進加算については、「有用性の評価とは関係なく、単に下落率が平均より小さかっただけの薬価を維持するのが適当かという問題がある」として、「大幅に規模を縮小すべき」と提案したことを取り上げます。実際の「建議」65頁では、平成22年度以降導入された「新薬創出・適応外薬解消等促進加算は抜本的な見直しが避けられない」と述べています。この点は賛成できる内容です。

　さて、甘利明TPP担当相は２月18日の記者会見で、TPP交渉をめぐる日米協議に関して「5項目中の品目が1つ残らず微動だにしないということでは交渉にならない」と、コメや牛肉・豚肉などの重要5項目（586品目）も対象に関税引き下げなどの譲歩案を提示する考えを表明しました。コメと砂糖以外の牛肉・豚肉、乳製品などの一部の関税引き下げを容認する方針だと報じられました（TBS系JNN、18日）。

　２月20日、JA全中等は都内で「TPP閣僚会合において国会決議を実現する緊急全国要請集会」を開きました。壇上には石破茂幹事長、西川公也TPP対策委員長などの、自民・公明の農水関係国会議員が登壇し、「国民との公約を守る」「農産物の重要5品目は必ず守る」といった、これまで同様の発言をしました。

　集会では政府に対し、①「米、麦、牛肉・豚肉、乳製品、甘味資源作物などの農林水産物の重要品目（について、引き続き再生産可能となるよう）除外又は再協議の対象とする」とした、衆参農林水産委員会決議や自民党決議を必ず実現すること、②TPP交渉に関する情報開示を徹底し、利害関係者の意見を交渉過程に確実に反映させること、を緊急要請しました。また、「TPP交渉において、わが国の全ての農産物について関税撤廃を強いることは、結果として国益を大きく損ねることは明らか」であり、「安易に妥協してまで合意すべきでない」、「引き続き、徹底して運動していく決意」と「特別決議」を上げました。

　これまで聖域として掲げてきた5項目の関税引き下げは、国会決議や自民党の公約に反します。自民党も衆参農林水産委員会も、

「重要5項目ほか国益を守れない場合は交渉から撤退せよ」と決議しています。無理やり落としどころを探るのではなくTPP交渉から撤退すべきです。（№. 432、2014年3月）

東日本大震災から3年

多くの命を奪った大津波、大量の放射能を拡散した東京電力福島第1原発事故という、未曽有の被害をもたらした東日本大震災から3年が過ぎました。しかし、現在も約14万人の人々が困難な避難生活を強いられています。原子力賠償、除染・中間貯蔵施設事業、廃炉・汚染水対策や風評被害対策など、原子力発電に関わる課題は山積みです。

こうした中、2月25日、「エネルギー基本計画」の政府原案がまとめられました。原発を「重要なベースロード電源」と位置付けて再稼働を進め、一定規模を活用していく方針を明記しています。原発ゼロを目指すとした民主党政権からの方針転換は明確ですが、「白紙から見直す」どころか、震災前に逆戻りです。

政府が原発を恒久化するエネルギー基本計画の3月末策定めざし再稼働を急ぐ中、世論調査では「原発ゼロ」の割合が増えています。3月10日に放送されたNHKの世論調査では、原発を今後どうすべきかとの問いに対し、「減らすべきだ」が46%、「すべて廃止すべきだ」が30%で、合わせて8割近くになりました。一方、「増やすべきだ」はわずか1%、「現状を維持すべきだ」は22%でした。注目すべきは、「すべて廃止すべきだ」が、2年前と比べて10ポイント増えたことです。「原発を減らす・ゼロにする」ことこそが国民の圧倒的世論です。政府の原発再稼働への逆行は民意を全く無視しています。

また、安倍首相がTPPへの交渉参加を表明してから、3月15日で1年が過ぎました。しかし、シンガポールで開催されていた日米など12カ国が参加するTPP交渉の閣僚会合では、2月25日の共同声明で大枠合意を明記せず決着を先送りしました。知的財産権保護や新興国の国有企業の扱いなどをめぐっては一定の進展があったものの、焦点の関税分野で日米の妥協点が見いだせませんでした。

最終決着の期限はオバマ大統領がアジアを歴訪する 4 月との見方が有力ですが、膠着状態が続いており、交渉が漂流する可能性も現実味を帯びてきたとも報じられています（日経新聞）。

　しかし田代洋一先生が指摘するように、日米の支配層・多国籍企業は本当に TPP が決裂してもいいと思っているわけではありません。多少の遅れや妥協があっても、米国としては TPP を成立させることが必須です。その場合に、最大の市場であり、国際標準作りのパートナーとしての日本の参加は欠かせません。日米は TPP の必要性の点では両政府の思惑は一致しています。私たちは、反 TPP の戦いを国民的・国際的な規模に拡げなければなりません。

　医療経営を巡っては 4 月以降の診療報酬改定が重要です。岡田玲一郎さんは、「急性期医療の明確化は、ここ 1 ～ 2 年、そしてこれから 3 ～ 5 年のメガトレンドではなかろうか」と述べています。地域の限られた医療資源を有効かつ効率的に活用し、安心して医療を受けられるようにするために、医療機関の持つ機能を明確にして適切な役割分担と連携による切れ目ない医療を提供する体制の構築が求められています。そのために国は地域包括ケアシステムを進めています。今後地域では、医療と介護は同じくらい重要な役割を果たすことが期待されており、地域の実情に合ったやり方を探さなければなりません。自院の医療機能をどうするのか、地域での厚生連病院のポジションが問われてきます。（No. 433、2014 年 4 月）

日豪 EPA 交渉

　本会名誉顧問の佐々木覓さんが逝去されました。今から 28 年前、故山口一門元会長と一緒に農協問題研究会の事務局だった私は、ある時の研究会で、当時西和賀農協組合長だった佐々木さんの講演を、当時の研究会の会報に掲載する仕事をしました。ところが、その岩手弁の話はほとんど理解できず、結局掲載できませんでした。その後、佐々木さんは、平成元年に本会理事に、平成 6 年に本会会長に就任されました。顧問となってからの 2010 年 7 月、私は佐々木さんの導きで、太田祖電さんのインタビューに沢内村に行きました（本誌No. 394）。インタビューのきっかけは、2008 年度に創設された

後期高齢者医療制度が高齢者を差別した医療を展開する中で、その対極にある沢内村への関心が新たに高まったからでした。インタビューは早々に切り上げ、祖電さんと佐々木顧問と私の３人で、佐々木顧問の家で寿司をつまみながら深澤晟雄村長のことや祖電さんの沢内村村長時代のことなど楽しく談笑し、今でもその時の場面を鮮明に覚えています。その時、佐々木顧問は、碧祥寺博物館を案内してくれながら、自分の子どもの頃や青年の頃の苦労話を私にしてくれました。誰にでも優しかった佐々木名誉顧問に哀悼の意を表し、お悔やみ申し上げます。

　その佐々木さんが、本誌平成19年1月号新年の挨拶の中で「農村崩壊の道をたどらざるを得ません」と強く反対していた日豪EPA交渉について、4月7日、安倍総理は、豪州アボット首相と会談し、日豪首脳間で実質合意しました。「日豪EPA・FTA交渉入りにあたっての決議」（平成18年12月の自民党農林水産物貿易調査会）、そして同年12月の衆参農林水産委員会「日豪EPAの交渉開始に関する件（決議）」においては、「米、小麦、牛肉、乳製品、砂糖など重要品目は除外または再協議の対象となるよう、政府一体となって交渉すること」「万一、我が国の重要品目の柔軟性について十分配慮が得られないときは交渉の中断を含め、厳しい姿勢で臨むこと」と決議されています。今回の実質合意は、決議違反であると同時に、今回の実質合意を受けてオーストラリアに加えアメリカなど他国も、牛肉の関税について、オーストラリアと同等かそれ以上の率の引き下げ、または完全撤廃を日本に要求してくることは必至でした。

　4月18日の農業新聞は「日本が牛肉や豚肉の関税撤廃や大幅な引き下げに応じない限り、米や麦、砂糖など他の重要品目の扱いを決めない方針であることが分かった」「日本の最重要品目である米を"人質"にし、牛肉・豚肉の関税撤廃を強く求めている格好だ」と報じました。20日の読売新聞はTPP交渉を巡る2国間協議で、「牛肉については、現在の38.5％から少なくとも9％以上とすることで折り合った」と報じました。コメについては関税維持を認めさせる代わりに、日本政府は米国産の輸入量を増やすミニマムアクセス制度を活用します。安くて品質の良い米国産の輸入が増えれば日

本国内の米価が下がります。

　本誌が皆さんのお手元に届く頃には、4月24日に行われた日米首脳会談の内容が明らかになっているでしょう。そしてTPP参加諸国は会談内容を注目しています。私たちも会談内容の本質を正しくみる必要があります。いずれにしても、衆参農林水産委員会と自民党決議で示された諸項目は日本にとって最低限の聖域です。これさえ守れないような状況に至っているTPP交渉は直ちに脱退するしかありません。（№434、2014年5月）

イギリスの医療制度改革はどこに向かうのか

　東海大学の堀真奈美先生の「イギリスの医療制度改革はどこに向かうのか」は最終回です。2013年3月から1年4カ月で14回連載していただきました。きっかけは、2012年10月6日に早稲田大学で開催された社会政策学会関東部会で、堀先生のイギリスの医療制度改革についての報告を聞いたことでした。私はその年の9月に、労働党から保守党・自民党連立のキャメロン政権下のイギリスに行って、NHS改革についても現地で調査する機会があり、問題意識をもって帰国しました。さっそく東海大学湘南キャンパスの堀先生の研究室を訪問して話をする中で、連載をお願いすることになりました。

　2014年5月19日には、本会の職員研修で堀先生を講師に「イギリスの医療制度改革から学ぶ」をテーマに学習会を行い、これまでの連載の総まとめをしたことで、新たな視点からイギリスの医療制度を考える機会となりました。「イギリスの医療制度改革はどこへ向かうのか」は日本にとっても引き続き重要なテーマです。今回の連載終了は本当に惜しいですが、またの機会に期待したいと思います。

　4月に『安倍政権の医療・社会保障改革』を出版された二木立先生には、出版記念インタビューを行いました。安倍政権の医療・社会保障政策を批判的・複眼的に分析した現在唯一の本です。医療費抑制政策が徹底強化される中でも、意気消沈せず地域に密着した医療を展開する厚生連への期待を語っていただきました。

5月14日、東京・日比谷野外音楽堂で全国から3,000人以上が集まり、「TPP交渉における国会決議の実現と情報開示を求める緊急国民会議」が開催されました。全中等主催者と与党（自・公）の国会議員が登壇し、「TPP交渉における国会決議の実現と情報開示の必要性を求める特別決議」を採択しました。

　シンガポールでのTPP交渉閣僚会合は5月20日、7月に首席交渉官会合を開くことを盛り込んだ共同声明を発表し、閉幕しました。各分野の交渉を急ぐことも確認しましたが、合意の目標時期を示すことはできず、交渉が長引く懸念は消えていません（朝日新聞5月21日）。

　4月の日米首脳会談時の「方程式合意」直後でしたが、農産物関税をめぐる日米協議の大きな進展はありませんでした。しかし「日本譲歩」の報道で、国会決議順守を求める国民の不信感が政府に募っています。「方程式合意」とは、農産物の重要品目について①関税率の引き下げ幅②引き下げ期間③セーフガード（緊急輸入制限措置）などを組み合わせて交渉をまとめることです。米国農業団体は牛肉や豚肉の関税を撤廃しないとする報道に反発し、政府への圧力を強めています。原理原則論から最低限の例外を認める現実路線を探り出しましたが、各国の国内の政治情勢は複雑で本格調整はこれからです。一歩間違えば交渉が漂流しかねない状況でもあります（日本経済新聞5月21日）。

　このようにマスコミ報道はなかなか進まない交渉にいらだちを隠しません。一方、11月の中間選挙に向けて米国議会の市場開放姿勢は一層強くなります。

　どのような方法であっても市場を一層開放することは、重要品目の関税維持を求める国会決議に反します。日本政府は国会と国民に情報を開示し、国会決議とその順守を求める国民の声を盾にTPP交渉にあたるべきです。（№435、2014年6月）

「邪魔者は消せ」の論理

　政府の規制改革会議が5月13日に答申した農業改革案は、JA全中の「役割、体制を再定義する」とし、地域農協への指導権廃止な

ど大幅な組織改革を目指す方針を示しました。国際協同組合同盟
（ICA）のポーリン・グリーン会長と副会長のディルク・レーンホ
フ ICA 欧州地域会長は、同案への批判と JA グループの取り組み
を支持するメッセージをそれぞれ出し、「組合員の意思を無視した
ものであり、協同組合の根本的な原則に攻撃を加えている」として
強い懸念を示しました（農業新聞 5 月 28 日）。欧州の協同組合を見
ても、単位協同組合を支える強い全国組織は必要であり、絶対的に
重要です。

　自民党が 6 月 9 日に示した農業改革案は、JA 全中を頂点とする
中央会制度について、「自律的な新たな制度に移行する」として制
度を抜本的に見直す姿勢を示しましたが、「廃止」の明記は見送り
ました。政府の規制改革会議の農業改革案をおおむね容認し、党内
の反発も配慮したために農協改革の方向性が分かりにくい内容でし
た（毎日新聞 6 月 10 日）。

　農協の具体的な将来像に関する議論がヤマ場を迎えるとみられる
今秋に向け、政府・与党と全中との激しい綱引きが繰り広げられま
す。政府は農業協同組合法など関連法案を来年の通常国会に提出す
るといいます（日経新聞 6 月 11 日）。

　政府は同月 16 日、産業競争力会議を開き、アベノミクスの「第
3 の矢」となる新たな成長戦略の最終案をまとめました。法人税引
き下げや雇用、医療、農業など、規制緩和が進まずに「岩盤」と言
われた分野の改革を打ち出したとマスコミは報じました（読売新聞
6 月 17 日）。甘利明経済財政相は会議後の記者会見で「60 年ぶりの
農協改革など、歴史的な改革に取り組む」と胸を張りました。

　市場開放と農業保護のはざまでぎりぎりの交渉を続ける政府・与
党にしてみれば、反対を唱える JA 全中へのいらだちから、TPP 交
渉と農協改革をセットで進めることはいわば当然でした。企業の農
業参入を促すのは、TPP 交渉の進展で、国内の農業基盤の強化が
急務になっているためです。

　田代洋一先生の「規制改革会議『農業改革に関する意見』への反
論」は、「意見」の性格と狙いを的確に指摘しました。「意見」の本
質は、農業者の利益を装いつつ、実は農外資本の農業進出を容易に
しようとする「邪魔者は消せ」の論理です。私たちのそれに対する

最大の反撃は地域からの農業者の声であり、国民の共感だという先生の指摘の通りだと考えます。

2014年は国連が定めた「国際家族農業年」です。「見直される小規模な家族農業の役割」のなかで、関根佳恵先生は、「多くの国々が長年とらわれてきた、小規模家族経営を『非効率』で『消えゆく』存在とみなし、政策的支援の枠組みから排除しようとしてきた政策的偏見こそ、見直さなければなりません」と指摘しています。世界的に見ても農業経営の圧倒的多数を占める小規模家族経営の重要性を多方面から評価することこそが、今、求められています。
（No. 436、2014年7月）

安倍政権の農政は「戦後レジームからの脱却」農政

2014年3月まで5年間連載していただいた畠山重篤さんとの約束を果たすために、6月に気仙沼へと向かいました。今回は震災当時の状況とその後の復旧についてお話を伺いました。近隣54軒のほとんどは津波で流され、3軒の家しか残りませんでした。畠山さんは幸い無事だった自宅で、避難したお年寄りたちと2カ月間も電気も水道もない生活をしたそうです。私が驚いたのはフランスのルイ・ヴィトンからの義捐金でした。畠山さんは義捐金を牡蠣やホタテの養殖再開に必要な人件費に使い、仮設住宅の住人30人を雇用しました。雇用と養殖場の立ち上げと一石二鳥でした。ルイ・ヴィトン5代目のパトリック氏は「森は海の恋人運動」に共鳴して、26年目になる2014年の植樹祭に来てくれました。畠山さんは5月に、ロシアのハバロフスクにある太平洋国立大学で講演し、アムール川流域の環境を守ることが三陸沖の未来を守ることだと話をしています。執筆活動に加え、世界的な活躍にも期待を抱かせるお話です。

長崎大学の平野裕子先生には、3年半ぶりに短期連載をお願いしました。今回は「JPEPAの神話を超えて」[1]として、「日本の病院は本当は外国人看護師を必要とはしていない」という神話を検証します。残りの連載でも、他にもある間違った神話を検証する予定です。

金城学院大学の朝倉美江先生には、「対等な支えあいを基盤とし

196

た地域包括ケア」をテーマにお願いしました。地域包括ケアの基盤
となる地域の再生が急務となっているときに、どのように地域包括
ケアを構築するのか。自助を強調し、家族と近隣のボランティア・
NPO への過度の期待がかけられているが、家族と近隣やボランテ
ィア・NPO の力を引き出すためには相当の努力と時間が必要だと
朝倉先生は指摘します。地域包括ケアを実現するためには、支えあ
いの対等性が担保された上での地域づくりが必要だと、私も考えま
す。

　田代洋一先生は、今回の論考で、安倍政権の農政を「戦後レジー
ムからの脱却」農政と名付けました。「戦後レジームからの脱却」
の枠組みと、規制改革会議答申の本質は、協同組合そのものの否定
であると指摘します。ポスト TPP 農政という枠組みでは構えが小
さすぎたとも述べています。そして TPP 交渉は、引き続き国民に
詳細は知らされぬまま秘密裏に粛々と行われています。

　7 月 12 日、オタワで開かれていた TPP 交渉の首席交渉官会合は、
「労働」と「検疫」の 2 分野は事実上決着するなど一定程度進展し、
「国有企業改革」「知的財産」「環境」の 3 分野は棚上げせざるを得
ませんでした。11 月の閣僚会合では、今回議論を棚上げした先進
国と新興国が対立する分野の打開を図るとされ、大筋合意を目指す
シナリオが浮上していると報じられています。しかし「国有企業改
革」は最難関であり、今後の行方が注目されます。

　政府は 7 月 1 日の臨時閣議で、憲法解釈を変更して集団的自衛権
行使を限定容認することを決定しました。原子力規制委員会は 7 月
16 日、九州電力川内原発 1、2 号機（鹿児島県）は新たな規制基準
を満たすと認め、安倍政権は規制委員会の「お墨付き」を得たとし
て 10 月にも再稼働させ、他の原発の安全審査も加速させる考えで
す。余りにも拙速な国民不在の安倍政権の政治の進め方は、国の形
を大きく変えると危惧せざるを得ません。（No. 437、2014 年 8 月）

1)　JPEPA とは、Japan-Philippines Economic Partnership Agreement（日本・
　　フィリピン経済連携協定）のことです。2008 年に日本とフィリピンの間で
　　締結された経済連携協定です。日本法においては国会承認を経た「条約」
　　であり、日本政府による日本語の正式な題名・法令番号は「経済上の連携
　　に関する日本国とフィリピン共和国との間の協定（平成 20 年条約第 16

号）」（Agreement Between Japan and the Republic of the Philippines for an Economic Partnership）です。

石巻だから作れる新しい医療の在り方

　田代洋一先生の「ポスト TPP 農政の展開」はとりあえず最終回です。今回は「農業攻撃をどう跳ね返すか―まとめと課題」を執筆いただきました。田代先生は、担い手農家にとって農協が不可欠な存在であると同時に、地域住民にとっても不可欠の生活インフラであるための徹底した自己改革が必要で、それと一体で攻撃をはねかえす必要があると言います。また、国民にとっては、今回の農業「改革」が自分たちの生活とどう関るのか全く見えてないので、端的に言って食料自給率や食の安全性とどう関わるのか、その点を抜きにしては国民にとって農業「改革」は全く「他人事」だとも指摘します。田代先生が指摘するように、今回の農業「改革」が食料自給率の向上にプラスなのかマイナスなのかが問われており、政府も農業組織も食料自給率について国民とともに議論していく必要があると私も思います。

　エッセイストの山本京子さんには、2013 年 10 月号から「旅する私の素敵な出会い」を 12 回連載いただきました。イギリス・ストーンヘンジ、イタリア・ミラノ・ローマ、フランス・パリ・モンサンミッシェル、オランダ・アムステルダム、ベルギー・ブリュッセル、カンボジア・アンコールワット、ペルー・マチュピチュと、7 カ国 9 都市（地域）を旅したエッセイを寄せてもらいました。私などからすると羨ましいほど旅しており、その数だけあった出会いの物語を楽しませていただきました。お礼申し上げます。

　今月号から新たに、立命館大学の大島堅一先生の「岐路に立つ日本のエネルギー政策」の連載が始まります。1 回目は「『エネルギー基本計画』批判」です。先生は、エネルギー基本計画における原子力の位置づけは、福島原発事故後の現実を踏まえないものになっていると言います。そして非現実的な考えを基礎に、エネルギー政策が具体化されようとしており、極めて重大な影響を日本社会に及ぼしかねないと指摘します。次回は、具体的なエネルギー政策、

原子力政策をめぐる論点について取り扱います。ご期待ください。

　長純一先生には、「石巻だから作れる新しい医療の在り方」をインタビューしました。前回インタビューから1年半が経った6月に、再び診療所を訪問しました。仮設住宅の住民の状態変化や石巻市地域包括ケアモデル事業についても聞いており、現在、国が進めている地域包括ケアシステムにもコミットした内容になっています。被災地の医療と介護をどうするかだけでなく、若月俊一先生の精神でもある「地域で医者を育てる」ことも視野に入れており、石巻での今後の「新しい医療の在り方」に期待したいと思います。

　本会の第66回通常総会が7月に行われました。新役員の選任をはじめとした全ての議案が全員賛成で可決されました。総会後の経営管理委員会・理事会において新役員も選任されました。農業・農協・医療を巡る環境は厳しいものがあります。本会は2014年度から第7次中期事業計画において、「全国で広く、地域で深く協同し、切り拓こう厚生連と単協が紡ぐ安心の医療・福祉・くらし」をスローガンに、新体制のもと会員の期待に応えられるよう全力で取り組んでいきます。そして、何より組合員参加こそが現在の厳しい状況を跳ね返すカギになると思います。本誌も会員の皆様の取り組みをさらに支援できますよう頑張りたいと思います。今後ともよろしくお願い申し上げます。（No.438、2014年9月）

地域の創生と農村医学―コミュニティにおける医療と農業

　第63回日本農村医学会学術総会開催にあたって、学会長の藤原秀臣先生（土浦協同病院名誉院長）に執筆をお願いしました。学会テーマは、「地域の創生と農村医学―コミュニティおける医療と農業」で、「農村医学は、日本社会の根底にある農村の再生、農業の活性化を視野に入れ、地域社会における医療・保健・福祉を総合的に追及する包括的地域医療である」とする藤原先生の理念に基づいたものです。先生は「包括的地域医療と農村医学をどのように結び付け、地域社会の発展に繋げるかが大きな課題である」と述べます。超高齢社会を迎え、国は医療・介護の一体化による地域包括ケアシステムを進め、医療提供体制においては高度急性期、急性期、回復

期リハビリ、慢性期を区分し、診療機能を明確にすることを求めています。こうした中で厚生連病院には、医療・病院と農業・農村をコミュニティ創出の基盤として相互に連携させ豊かな地域社会を作り上げていくことが求められていると考えます。学術総会の成功をご期待申し上げます。

　二木学長の医療時評は、「健康寿命延伸で医療・介護費は抑制されるか？『平成 26 年版厚生労働白書を読む』」です。今回、「【補足】予防・健康増進活動の経済評価の主な文献」では 10 編を紹介しています。改めて「予防・健康増進活動の経済評価」の重要性を考えさせられました。

　新潟医療福祉大学の片平洌彦先生の「ノバルティス社『ディオバン』問題を考える」は短期連載です。片平先生は「産官学」の悪しき癒着こそが、薬害を起こし続ける大きな要因であると指摘し続けています。そして「薬と社会」の関係が健全でないと、その被害を受けるのは、まさに国民（とりわけ低所得層）であり、そうした観点から日本に欠けている「社会薬学」の立場から、本稿でもノバ社のディオバン問題を取り上げて論じていただきます。

　今年、第 23 回若月賞を受賞したレシャード・カレッド先生にインタビューしました。レシャード先生はアフガニスタン出身で、静岡県島田市でレシャード医院等の経営をしており、2002 年に NGO「カレーズの会」を立ち上げ、カンダハールを中心に医療と教育の支援活動を行なっています。実際のインタビューは 2 時間弱に及ぶもので、様々な話をお聞かせいただきましたが、今回は「アフガニスタンの戦禍はなぜ止まないか」としてまとめました。レシャード先生にインタビューをしていて、旧ソ連、イギリス、アメリカは、アフガニスタンに対し取り返しのつかない非道なことをしたと、大変な憤りを覚えました。そして日本のアフガニスタン支援が現地の要望と一致していない事実を聞いて虚しい思いをしました。なぜ政治はこれほど無力なのか。いくら大金を出して国を再建しようとしても、空回りしてうまくいきません。それだけでなく日本の支援はアフガニスタン国内の地域格差を一層拡大していることも問題です。レシャード先生が言うように、いまこそ支援した結果の検証が求められていると、私も強く主張したいと思います。

　明治学院大学の鵜殿博喜学長の「グーテンターク、ドイツ」は新連載です。春に2回ほどの打ち合わせを行いましたが、テーマを決めるためのヨーロッパの話をしていた時間はあっという間に過ぎてしまうほど楽しいひと時でした。忙しい中、今回の連載を引き受けていただきましたことにお礼申し上げます。（№439、2014年10月）

日本とイギリスの認知症ケア

　10月号の発行が遅れてしまいご迷惑をおかけしました。今後はこのようなことがないように努めます。

　さて、10月5日から12日まで、ロンドン大学キングス・カレッジ老年精神医学のロバート・ハワード教授ら認知症ケア専門チームが、関西と東京周辺の視察のために来日しました。事前に同大学のリサーチフェローの林真由美さんに誘われていた私は、11日の朝から夜まで、ハワード教授や林さんらと一緒に行動しました。午前中に訪問した川崎市の「すずの会」は「認知症の人をボランティアがゆるやかに支えるモデル事業」で有名ですが、実際の活動状況を学んで驚くことばかりでした。夕方には新宿でハワード教授に、日本視察の率直な感想とイギリスの認知症ケアの課題をインタビューしました。「日本とイギリスの認知症ケア」は、このような経過があって実現し掲載したものです。

　ハワード教授は、イギリスの認知症ケアの一番の問題は、「認知症の患者数が多くなり続けるのに財源が少ないこと」だとはっきり述べました。そして、「財源がない中で、市民ができる解決策を見つけてゆくべき」だと言います。さらに、「医療と介護・福祉の統合でサービスの無駄を省く」ということを強調しました。

　私は、2012年秋のロンドン視察の時に、医療・公共サービス改革専門のコンサルタント Ashish Dwivedi 氏から、緊縮財政のキャメロン政権下の NHS 改革の最新動向のレクチャーを受けたことがあります。彼もその時、「医療と介護・福祉の統合でサービスの無駄を省く」と言っていました。

　しかし、ハワード教授も指摘したように、イギリスでは伝統的に統合を色々試みてきましたが、すべて失敗でした。それでも、「希

望を持ちながら進めていくことが正しい選択」だと述べたハワード教授の言葉に、私は全面的に賛成です。日本とイギリスでは制度も文化も違いますが、認知症の方が増えることへの医学的対応と地域コミュニティが認知症の方を支える取り組みの重要性は共通していると思われました。もはや認知症の問題は政治家や地方自治体だけの問題でなく、地域社会と住民自身の問題であるという認識が必要なのだと改めて考えさせられました。

　関根佳恵先生の「『国際家族農業年』が問いかけるもの」は7、8月号と今回の短期連載です。関根先生と当時の勤務先の立教大学で打ち合わせしたときに、先生が強調していたことは、現在政府が進めようとしている大規模農業化は国際常識ではなく、小規模家族農業こそが世界の趨勢なのだということでした。3回の連載では、そのことが明らかになったと思います。今回は発展途上国の家族農業が直面している課題と、日本政府や市民社会が果たすべき役割について考えています。

　田代洋一先生の「農協『改革』論議の諸論点」では、非営利性・公共性等に関してまとめていただきました。非営利とは何か、協同組合の共益性と公共性とはどういうことか、原理原則から解き明かしています。声高々に反論する時はしながら、冷静に理論的に議論することも重要だと思います。今回の論考を読んで、私自身も大変勉強になりました。ぜひお読みください。(№ 440、2014 年 11 月)

第 2 次安倍内閣 2 年間への審判

　衆院選は 12 月 2 日公示、14 日投票で行われます。安倍首相は解散表明記者会見で、消費税 8％への増税が「個人消費を押し下げる重しとなった」ことを認めたうえで、「2015 年 10 月から消費税を 2％引き上げることは個人消費を押し下げデフレ脱却も危うくなる」とし、「アベノミクスの成功を確かなものとするため、消費税の 10％への引き上げを 18 カ月延期する」と述べました。「アベノミクスが正しいのか、間違っているのか。選挙戦を通じて明らかにする」とも述べました。

　オーストラリアのブリスベンで開かれていた日米欧に新興国を加

えた20カ国・地域（G20）首脳会合（11/15）では、アベノミクスで賃金上昇や企業業績の改善が進んでいることをアピールし、「好循環が生まれ、日本経済がデフレ脱却へ着実に前進している」と強調しました。解散表明記者会見でも同様のことを述べています。株価上昇は富裕層には恩恵がありますが、中間層や低所得者への効果は限られ、生活の格差の広がりが懸念されます。円安は自動車や電機など輸出関連業界には追い風で儲けが増加し、9月中間決算では最高益の企業が相次ぎました。しかし円安効果は中小企業に波及しません。

　厚生労働省が11月18日発表した9月の毎月勤労統計調査によると、物価の変動を反映した賃金水準を示す実質賃金指数（現金給与総額）は前年同月比3.0％低下し、前年割れは15カ月連続です。一方、資本金10億円以上の大企業の儲けは拡大しています。14年4～6月期の大企業の経常利益は12年4～6月期より4兆円以上増え、11兆円を超えました。約1億円（100万ドル）以上の資産を持つ富裕層は14年に前年より9万人増え、273万人に迫る勢いです（クレディ・スイス調査）。

　内閣府が11月17日に発表した7～9月期の実質国内総生産（GDP）の速報値は前期比で年率1.6％減と、2四半期連続のマイナス成長でした。市場では予想外の結果に衝撃が走り、日経平均株価が急落、円相場は乱高下しました（毎日新聞11/18）。政府は円安と世界的な株高を演出してみせますが「国策のフィクション」であり、実体経済に反映されていません。首相が言うことと経済指標は大きく食い違っています。

　そもそも今回の解散・総選挙の大義はどこにあるのでしょうか。安倍首相は、「消費税の引き上げを18カ月延期すべきことと経済政策、成長戦略をさらに前に進めてゆくべきかどうかを国民の判断を仰ぎたい」と述べました（解散表明記者会見）。しかし、野中広務元官房長官は、「政権維持のための解散」だと指摘し、「消費税10％移行も難しいし、経済の指標も上がらない。生活は非常に厳しい状況で賃上げも難しい。この時期以外になかったんじゃないか」と述べました（11月16日の民放テレビ番組）。

　増税不況の深刻化やアベノミクスの行き詰まりで2015年10月か

らの消費税再増税が困難になったというのが事実です。安倍首相は現在の増税法に盛り込まれている、景気が悪くなれば増税を中止する「景気条項」を廃止すると言います。先送りした増税は文字通り待ったなしです。2014年4月の消費税8%への引き上げに伴う影響を全国70の厚生連病院を対象に試算したところ、増税分に対する診療報酬の上乗せ額の割合（補填率）は平均で60.5%にとどまりました。また、補填率は87%〜31.4%と病院間で開きがあり、大きな不公平が生じています（農業新聞11/7）。医療機関の存続が危ぶまれれば、地域医療の崩壊につながる懸念もあります。

　12月14日の投票は集団的自衛権、沖縄の米軍基地問題、原発再稼働、そして農協改革などの第2次安倍内閣2年間に審判を下す大事な選挙です。(No. 441、2014年12月)

^第10^章 機能分化、医療・介護の連携（2015年）

熱狂なき圧勝

新年おめでとうございます。

2014年の衆院選で大新聞は「自民300議席超え」「比例区では80議席に迫る」などと書き立てました。ところが、いざ投票箱のフタを開けると、自民党の獲得議席は291と公示前勢力を下回り、比例区も68議席にとどまりました。投票率は52.66％で戦後最低記録を更新しました。小選挙区で自民党は前回（2012年総選挙）比で18万票減らし、得票率は48.1％にとどまりましたが、議席占有率は75.25％にもなり、小選挙区制度により今回も民意が大政党本位にゆがめられました。全有権者の中の得票割合を示す絶対得票率でみれば、自民党は比例代表選挙で16.99％、小選挙区で24.49％しかありません。

安倍首相は総選挙で「この道しかない」ともっぱらアベノミクスの是非を争点にしました。共同通信社（12/10・11）の衆院選に向けた有権者の支持動向などを探る全国電話世論調査（トレンド調査、3回目）では、アベノミクスを「評価しない」回答は51.8％、「評価する」は37.1％でした。原発再稼働に関し「反対」が51.7％、憲法改正は「反対」45.6％、「賛成」36.2％でした。衆院選結果に関する読売新聞の緊急全国世論調査では、安倍内閣の支持率は51％と解散直後の前回調査（11/21・22）から横ばいで、自民党の支持率は5ポイント下がって36％でした。与党の圧勝が、内閣や自民党への積極的な支持によらない「熱狂なき圧勝」であることを裏付けました（読売12/17）。

選挙戦での、農政についての論戦は盛り上がりを欠きました。アベノミクスの第3の矢（成長戦略）に位置づけた農協改革やTPP

交渉について、首相は争点化を避けました。アベノミクスでも農政でもその他の課題でも、2年間の安倍政権を有権者が支持したとはとてもいえません。

　TPP交渉は年明けから重大局面を迎えます。通常国会には農協法改正案が提出されます。自民党1強体制のもと、急進的な農協改革やTPP交渉が一気に加速することを危惧します。

　地域医療を巡っては、地域医療ビジョン策定の協議がいよいよ始まります。その中で地域に見合った地域完結型のシステムをつくらなければなりません。全日本病院協会の西澤寛俊会長は「今まで通りにはいかないという認識のもとに、少子高齢化、疾病構造の変化、働き手の減少に対応した地域医療構想を創ろうということになります」と述べています（新春インタビュー）。社会保障と税の一体改革以降の流れは基本的に変わらない中で、患者の視点、機能分化と連携、在宅医療という枠組みで、地域医療構想の協議に積極的にかかわり、働きかけていくことが必要です。

　2015年は「地域の再生」を掲げたJAグループの自己改革の第一歩を踏み出す重要な年であり、社会保障充実の取り組みも一層重要となっています（神尾透会長新年挨拶）。会員の皆様にとっても本会にとっても大事な1年となります。

　本年もよろしくお願い申しあげます。（No. 442、2015年1月）

衆院選結果と第三次安倍内閣

　二木学長の医療時評は「衆院選結果と第三次安倍内閣の医療政策を複眼的に考える」です。衆院選結果の分析をしたうえで、第三次安倍政権の政策全般と医療・社会保障政策の大枠を予測しています。そして、個々の医療制度改革についても①消費税増税延期による医療改革の財政圧縮、②患者申出療養と非営利ホールディングカンパニー型法人制度の行方、③TPP発足の見通しと医療への影響、④今後の医療・社会保障の財源についての私見を述べています。補足では、「医療保険制度改革骨子（案）」についても触れます。安倍政権の今後の医療政策・社会保障政策の方向性と課題がわかりやすく述べられています。

　田代洋一先生の「地域からこの国をつくる時代」は、アメリカ中間選挙と迫る TPP 妥結から始まり、衆院選から統一地方選への流れを述べます。安倍首相の株式会社国家論を批判し、農協攻撃をめぐっては、選挙と農協問題、農協の非営利性、准組合員問題、中央会と監査機能について述べます。そして最後に「地域からこの国をつくる時代」として、地方消滅論の背景と国をつくり支えるのは「地域」だと指摘します。そして、「地域から日本をつくり直す」時代の始まりを希望します。補論では、小選挙区制が国政選挙として機能しない中、国政が地方で問われると述べ、統一地方選は安倍政権の政策と性格を問う選挙になると指摘します。

　2 つの論考は、医療と社会保障、農業・農協と地域という、私たち農協組織が目指すべき方向性を考えるヒントを与えてくれます。

　1 月 26 日召集の通常国会は 6 月 24 日までの 150 日間の会期となります。平成 27 年度予算案や集団的自衛権の行使を可能にする安全保障法制などを審議します。もちろん、農協改革等法案も上程されます。自民党は 1 月 20 日、安倍首相が掲げる農業協同組合改革の法案を検討する作業部会の初会合を開きました。最大の焦点は全国の農協を指導・監査する JA 全中の権限縮小です。同部会がまとめる骨格をもとに政府は関連法案を作成し、3 月までの国会提出を目指します。官邸は農業政策を岩盤規制と位置付け、首相も「抵抗勢力との対決」構図を打ち出しています。

　統一地方選挙は、都道府県と政令市の首長、議員選挙は 4 月 12 日、それ以外の市町村の首長、議員選挙は同 26 日に行われます。知事選は、北海道、神奈川、福井、三重、奈良、鳥取、島根、徳島、福岡、大分の 10 道県で実施される予定で、全国で 1,000 弱の選挙が行われる見通しです。朝日新聞社の全国世論調査（1/17・18）によれば、安倍首相の経済政策が、地方の景気回復に「つながる」と答えた人は 25％にとどまり、「つながらない」は 53％にのぼりました。首相は「全国津々浦々に景気回復の成果を届けていきたい」と述べていますが、有権者の期待感は高まっていないことが浮き彫りになりました。地方の景気については、北海道や東北地方の人では 4 割以上が「悪くなっている」を選んでいます。安倍首相の支持率は 42％（2014 年 12 月中旬衆院選直後調査 43％）で、不支持率は

37%（同34%）でした。

　選挙の結果次第では、現在の安倍政権の路線転換の可能性も否定できません。そして農協改革が争点となった佐賀県知事選で、農協が支援する候補に与党推薦候補が敗北したように、国政を問う地方選になると考えます。（No. 443、2015年2月）

地域包括ケアシステムと訪問看護の役割

　全国訪問看護事業協会の宮崎和加子事務局長に、「地域包括ケアシステムと訪問看護の役割」についてインタビューしました。訪問看護ステーション数はこの3年間で増加しています。訪問看護師も少しずつ増加し始めています。20〜30歳代の若いナースがステーションを開業していることを、宮崎さんは、「今までの医療機関からみている訪問看護とは全然違う動き」と指摘します。ステーションの3分の1は営利法人立になってきたことも、医療業界全体を見るときにちょっと違う視点だといいます。これまでの医療モデルとは違う生活モデルのナースが育ってきています。まさに地域包括ケア時代を背負っていくナースの重要性が増大していると私も考えます。そして機能強化型訪問看護ステーションこそ、地域包括ケアの中核になると述べます。4月から新たに名称が変わる「看護小規模多機能」は、地域包括ケアの一つの中核になります。地域の医療ニーズの高い人たちを、看護小規模多機能が役割を発揮して支える仕組みです。ステーションひとつずつのことだけを考えないで、地域全体をみんなのステーションとして考えることが地域包括ケアだという、宮崎さんの言葉には説得力がありました。私は2005年にデンマークで24時間在宅ケアの現場を見た時に、日本の訪問看護のあり方を考えたことがあります。あれから10年が経ち、やっとここまで来たかという思いがして、大変嬉しく感じたインタビューでした。宮崎さんたち訪問看護師の皆さんのこれまでの頑張りに、心から感謝したい思いです。

　さて、東日本大震災から4年が経ち5年目に入ります。立命館大学の大島堅一先生には、2014年9月号から3月号まで、「岐路に立つ日本のエネルギー政策」をテーマに7回連載していただきました

ことにお礼申し上げます。最終回は「持続可能なエネルギー・システムの転換を目指して」です。大島先生に初めてお会いしたのは、2014 年 3 月 12 日で京都駅のホテルのラウンジでした。私は、民主党野田政権時の 2012 年 9 月 14 日に決定された「原発に依存しない社会の一日も早い実現」を含む「革新的エネルギー・環境戦略」が、2012 年 12 月の衆議院選挙で、自民党安倍政権へと移ってしまったことによって、今後のエネルギー政策において原発再稼働への揺り戻しが起きることを懸念しました。そこで、無理を承知で大島先生に執筆をお願いしました。大島先生が指摘するように、「福島原発事故は、被害地域のコミュニティーを破壊し、人間の尊厳を失わせるような事態」を招きました。安倍総理が述べるように、事故はまだ収束した状態とは言える状況にはありません。しかも事故炉の状況や被害者の被害は全く未解決のままであり、事故が本当に収束するまでには、数多くの課題があります。「日本社会は福島原発事故が起きてしまった以上、事故炉の閉鎖・廃炉と被害者救済を完全にやりとげる必要がある」と大島先生は述べます。そして今回の論考では、ドイツのエネルギー転換（Energiewende）を示して、「エネルギー転換政策の中で、気候変動を防止すると同時に脱原発を行うことが、持続可能な社会を実現するための不可欠の要素」と述べます。「エネルギー・システムの転換は、多くの国民にとって困難を強いるものではなく、むしろ、中長期的に見て安定かつ安価で持続可能なエネルギーに基づく社会をつくる道である」「今こそ、日本も持続可能な社会に向けて、合理的なエネルギー選択を行う必要がある」との指摘に、私は全面的に賛成します。（No. 442、2015 年 3 月）

農村医学は世直し運動！

　九州農村医学会顧問小山和作先生の「農村医学は世直し運動！〜私の歩んできた道」は新連載です。第 1 回は「目の当たりに見た差別」です。日本の医療は、昭和 36 年に国民皆保険体制が確立しますが、国保の世帯主自己負担が 5 割から 3 割になるのは昭和 38 年からです。皆保険体制確立当時、同じ病気で入院しても、加入して

いる健康保険の違いで自己負担割合も違いました。小山先生が受け持った二人の患者さんの、公務員と農業という職業の違いは、同じ治療を受けても患者負担割合が違い、病気の予後まで違わせました。

　農村婦人の貧血の問題が浮上し、教室をあげて調査に乗り出したときは、ビニールハウスによる健康障害（ハウス病）が叫ばれていた頃で、その普及が著しい地区ほど貧血が多かったそうです。こうした調査が、小山先生の農村医学への思いの実現に強く背中を押してくれたといいます。

　佐久市有機農業研究協議会実験農場長の川妻干将さんの寄稿は、「いのち育む農業体験学習の可能性」です。第1回は「農場実習のはじまり」です。長い歴史を持つ佐久総合病院看護専門学校の実習を題材にして、農業体験学習の意義と可能性を考える企画です。農村保健研修センターの実験農場ができたのは1978（昭和53）年です。農業を座学でなく体験として学ぶ必要があるという理念から誕生しました。農場内には、牛、豚、ヤギ、鶏の飼育ハウス、その餌をつくる発酵槽タンク室、野菜栽培用のビニールハウス、水田（約10a）、池などが設置されました。このほかに、有機農業実験ほ場、農業人間工学棟があります。面積は約2haです。同頁には、「農村医学コース第2課程　昭和55年10月31日」のキャプションのついた写真が掲載されています。つなぎを着た若い男女と背広を着た若月俊一先生の姿があります。久しぶりに若月先生に会えたことが嬉しく思えます。初期研修医を対象とする農場実習が2006（平成18）年からはじまり、現在に至っているとのことです。

　伊勢原協同病院栄養室長石井洋子さんの「伊勢原協同病院の病院給食　地産地消」の3回目は、「わたしの知恵袋」です。佐久病院栄養科のなずなのお浸しを患者給食に出すこと、小諸厚生総合病院の地産地消の取り組みのことなどが紹介されています。これからも国産の果物を積極的に使用していくこと、特に地場の果物で良品ランクのものを使っていきたいといいます。

　小山先生と川妻さんの論考を読んで、30年前に農村医療に接した当時のことを思い出し、懐かしくなりました。そして、川妻さんの農場実習から石井さんの病院給食につながった気がします。

　さて、田代洋一先生には、これまでの「農協『改革』の第一ラウ

ンド」の経過をふりかえってもらいました。農協改革推進側は、
「今後5年間を農協改革集中期間」として、彼らの掲げる全てのメ
ニューを実現する腹だといいます。そうさせないためには、第一ラ
ウンドの経過を検証し、運動をきちんと総括し、出された論点の意
味を正確に把握する必要があると指摘します。4月の統一地方選後
に国会で農協法が審議されます。5月には首相訪米があります。農
協法改正を阻止することが当面の課題になると先生は言います。

　今回の介護報酬改定はマイナス改定でした。来年の診療報酬改定
もマイナス改定は必至の状況です。27年度は地域医療構想策定が
本格化していきます。病院経営問題と地域医療構想への積極的関与
など、今までにない対応が求められます（本会山田尚之理事長）。
（No. 445、2015年4月）

機能分化、医療・介護連携をどう構築するか

　片平洌彦先生の「ノバルティス社『ディオバン』問題を考える」
は最終回です。「ノバ社、製薬団体、関係医学会、日本学術会議、
民間運動団体、国の対応」として、「臨床研究の法制化」の在り方
を考察します。臨床研究の法的規制に関する日本と欧米の違いにつ
いて触れ、「日本での臨床研究がいかに『無法状態』のまま行われ
てきたかがわかる」と述べます。ディオバン事件等の事案が相次ぐ
中、厚労省が検討会を設置して「臨床研究に関する法規制が必要」
と結論し法案化の具体化をはかっていることを評価します。しかし
与党内から「臨床研究の停滞を招く」意見が続出したことや、「法
規制よりも透明性ガイドラインの徹底を重視する意見」がでたこと
は、「歴史に逆行し、国際的にも孤立する動きと言わざるを得ない」
と結論します。私は片平先生と同様に、「臨床研究の停滞」や「ガ
イドラインの徹底」で済まそうとの意見には反対です。いったい誰
の利益を守ろうとしているのか、大変疑問に思います。

　二木学長の医療時評は、「『地域医療連携推進法人制度』案をどう
読むか？」です。「補論：『取りまとめ』の隠れた狙いと今後の病院
再編の見直し」では、「検討会『取りまとめ』の最大の成果・狙い
は、産業競争力会議等が目指していた、医療の営利産業化につなが

る巨大『非営利ホールディングカンパニー』が否定されたこと」と
述べます。そして、「取りまとめ」の隠れた狙いについて指摘し、
「権丈善一氏のオリジナルな提案と今後の病院再編の見通し」につ
いても触れます。「非営利ホールディングカンパニー型法人制度
（仮称）」の創設から、「地域医療連携推進法人制度」への変更の経
緯を踏まえた内容は、医療関係者の関心が非常に高いです。しかし、
制度がよく理解されていないことも事実です。今回の時評をぜひお
読みください。

　済生会熊本病院の副島秀久院長と赤星麻沙子地域医療連携室長へ
のインタビュー「機能分化、医療・介護連携をどう構築するか」は、
病床機能分類、アライアンス連携、2次医療圏の課題、地域医療構
想など、熊本医療圏における済生会熊本病院の実践を踏まえて、現
在進行形の制度改革の課題についてお聞きしました。特に、アライ
アンス連携は、「医療時評」の中で二木先生が述べている「アライ
アンス」に繋がります。副島先生が二次医療圏について明確な考え
をお持ちだったこと、同時に、病床機能分類やアライアンス連携に
ついても明確な考えをもって実践されていたので、急遽インタビュ
ーをお願いしました。現在進められている制度改革の考え方を整
理するうえで、「一番重要なのは患者さんにとって何が一番いいか
ということ」という明快な答えをいただき、大変勉強になりました。

　制度改革は現在進行形で進んでいます。5月28〜29日の第18
回厚生連医療経営を考える研究会では、医師・看護師不足が続く中
で、自院が今後どのような取り組みをすべきか、副島先生ほかの講
師陣をまじえての議論ができればと考えます。多くの皆様の参加を
お待ちしております。（No.446、2015年5月）

政府は国民にも情報開示すべき

　福島大学の大平佳男先生の「地域産業との連携による再生可能エ
ネルギーの新展開」は新連載です。今回は「浄水事業場と太陽光発
電の連携—岡山県の事例から」です。再生可能エネルギー事業は地
域特有の産業を含め様々な産業に存在しています。地域の産業を活
かし再エネと連携を図ることで、より高付加価値のある再エネを普

及することができます。連載では、このような観点から様々な事例を論じていただきます。それにしても、日本の再エネの取り組みは太陽光発電事業が主であり、協同組合と農業・農業生産法人合わせてもわずか 1.9％しかなく、一方で株式会社を中心に有限会社・合同会社といった一般企業による事業展開が 91.9％を占めていることに驚きました。今後の連載が楽しみです。

　倉敷中央病院の相田俊夫副理事長には、倉敷市を含む二次医療圏で医療機能分化と連携が進んでいる事情についてお聞きしました。倉敷中央病院の使命である「世界水準の医療を地域の人々に」提供するために、地域医療の中核となる高度急性期病院を経営戦略として選択しました。医療圏には公的病院は少なく、医療の担い手が民間病院中心に限定されてきたことから、機能分化と地域連携が円滑に進み、結果としてポジショニングがうまくいったと述べます。国の政策が医療機関の役割分担、病院完結型から地域完結型医療に変わる中で、地域の病院がお互いに助け合いながら、現在では地域完結型医療を目指して、色々な病院が全職種で、絶えず勉強会・交流会を行い、連携を図っています。さらに地域完結型医療について、一般市民の理解を得るために、市民を対象にした「わが街健康プロジェクト。」という活動を、地域の 17 の医療機関と共催で行っています。こうした努力の積み重ねがあって、医療圏における機能分担と連携が形成されてきました。医療制度改革にも触れてお聞きしていますので、ぜひお読みください。

　5 月 5 日、米国訪問中の西村康稔内閣官房副長官は、「日本の国会議員にも TPP 交渉テキストの閲覧を許す」という方針を記者会見で発表しました。TPP のステークホルダー会合に何度も参加し、情報開示の重要性を訴えてきたアジア太平洋資料センター[1] 事務局長の内田聖子さんは、日本のニュースでは報じられていない独自に入手した会見全体の記録から、いわゆる説明責任という観点からは一歩前進との見方をしつつも、ここには大きな落とし穴が用意される危険性を強く指摘します。内田さんは、①そもそも「保秘契約」の中身とは何なのか、②米国や他国のテキスト開示の実態はどうなっているのか、③開示の具体的な運用のしくみやルールはどのようになるのか、④大筋合意や妥結の前に開示はなされるのか、⑤

国会議員だけでなくすべての人びとにテキストは開示されなければ
ならない、の5つの論点を示します。そして、そもそもここまで情
報が隠されてきたこと自体が「異常」な協定であり、あり得ないと
いう当たり前の論理で動いていくべきだと主張します。しかし西村
康稔副長官は、2日後の7日にその発言を撤回しました。

　私は、国の責任ある立場にある内閣官房副長官の記者会見にもか
かわらず、わずか2日後に撤回したことに驚きますが、アメリカで
できることをなぜ日本ではできないのか、国民の「知る権利」をな
いがしろにする日本政府の姿勢に憤りを禁じ得ません。TPPは私
たちの暮らしや仕事、地域社会のありよう、社会制度、主権までを
も脅かす危機だからこそ、反対の声が今も続いています。政府は国
民にも情報開示すべきです。(No. 445、2015年6月)

1)　アジア太平洋資料センター (Pacific Asia Resource Center：PARC) は、
　　市民団体でありNPO法人です。PARCは、国際的な経済社会問題および
　　人びとの生活についての調査・研究を通じて、北の先進工業国と南の発展
　　途上国の経済格差や途上国の貧困問題、国際紛争や地球環境問題の原因や
　　それを生み出す構造を解明します。その成果を日本の市民の間に広く伝え
　　ると同時に、世界各国の市民との交流や協力を行うことでともに問題を解
　　決し、平和で平等な社会の構築をめざします。パルクは武藤一羊、北沢洋
　　子、鶴見良行らを中心に1973年に設立されました。「発展途上国」とされ
　　ている国家や地域の住民の利益を擁護しつつ、全世界の市民が平等に生き
　　る社会の実現を目的とします。

地域住民の医療実現のために、厚生連病院経営はどうあるべきか

　今号は、5月に開催された、第18回厚生連医療経営を考える研
究会の特集です。

　一つめは、研究会の報告です。ジャーナリストの堤未果さんの記
念講演をはじめ、特別講演、実践報告、特別報告、パネルディスカ
ッションなどの内容について簡潔に報告しています。

　二つめは、慶應義塾大学名誉教授の池上直己先生の特別講演「医
療介護問題を読み解く―地域医療構想をどう受け止め、どう対応す
るか」です。池上先生は、国の政策を理解し、病院・厚生連として
対策を立てる必要性を述べた上で、国が「医療と介護の一体改革」

214

を進めようとしているので、当然病院も医療だけでなく、介護との一体対策を講じる必要があることを強調しました。特に、地域医療構想より診療報酬改定の方が重要な理由を対比的に示しました。そして、診療報酬が3段階で改定されるプロセスを説明し、第1段階の改定率を決める時に、財務省に改定の主導権があると述べました。このような診療報酬の構造を踏まえて、病院としてどのような対策を立てるかが今後の課題です。講演録は今号から4回に分けて掲載します。

　三つめは、「機能分化・連携への模索と挑戦　9県13病院を訪問して」です。研究会に向けて事務局で分担して聞き取りした内容をまとめました。厚生連6県8病院と組織外3県5病院の実践例や意見、病院経営の課題について聞きました。特に、26年度診療報酬改定への対応と地域包括ケア病棟・病床の移行状況、地域医療構想への懸念、なかでも医療圏の見直し問題や、高度急性期など4区分と医療資源投入量の問題、医療連携への模索の様子等が述べられています。聞き取りに協力いただきました病院の皆様には、心から感謝申し上げます。

　四つめは、岡山旭東病院の土井章弘院長先生のインタビューです。このインタビューも、研究会に向けてお聞きした中の一つです。お気づきの方も多いと思いますが、5月号の済生会熊本病院、6月号の倉敷中央病院、そして今号の旭東病院と、普段は本誌で取り上げることがない、厚生連以外の病院に敢えてお聞きしています。いずれも国の医療政策、医療圏と自院のポジショニング、医療圏の特徴的なトピック等についてお聞きしました。

　岡山県県南東部医療圏は急性期病院の多い医療圏です。そして、岡山大学メディカルセンター構想を進めている渦中の医療圏です。このような医療圏で202床の病院がどのような経営理念で医療経営に携わっているか、「目に見えないところで勝負したいと思う」「職員ひとりひとりが幸せで、やりがいのある病院を追求する」と述べる土井院長のお話は驚きの連続でした。とりわけ毎年、全職員で経営方針を立てて「経営指針書」を半年かけて作成していることは秀逸です。ぜひお読みください。

　関連して、二木学長の医療時評「『地域医療構想策定ガイドライ

ン』と関連文書を複眼的に読む」と【補足】「『専門調査会第1次報告』をどう読むか？」は必読です。「医療・介護情報の活用による改革の推進に関する専門調査会第1次報告」は6月15日に出されたばかりで、二木先生には超特急で執筆いただきました。病院病床の大幅な削減は生じないと考える理由を「補足」しています。

私は、国の医療改革の動向を冷静に見極めながら、地域住民のための医療を実現するために、厚生連病院経営はどうあるべきか、しっかりと現実的対策を考えるべきと思います。（No. 448、2015年7月）

戦後 70 年目の夏と集団的自衛権

戦後70年目の夏。日本中が集団的自衛権の行使をめぐって大きく揺れています。政府・与党は7月15日の衆議院安保特別委員会、16日の衆議院本会議で安全保障関連11法案の強行採決を行いました。どんな世論調査でも、国民の5割以上が「憲法違反」と批判の声をあげ、国民の8割が「政府は納得のいく説明をしていない」と答えている法案を、数の暴力で押し通すことは、その内容が憲法9条に反するだけでなく、手続きそのものが国民主権の原則に反する暴挙です。この後、法案を成立させるためには、参議院でも再び強行採決するか、衆議院での3分の2以上での強行再議決が必要となります。安倍政権の強権的なやり方に各分野で国民の批判が強まっています。安倍内閣の支持率低下はとどまりません。「朝日」（20日付）の世論調査では、安倍内閣の支持率は37％、不支持率は46％となりました。第2次安倍内閣発足以来、支持率は最低、不支持率は最高となりました。

佐久総合病院名誉院長の松島松翠先生に「医療と平和　若月俊一先生の思い」を執筆いただきました。松島先生は、小学校3年生のときに中国との戦争が始まり、中学1年のときに太平洋戦争が開始され、旧制高校に入ったときにようやく戦争が終わります。横浜大空襲では、工場から家へ歩いて帰る途中、真っ黒焦げになった死体が道端にゴロゴロと並んでいるのを見て、思わず足がすくみます。松島先生は、若月先生の言葉を引いています。「私たちは農民に、

その健康や生命を守ることの重要性を終始一貫説いてきた。それは、地域住民の健康意識を高めることが、その生活と平和を守る戦いに通ずるという基本的考えからである」と。また、「本来は、この法案をどうするか決めるのは住民である。世論に反して政府と国会が勝手に決めてしまうようなことがあれば、世論は反発し、このままでは法案とともに政府はつぶれてしまうだろう。ともかく、この民主主義の世界では、国民がつねに主人公であることを忘れてはならない」と自身の言葉で述べています。

　「病院建築と環境」は新連載です。今回から、「工学院大学『建築学部』の環境・設備エキスパートチームからのメッセージ」が 12 回の連載で始まります。これまでの「医療建築エキスパートチーム」、「FM（ファシリティマネジメント）エキスパートチーム」に続く第 3 弾です。1 回目の今号は、長澤泰先生の「美しい病院のみが環境対応可能である」です。佐久医療センターは美しい病院として環境的な対応を成し遂げた例として取り上げていただきました。連載にご期待ください。

　「いのち育む農業体験学習の可能性」は最終回です。4 月から 5 回にわたる連載では、農場実習を通して、佐久総合病院の研修医、看護学校生などが、農業の大切さを実感していく様子が述べられました。今回は、「生き方を問い直す」で、農業体験学習の意義と可能性を考察しています。日本の農業が「どうなる」から「どうする」という考え方への転換は、自らの生活の場から食と農業を当事者としてとらえ直すことが必要で、実践の教訓からの学びも視野に入れる必要があります。農業体験学習が「日本の農業はどうなる、どうする」という難問の理解と納得に貢献できる可能性はあると結論します。農業は農家、農業団体、農業行政のためにあるのではなく、国民の生存、国土全体の保全、すなわち持続可能な社会のためにあるとの、川妻さんの言葉に共感します。

　最後に手前味噌で恐縮ですが、本会副会長の武藤喜久雄が第 37 回農協人文化賞を受賞しました。そこで、「受賞にあたっての『わが体験と抱負』」を掲載させていただきました。

　暑い日が続き、台風も続いていますが、ご自愛ください。（No. 449、2015 年 8 月）

少子高齢社会と地域医療

第64回日本農村医学会学術総会開催にあたって、学会長の由利組合総合病院院長の菊地顕次先生に原稿執筆をお願いしました。テーマは「少子高齢社会と地域医療〜秋田県の挑戦〜」です。菊地先生は秋田での学会開催には2つの意義があると述べます。ひとつ目は、少子高齢化と人口減少が、全国で最も早いスピードで進行している秋田県での開催ということです。少子高齢化と人口減少は、全国どの地域でも共通した問題であり、これからの地域医療を実践する上で、その対応策を考慮しなければならない喫緊の課題です。2つ目の意義は、秋田県厚生連の歴史的役割です。秋田県の医療組合の母体となったのは、昭和6年に設立された「秋田医療組合」（現在の秋田厚生医療センター）であり、その成功に刺激されて秋田県内各地に医療利用組合設立の気運が一気に燃え上がり、またたく間に燎原の火のように続々と開設されていったそうです。秋田県厚生連の歴史を踏まえ、「農村医学の原点にかえって」をひとつの合言葉に、学会開催を意義付けています。第64回農村医学会の成功をお祈りいたします。

第37回農協人文化賞受賞の宮武利弘香川県農業協同組合経営管理委員会会長と、山口県厚生連周東総合病院守田知明名誉院長から、受賞にあたっての「わが体験と抱負」を寄稿していただきました。同賞は農協法公布30周年を記念して昭和52年11月に制定され、多年にわたり農協運動の発展に寄与した功績者を表彰します。ぜひお読みください。

安藤満先生の「福島原発事故被災と健康の将来」は新連載です。今回は「原発被災と再稼働」です。九州電力は8月14日午前9時、11日に再稼働した鹿児島県川内原発1号機の発電と送電を始めました。原発の電気が家庭に流れるのは、2013年9月に関西電力大飯原発3、4号機（福井県）が定期検査に入って停止して以来、約2年ぶりです。川内原子力発電所1号機は、噴火警報レベル4に引き上げられた桜島から50キロ余りの距離にあります。九州電力は「仮に噴火したとしても影響はないと考えていて、特別な態勢などは取ってはいない」といいます。また、原子力規制委員会も「噴火

しても影響はない」としています（NHK NEWS WEB 8 月 15 日）。しかし、安藤先生も指摘するように、「巨大噴火時に被災するおそれの強い川内原発については、全く拙速な再稼働」です。再び起こると予想される原発事故による被災は絶対に防がねばなりません。

　二木立先生の「地域包括ケアシステムにおける供給と編成」は長文ですが必読です。地域包括ケアシステムの変遷を踏まえ、課題を整理しています。特に、厚労省が目指している地域包括ケアシステムを推進し「居宅生活の限界点を高める」ことは、現実的と思います。「限界点を高める」ことにより、住み慣れた居宅ですごす期間をできるだけ延ばし、その結果、終末期あるいはそれよりももう少し長い期間の病院・施設への入院・入所の率と期間をできるだけ抑制することをめざすことに異論はありません。

　日本海総合病院の栗谷義樹院長のインタビュー「新公立病院改革と生き残り戦略」では、山形県庄内医療圏の医療環境を踏まえて、新公立病院改革が全国の自治体病院にどのように影響するかをお聞きしました。私は、栗谷先生が「どんなことがあっても生き残ること。それは同業他病院職員も同様に守られるべきで、職員を守れないものに地域を守ることはできません」との言葉に、強く共感しました。今後の動向を注目したいと思います。（No. 450、2015 年 9 月）

地域医療構想と機能分担

　慶應義塾大学名誉教授・池上直己先生の「医療・介護問題を読み解く」は最終回です。第 18 回厚生連医療経営を考える研究会特別講演を、7 月号から 4 回分載しました。診療報酬、地域医療構想、地域包括ケアシステムの目標は、急性期大病院に資源を集中させ、慢性期病床を削減し、入院から速やかに外来、在宅にして、医療から介護、施設から居宅に、です。池上先生は、病院長の認識を改める必要を指摘します。自院が現在提供している医療を、拡大する分野と撤退する分野に選別し、撤退する分野は他の医療機関と連携して対応、地域医療構想における提供体制の改革は未知数ですが、診療報酬改定の動向を踏まえて対策を講じる必要があります。受け身ではなく、短期的、長期的な経営戦略に基づく厚生連病院の対策を

立て、職員の理解、賛同を得るよう努力すべきと述べます。富士見高原病院の井上憲昭先生、秋田厚生医療センターの桑原直行先生、済生会熊本病院の副島秀久先生の経営研報告要旨も掲載しました。どの報告も興味深いものです。ぜひお読みください。

　山形市立病院済生館・平川秀紀館長のインタビュー「地域医療構想と機能分担」は、山形市を含む村山医療圏の医療機能分担についてお聞きしました。村山医療圏は、大学病院、高機能病院や地域の基幹病院が複数あり、山形県全域から多くの患者が集まってきます。このような医療圏で、済生館病院は臨床研修指定病院、地域医療支援病院、電子カルテシステムの導入、地域がん診療連携拠点病院、DPC導入、7対1看護、地方公営企業法全部適用など、様々な病院機能の強化・改革をはかってきました。その結果、経営体質はプラスの体質になりました。

　済生館病院には山形市救急の45％の患者さんが搬送されて来ます。救急医療は、身の丈に合った、そして「断らない救急医療」を実施しています。この点についても当直体制の見直し、24時間検査体制や機器購入や人員増、看護体制を手厚くするなどを行いました。市議会や市民からも高い評価を得ています。地域医療構想との関係で病院の立ち位置もお聞きしました。「大学と県立中央病院がある中で生きる道を探し、はざまの領域だけを選んできましたが、結果的には地域での機能分担を推進した形になっています」「少ない医師しかいない地方にあって医師の疲弊をもたらさずに質の高い地域医療をやるためには、集約化と機能分担が必要」と述べます。いち早く医療機能の分担に取り組んできた、済生館病院の取り組みをお聞きできたことに改めてお礼申し上げます。

　早稲田大学・和田仁孝先生の「海外の医療メディエーション」は新連載です。今回と次回は、「アメリカにおける医療メディエーションの展開」です。先生は、「アメリカでは、院内医療メディエーションの試みなど見られないという見解が示されたりすることがあるが、これは全くの事実誤認である」「アメリカはメディエーション・スキルを医療現場に応用する多様な試みがなされている国」といいます。今回は、アメリカにおける医療事故対応の背景とその改善の動き、ミシガン大学関連病院の試みなどが紹介されています。

次回は、カイザー・パーマネンテなど大規模病院グループでの導入
例や、Patient Advocate の人たちの取り組み、さらには、医療倫
理領域でのメディエーション活用の動きについて、アメリカの状況
を見ていきます。

　最後になりましたが、9 月 10 日からの大雨により被害にあわれ
た皆様に、心からお見舞い申し上げます。（No. 451、2015 年 10 月）

民主主義って何だ？

　政府は 10 月 20 日、日米を含む 12 カ国で交渉してきた TPP の
「大筋合意」の概要を明らかにしました。交渉は国民の目から隠れ
て徹底して秘密裏に行われ、関税分野で全体図が明らかになったの
は今回が初めてです。

　市場開放分野では全品目の 95％で関税を最終的に撤廃します。
国会決議が交渉対象にしないよう求めた農産物重要 5 項目でも、
586 品目のうち 174 品目、約 30％で関税を撤廃します。農林水産物
全体では 2,328 品目のうち 1,885 品目、約 81％で関税を撤廃。過去
のどの協定でも関税を撤廃したことのない 834 品目のうち 395 品目
（約 47％）が、TPP で新たに関税撤廃の対象になります。政府は抜
本的対策を採らない方針で、コメも酪農も市場価格が生産コストを
下回ったときの差額補填システムがないままで、生産縮小を避けら
れそうにありません。現在準備されている国内対策で、国会決議を
守ったと言えるだけの「再生産可能な」国内対策も準備したとは到
底思われず、「重要品目」の除外という国会決議は守られたとは言
えません。

　TPP が大筋合意に至ったことは残念ですが、これで決着したわ
けではありません。今後、協定文書の作成、調印、批准という段階
があります。各国とも議会承認などの手続きが必要なのです。日本
は国会決議違反の TPP 協定書作成作業から撤退し、調印を中止す
べきです。国民生活と食料・農業を守るために、そして私たちの暮
らしの未来を切り開くために、覚悟を新たにしなければなりません。

　田代洋一先生の「民主主義って何だ？」は、民主主義の観点から
見て、農協法等改正と安保法制の成立過程が酷似していると指摘し

ます。第1は日本の国や憲法に超越してアメリカとの関係優先で決まった非主権国家性、第2は法律の内容や制定理由には論理のすり替えが多々見られること、第3は民主主義の無視です。与党は有権者の1/4の支持しか得ていません。そういうまやかしの多数支配の下で、官邸は法改正や条約締結で日本を後戻りできない国に変えてしまおうとしています。TPP、原発再稼働、農協法等改正、安保法制に反対する数万の人々が連日国会を取り巻きました。安倍政権は民主主義の危機とともに、個人参加デモという行動も引き出しました。これを田代先生は「『市民社会』が市民社会らしいかたちで政治に立ち向かいだした」といいます。

　二木立先生へのインタビューは、新著『地域包括ケアと地域医療連携』の出版にあたってのものです。地域包括ケアと地域医療構想の両方の関係について、述べていただきました。安倍政権の財政再建策では「社会保障改革しか道はない」と言い、今後も医療費抑制策はさらに厳しくなります。小泉首相時代の自然増2,200億円削減の1.7倍の金額が削減されることを強調します。しかしこれも「せめぎ合い」の中で決まります。今の力関係のままでは大変なことが起こりますが、医療関係者や国民や患者の支持と理解を得れば、10年前と同じように変わる可能性があることも強調します。地域包括ケアシステムと地域医療構想は一体です。大事なのは、在宅での限界点を高め、病院や施設への入院・入所を遅らせるけれども、最期を本当に自宅で看取られる人は12%、88％は他でカバーしなければならないことです。地域包括ケアの究極の目的は、これからの死亡急増時代に死亡難民を作らないことです。二木先生の言うように、厚生連の枠を超えて、地域の医師会や他の病院や医療・福祉団体との協力が今まで以上に強く求められます。（No.452、2015年11月）

TPP「大筋合意」をどうみるか

　田代洋一先生の「TPP『大筋合意』をどうみるか」は重要です。日本ではTPP交渉が「大筋合意」に達したと表現されていますが、TPP「閣僚声明」に「大筋合意」の言葉は見当たらないといいます。今回は、最後までもつれ込んだ新薬データ保護期間、著作権期間、

酪農製品等が一定の「合意」に達したということであって、国際
NGO は final deal（最後の取引）と表現しているそうです。「最後
の取引」があたかも TPP 全体の「大筋合意」であるかのような印
象を与え、TPP の本質を覆い隠しています。マスコミも「大筋合
意」の見出しで、今回の合意に焦点を当てていますので、すり替え
効果は十分です。田代先生は、実は既に決着がついていた案件も今
回「合意」したかのように見せかけていることも指摘しています。
「大筋合意」を受けて国内議論は「国内対策」でもちきりです。し
かし TPP は「この国のかたち」を変えてしまう事態です。きちん
と手順を踏んで悔いを残さない決断をする必要があると先生は言い
ます。その手順は① TPP 協定全容を明らかにさせる、②その影響
を可能な限り正確に見通す、③それが国会決議に反していないか徹
底的に議論し、批准の可否を決する、④万が一にも批准された際に
は影響を最小限にとどめる国内対策を樹立する、ことです。政府与
党は①〜③を飛び越して④を 11 月末にも決めようとしています。
これは、TPP 議論封じと来年の参院選に向けて農村票の買収です。
「日本の将来を誤らないためにも、いま、国会軽視の政府と戦う必
要がある」との言葉に全面的に同意します。国会は、「重要 5 品目
など聖域の確保を優先し、それが確保できないと判断した場合は、
脱退も辞さないものとする」と決議したはずです。国会決議を尊重
するなら脱退するのが筋です。

　石井洋子室長の「伊勢原協同病院の病院給食」は最終回です。今
回は「産直交流」で、平鹿総合病院のある横手市の JA 秋田ふるさ
とからおいしいお米「あきたこまち」を送ってもらい、神奈川から
伊勢原みかんを平鹿総合病院に送っているというお話です。「仕事
は楽しいが一番」という言葉がでてきますが、私もそう思います。
これからも「おいしいしごと」探しをがんばってください。2 月号
から 11 回連載していただきましたことにお礼申し上げます。

　松岡洋子先生の「デンマーク＆世界の地域居住」は、イギリスに
おけるエイジング・イン・プレイスの取り組みについて、2 年以上
にわたって連載いただきました。今回は世界の潮流を踏まえつつ、
イギリスの「住まいとケアの分離」をまとめています。早稲田大学
の和田仁孝先生の「海外の医療メディエーション」もイギリス編で

す。「英国の医療苦情・紛争対応システムとメディエーション」は興味深い論考です。NHSのシステムが統一的な医療の提供システムを確立していることは承知していましたが、苦情への対応システムを構築していることを知りました。和田先生は、イギリスはアメリカほど訴訟が多くなく、かつ院内解決が重視されている点など、我が国の制度ともどちらかと言えば相似したシステムと述べています。海外の医療メディエーションについては情報がなかなか入りません。日本でのメディエーションだけでなく、他国の取り組みを知ることは大変勉強になります。次回はフランスの院内メディエーター制度について執筆いただく予定です。(№453、2015年12月)

第11章 平和の尊さと憲法九条 (2016年)

農協、厚生連病院として地域をどのように作っていくのか

新年おめでとうございます。

本誌が皆さまのお手元に届く頃には、第190回通常国会が開催されています。会期末は6月1日です。補正予算案、本予算案、税制改正・特例公債・関税定率法の成立。その後、TPP条約の承認案件と国内実施法案の可決・成立と、政府側、特に官邸は考えているようです。たった5カ月でTPPに署名し批准までするのでしょうか。

アメリカの弁護士トーマス・カトウ氏は、日本語の正文がないことを問題にしています。法律論からみれば、厳密には国会での批准のしようがないといいます。もう1つカトウ氏は、TPPは日本の集団安全保障と裏表の関係にあると指摘します。これは、田代先生が今回の「TPP『大筋合意』から見えて来るもの―TPP＝安保論―」で、明確に述べています。田代先生は、日米二国間協議がTPP交渉の舞台裏を仕切るものとして決定的だったといいます。

アジア太平洋資料センター事務局長の内田聖子さんは、2015年11月に公開されたTPP文書は6,500頁以上になるといいます。そのうちのほんの100頁ほどの不十分なものが内閣官房にアップされています。私も読みましたが、よくわからないというのが率直な感想です。国会議員は全文テキストもわからないまま、どうやって論戦するのでしょうか。また、TPPのメリット・デメリットもわかりません。アメリカは最短でも105日かけて影響評価をしたうえで、議会で議論されることがTPA[1)]で決まっています。これを参照すると、日本の手続きがいかにおかしいかがわかります。TPPの影響を量るには、複雑に絡み合った地域経済の調査が必要で、簡単で

はありません。これが終わるまでは措置や対策を具体的に講じられ
ないことは考えればわかることです。

　新春座談会でも、TPP 大筋合意で「地方創生」はどうなるかを
議論しています。農業は加速度的に崩壊する危険があることを金子
勝慶応大学教授は指摘します。熊本県では 10 年前に 880 戸あった
酪農家が今 550 戸と 4 割減少していると県中央会の梅田穣会長はい
います。TPP を機に大打撃を受けるのは確かです。梅田会長は牛
の価格が高い今のうちに牛を売って廃業すれば退職金代わりになる
との肥育牛農家の声を紹介しています。地域社会の活性化というこ
とでは、足助病院の早川富博院長から、「健康」と「介護」をキー
ワードに地域の再構築を、病院を基礎に実践していることが報告さ
れました。この点では、二木先生が指摘する、財務省と官邸の医
療・社会保障費抑制要求が気になります。

　内田聖子さんが、TPP による日本の不利益は大きいとしつつ、
ヨーロッパも含めた自由貿易に反対している国際市民社会でのメイ
ンイシューは環境や人権などグローバルに解決しなければならない
課題をどうやって自由貿易協定の中に埋め込んでいくか、企業の動
きをどう規制していくかと述べていることは、国際市民社会を担う
日本の立場が問われる意味において見識ある問題提起だと私は思い
ます。

　「私たち JA グループが取り組む農業や医療は、すべての国民の
命とくらしを支え、守るためにこそあります」。本会は「新たな時
代の流れの中で、自らの果たすべき役割の何たるかを問いながら取
り組みを進めます」（神尾透会長挨拶）。会員の皆様にとっても本会
にとっても大切な 1 年となります。

　本年もよろしくお願い申しあげます。（No. 454、2016 年 1 月）

1）　TPP（Trade Promotion Authority：貿易促進権限。旧称は「ファストト
　　ラック」）で、アメリカ議会が法律によって大統領に付与する通商交渉に
　　関する交渉権限です。アメリカの憲法では、外国との通商に関する取り決
　　めを定めるのは議会だとされています。また、関税も含めた税金をどうす
　　るかを決めるのも議会の役割とされています。このため、大統領は、関税
　　交渉を始めとした通商交渉を行う権限を憲法上有していません。後述する
　　ように、これでは実質的に不都合が生じるため、立法行為によって議会が

大統領に対して通商交渉の権限を付与することが過去に何度も行われてきました。このような権限の一形態が TPA です。TPA が大統領に付与された場合、大統領は他国との通商交渉によって合意した FTA などの通商協定案について、通常の法案審議とは異なる手続きを受けます。第 1 に、通商協定案は通常の法案審議とは異なる迅速な手続きを受けることになります。大統領が通商協定案を議会に提出すると、議会は一定期間内に審議を終えて採決することが必要になります。また、議会は大統領の提出した案を修正することができず、Yes か No の採決しか行えません。第 2 に、通商協定案への議会の関与を確保するための諸規定が設けられています。まず、通商交渉の諸目的が TPA を付与する法律に明記されており、大統領がフリーハンドで交渉できないようになっているのです。次に、大統領は他国との交渉に入る前などに議会へ通報することが必要とされ、また、議会の関係委員会などとの協議を行うことが求められています。

TPP を国民的争点へ

　毎回本誌では本会の事業や研修の取り組みを紹介しています。今号では「医薬品共同購入における購買側主体の流通改革と使用対策」、「第 2 回 LCC 事例発表①」などです。そして研修では、「厚生連医療メディエーター養成研修会（基礎編・スキルアップ編）」を紹介しています。これらの本会と会員の事業や研修は、本会が会員とともに果たすべき役割であると考えます。

　新連載「医食農同源　医療の現場を食から支える」は、相模原協同病院栄養室の石川知子室長に 6 回の予定で執筆いただきます。これは本誌 2015 年 4 月号で掲載した相模原協同病院の病院薬膳ランチのニュースがきっかけとなりました。2007 年 7 月号では「都市部の病院で取り組む地産地消」と題して栄養室の取り組みをご紹介いただきました。今回は地産地消や薬膳ランチを含め相模原協同病院栄養室の食の歩みを特徴的なトピックを取り上げて紹介していただく予定です。ご期待ください。

　田代洋一先生の「『TPP 協定の経済効果分析』を読む─ TPP を国民的争点へ」は、内閣官房 TPP 政府対策本部が 2015 年 12 月 24 日に公表した「TPP 協定の経済効果分析」の論点を整理しています。政府の 2013 年版試算と比較しながら経済効果分析をしています。「農業や国民生活への影響が明らかにされたとは到底言えず、これで影響分析はすませたとされたら困る」というのが結論です。

内閣官房が公表した経済分析の中で、「農林水産分野の評価」では、「関税削減等の影響で価格低下による生産額の減少が生じるものの、体質強化対策による生産コストの逓減・品質向上や経営安定対策などの国内対策により、引き続き生産や農家所得が確保され、国内再生産量が維持される」と見込んでいます。その結果、農林水産物の生産減少額は約1,300億円〜2,100億円とされます。

　分析結果では、日本の新たな成長経路（均衡状態）に移行した時点において実質GDP水準は＋2.6％増、2014年度のGDPを用いて換算すると約14兆円の拡大効果が見込まれ、さらに労働供給は約80万人増と見込みます。世銀グループ「Global Economic Prospects」（2016年1月6日公表）の「TPPが2030年までに日本のGDPを約2.7％押し上げる」との試算結果をわざわざ「TPP協定の経済効果分析（概要）」に追加掲載して、今回の分析結果と近い数字と評価します。本誌2013年9月号で静岡大学名誉教授の土居英二先生が、「TPP関税撤廃による影響は13.6兆円の生産減少、就業者数212万人の減少」と試算しました。当時と「大筋合意」後では貿易円滑化措置等を加えたことや分析手法の違いはありますが、それにしても内閣官房の経済分析は、初めから結論ありきの希望的観測と言われても仕方ありません。

　田代先生が指摘するように、「分析」で生産額が減るのは農林水産業だけで、TPPが「アベノミクスの切札」として農林水産業を犠牲にして、成長戦略を追求するものであることだけは確かです。そして、多くの消費者が懸念する食の安全性問題など、国民生活に対する負の影響は「分析」の定量分析からは全く抜け落ちています。すべてを明らかにして国民的議論をすべきと考えます。（No.455、2016年2月）

「保健医療2035」を複眼的に読む

　二木学長の医療時評「『保健医療2035』を複眼的に読む」は、評価できる点と疑問に感じた点を複眼的に分析しています。私も「保健医療2035」はすぐ読みましたが、総論的と感じました。また、パラダイムシフトについても、クーンの『科学革命の構造』はずい

ぶん前に読みましたが、概念が曖昧でつかみどころがなかったこと
を覚えています。補足の第3の理由で、「社会保障制度改革国民会
議報告書」の3つの視点・「転換」（①「治す治療」から「治し・支
える医療」への転換、②「病院完結型医療」から「地域完結型医
療」への転換、③「医療と介護の一体的改革」）が重要との指摘に
納得しました。

　鵜殿博喜学長の「グーテンターク、ドイツ」は最終回です。2014
年1月に鵜殿学長への執筆依頼に明治学院大学を訪問したときは、
先生のヨーロッパでの豊富な見聞に話が弾み、あっという間に予定
の2時間が過ぎました。当初は12回の予定でしたが、読者からも
好評でしたので延長していただき、今号まで18回の連載になりま
した。お礼申し上げます。

　早稲田大学の和田仁孝先生の「海外の医療メディエーション」も
最終回です。2015年10月から6回連載いただきました。アメリカ、
イギリス、フランス、スウェーデン、そして今回の台湾・中国と、
6カ国のメディエーションについて執筆いただきました。各国での
取り組みは医療制度の違いもあって少しずつ違ったり重なり合った
りします。しかし、「どの国でも、患者と医療者の対話の重要性へ
の認識は一致しており、そのための工夫を重ねてきている」、日本
は「質量ともに充実した医療メディエーションの教育と実践の経験
を持つことから、今後はそうした国際連携を進めていく役割を果た
さねばならない」との指摘に大賛成です。厚生連もその一端を担っ
ていることは、素直に大変嬉しいことです。

　本会では、2016年も厚生連院内感染予防対策研修会を開催しま
す。研修会を受けた方の実践も掲載しています。工学院大学の連載
「病院建築と環境」も今号のテーマは院内感染です。柳宇先生の
「院内感染とその対策」をお読みください。

　2011年3月11日の東日本大震災から5年が経ちます。政府は、
東日本大震災5周年追悼式を実施します（閣議決定）。岩手県（584
万トン）と宮城県（1,930万トン）は、2014年3月にがれきの処理
を終えました。福島県（422万トン）は2016年3月までに概ね処
理完了の予定（避難指示区域を除く）です。復興庁によると、震災
直後に約47万人いた避難者数は、2016年1月14日時点では約17

万8千人まで減少しました。しかし被災地では、災害公営住宅の建設や、集団で移転する高台の造成が遅れています。今、応急仮設を含めた住宅等で避難生活している人は、岩手・宮城・福島の3つの県でおよそ12万4千人います。安藤満先生の連載「福島原発事故被災と健康の将来」は、原発事故が現在でも地域住民に様々な苦痛を与え続けていることを述べています。また、「福島県3・11からの復興と地域づくり」を掲載しました。震災と原発事故の記憶を風化させず地域が復興するまで、私たちは見届ける必要があります。（No. 456、2016年3月）

権利はたたかう者の手にある

　哺乳類生態学者・安間繁樹先生の「熱帯の自然誌」は新連載です。2016年12月、安間先生と執筆打ち合わせしたときに、研究者としての経歴もさることながら、熱帯の動物や自然の深い知識に驚き「世の中にはすごい人がいるものだ」と思いました。だいたい私にはボルネオが世界地図のどこにあるかもよくわからず、そこで16年間も生活するなど想像できません。安間先生の実体験を通して、私たちが知らない世界を垣間見ます。

　二木学長の医療時評「地域包括ケアシステムから『全世代・全対象型地域包括支援』へ」は非常に重要です。厚労省は2016年9月「誰もが支え合う地域の構築に向けた福祉サービスの実現」（ビジョン）を発表しました。ビジョンで示された福祉改革の実現可能性は不透明ですが、最も注目すべきは地域包括ケアシステムの全年齢への対象拡大です。「地域包括ケア支援体制」という、「高齢者に対する地域包括ケアシステム」と「生活困窮者に対する自立支援制度」を折衷した用語が用いられています。私は、3月14日に開催された第1回日本福祉大学地域包括ケア研究会公開セミナーに参加し、知多半島の取り組みとそれを支援する研究者の役割について学びました。知多半島では「0歳から100歳の地域包括支援」と称して、国の政策を先取り実践していました。しかし行政は高齢者対象の地域包括ケアシステムで手いっぱいのようです。日本福祉大学の石川満先生が指摘するように、要支援者の新しい総合事業は2017年度

までにはすべての市町村で実施されます。真の意味での「地域包括ケア」をどのように確立するか、課題は山積しています。

　朝日訴訟[1]、生存権裁判を闘われてきた朝日健二さんは、2016年 10 月 17 日早朝に逝去されました。井上英夫先生には健二さんを悼み、「権利はたたかう者の手にある　朝日健二さんと朝日訴訟・生存権裁判」を執筆頂きました。「朝日訴訟は、日本の人々に憲法25 条の生存権は『絵に描いた餅』ではなく、社会保障・生活保護は憲法の保障する権利・人権であるという確信と希望をもたらしました」。井上先生も触れていますが、健二さんが生存権裁判支援全国連絡会副会長を引き受けたときに、私は健二さん本人から「私は老病体にムチ打ってでも朝日訴訟を語り続けなければならないと思って、引き受けることにしました」と話されたことをよく覚えています。その声は震えるように辛そうでもありましたが、不屈の信念を感じさせるものでした。

　記憶が定かでなく 20 年くらい前だと思います。本会主催の研究会で朝日さんに講演いただいた経緯があり、そのとき以来、何かと連絡をとらせていただきました。また、本誌には 2010 年 4 月号に「人間裁判と沢内村の 50 周年」を、2015 年 1 月号には「権利はたたかう者の手にある」を執筆いただきました。同年 5 月には本会の職員全体研修で、「これからの社会保障の課題―朝日訴訟から学ぶこと」を講演いただきました。講演前に一緒に食事をしながら雑談の中で、余命が短いことを直接お聞きし愕然としました。その夜電話をいただき、「NHK の取材が今まで続いて、大変でした」と話されました。それが朝日さんと交わした最後の言葉となりました。私は、社会保障関係で何かあると、朝日さんに気軽に電話し意見を伺いました。健二さんは弱者には優しい眼差しを向け、平和と人権を侵す者とは断固闘う、文字通り生涯にわたり「不断の努力」を続けられた人でした。故人のご冥福をお祈り申し上げます。（No. 457、2016 年 4 月）

1)　朝日訴訟とは、1957 年（昭和 32 年）当時、国立岡山療養所に入所していた朝日茂（あさひ　しげる：1913 年 7 月 18 日 – 1964 年 2 月 14 日）が厚生大臣を相手取り、日本国憲法第 25 条に規定する「健康で文化的な最低限度

の生活を営む権利」（生存権）と生活保護法の内容について争った行政訴訟です。原告の姓からこう呼ばれています。結核患者である原告は、日本国政府から1カ月600円の生活保護による生活扶助と医療扶助を受領して、国立岡山療養所で生活していましたが、月々600円での生活は無理であり、保護給付金の増額を求めました。1956年（昭和31年）、津山市の福祉事務所は、原告の兄に対し月1,500円の仕送りを命じました。市の福祉事務所は、同年8月分から従来の日用品費（600円）の支給を原告本人に渡し、上回る分の900円を医療費の一部自己負担分とする保護変更処分（仕送りによって浮いた分の900円は医療費として療養所に納めよ、というもの）を行いました。これに対し、原告が岡山県知事に不服申立てを行いましたが却下され、次いで厚生大臣に不服申立てを行うも、厚生大臣もこれを却下したことから、原告が行政不服審査法による訴訟を提起するに及びました。原告は、当時の「生活保護法による保護の基準」（昭和28年厚告第226号）による支給基準600円では生活出来ないと実感し、日本国憲法第25条、生活保護法に規定する「健康で文化的な最低限度の生活を営む権利」を保障する水準には及ばないことから、日本国憲法違反にあたると主張しました。第一審の東京地方裁判所は、日用品費月額を600円に抑えているのは違法であるとし、裁決を取り消しました（原告の全面勝訴）。第二審の東京高等裁判所は、日用品費月600円はすこぶる低いが、不足額は70円に過ぎず憲法第25条違反の域には達しないとして、原告の請求を棄却しました。上告審の途中で原告が死亡し（1964年2月14日に死去）、養子夫妻（健二さんら）が訴訟を続けましたが、最高裁判所は、保護を受ける権利は相続できないとし、本人の死亡により訴訟は終了したとの判決を下しました。最高裁判所は、「なお、念のため」として生活扶助基準の適否に関する意見を述べています。それによると「憲法25条1項はすべての国民が健康で文化的な最低限度の生活を営み得るように国政を運営すべきことを国の責務として宣言したにとどまり、直接個々の国民に具体的権利を賦与したものではない」とし、国民の権利は法律（生活保護法）によって守られれば良いとしました。「何が健康で文化的な最低限度の生活であるかの認定判断は、厚生大臣の合目的な裁量に委されている」としています。傍論で生存権の性格について詳細に意見を述べた最高裁のこの判決を「念のため判決」と呼ぶことがあります。以後この裁判の影響により、生活保護基準の金額改善や社会保障制度の発展に大きく寄与しました。

熊本、大分両県で相次ぐ地震で被災された皆様に

　熊本、大分両県で相次ぐ地震で被災された皆様に心よりお見舞い申し上げます。

　4月14日夜に最大震度7を記録した前震に始まり、4月16日深夜にM7.3の本震、その後も大小500回を超える地震が続き、被害は九州全県に及んでいます。死者44人、安否不明8人、負傷者

1,101 人、避難者 9 万 4,181 人、熊本県内の建物の全壊・半壊は 2,227 棟に及んでいます（4 月 18 日午後 11 時 40 分現在、警察・熊本県等発表）。

　また、農畜産物の集出荷施設が被害を受けただけでなく、輸送手段にも混乱が生じています。高速道路の通行止めや交通渋滞、トラック不足などによる流通への影響が深刻化しています。「八代のトマトはトラックを確保した上での出荷になり、苦労している」（JA 熊本経済連）ほか、JA かみましきでは選果機が故障したために、スイカの選果を JA 職員や近隣農家らが集まり手作業で懸命に出荷作業を進めました。県内にある生産資材の工場も被害を受け、製造・供給に支障がでています（日本農業新聞 4/19）。18 日現在、県内で被害を受けた選果場は JA 熊本市、JA かみましき、JA 熊本うき管内の 3 つです（JA 熊本経済連）。5 月号の八代地域農業協同組合の田島幹雄組合長のインタビューでは、農産物販売高 240 億円のうち 120 億円がトマトだと話されています。

　被害は甚大です。政府は救命・被災者救援に全力を傾けるべきです。被災者への医療と農家に対する緊急対策も必要です。そして避難所での最低限の生活を維持するための水、食料、電源などの確保や被災地宅の危険度判定の早急な実施をはじめとした住宅対策も必要です。余震が続き予断を許しません。まだ警戒が必要です。

　今号で、最終回を迎えた「福島原発事故被災と健康の将来」の中で、安藤満先生は「東日本大震災後 5 年、再び断層連動型激震『熊本地震』という苛酷な大震災を被った今、地震と断層の多い日本においては、『安全神話』に惑わされず、共に『脱原発』に進むしか道は無いといえます」と述べます。私は安藤先生の意見に賛成です。不測の事態に備えて、川内原発を停止することを検討すべきと考えます。先生には、2015 年 9 月号から 9 回連載していただきましたことにお礼申し上げます。

　山形大学の中西淑美先生の「臨床倫理メディエーション」は新連載です。第 1 回は「生命倫理メディエーションとの出会い」です。連載では、改めて「倫理とは何か」を考えます。そしてさまざまな倫理を背景としつつ、臨床倫理とメディエーションについて検討します。中西先生は、臨床倫理が生命倫理という範疇の中にあること

をふまえ、生命倫理メディエーション（Bioethics Mediation）との出会いについて述べます。さらに、ペンシルバニア大学の倫理メディエーション講座での生命倫理メディエーション研修のトレーニング例も紹介していただきます。日本でも介護や福祉の領域において医療メディエーションの意義が認知され始めた現在、メディエーションの手法を臨床倫理問題の領域に応用できるものとして、本連載で提起していただきます。ご期待ください。(No. 458、2016 年 5 月)

TPP の拙速な議論は日本のためにならない

6 月号は、TPP3 題です。立教大学郭洋春先生「TPP の拙速な議論は日本のためにならない」は、大急ぎで執筆いただきました。TPP 承認案と関連法案が 4 月 5 日から衆院本会議で審議入りし、政府は審議後に開かれた TPP 特別委員会の理事懇談会で野党の要求に応じ、甘利明前経済再生担当相とフロマン米通商代表による閣僚協議など TPP 交渉の関連文書を示しました。しかし大半が黒く塗りつぶされた文書でした。国民をばかにするにも程があります。そこで郭先生にすぐ連絡し、「TPP の現段階を、この間の経過を踏まえて執筆していただけますと幸いです」とお願いしました。先生もテレビで予算委員会を見ていたとのことで、「全く要領を得ない答弁で、これで安倍総理が言う『TPP は国家 100 年の計』ならば、まさに国民不在の政治と感じました」と返信をいただき、今号での執筆となりました。

TPP は黒塗り文書、交渉内幕本、甘利明 TPP 担当大臣の不正献金問題の三重苦に直面し、熊本県・大分県を襲った地震被害への対応により、今国会での審議・採択は実質先送りされました。審議は秋の国会とも言われていますが先行きは不透明です。

アメリカは大統領予備選挙の真っ最中です。注目すべきは、すべての大統領候補が TPP に反対していることです。誰が大統領になっても、アメリカは採択しないか、協定内容の再協議を求めてくる可能性があります。そうなると、2015 年 10 月に拙速に協議を終わらせて大筋合意に同意した他の参加国も再協議を求めてくる可能性もあります。もし再協議になれば、日本政府にとってますます不利

な状況に追いやられる可能性があり、それを防ぐためには、既に日本は大筋合意に沿って国内でも採択したのだからもはや再協議の余地はなく、他の参加国、特にアメリカも大筋合意の内容で採択するよう求めようと考えているようです。そうすればこれ以上不利な譲歩をする必要がなくなるからです。これが、日本が国内での審議を強引に推し進めてまで早期に妥結したい理由ではないかと郭先生は指摘します。

　日本大学の高橋巖先生が「非営利協同事業としての共済事業は存続できるか」で述べているように、現在は「当面適用除外」になっている日本の協同組合等共済も例外ではなく、ACCJ（在日米国商工会議所）が「共済等と金融庁監督下の保険会社の間に平等な競争環境の確立を」との意見書を公表し、「共済等への優遇措置が国際通商上の義務に関する問題」として、さらなる規制緩和と共済と保険との同質化を要求しています。

　医薬品特許問題は国際社会で南北対立の争点になってきました。WTO では知的財産権の保護を義務付ける協定が制定され、2010 年には途上国の強い要求により特許権の後退となる「強制実施権」の設定が採択されましたが、アメリカが特許の権利強化へと巻き返しを図っています（「TPP と医薬品特許」6 頁）。

　しかし、いくら日本が採択を急いでも、アメリカの採択が遅れれば、TPP を発効することはできません。郭先生は「TPP は内患外憂に見舞われている。そうであるならば、拙速な議論で採決するのではなく、国民が納得するまで議論を行うべき」と主張します。政府は、交渉過程で話し合われた内容を明らかにするだけではなく、協定文書の全文について国民に丁寧かつ分かり易く説明すべきです。（№ 459、2016 年 6 月）

地球環境保全に貢献する病院建築

　7 月号では、「震災に負けない！　奮闘する熊本の農協・厚生連」「災害後インフラとしての農協福祉機能を考える」「熊本地震に周東総合病院の DMAT が出動しました」を掲載しました。甚大な被害の様子が垣間見られると同時に、社会的インフラとしての農協の役

割が改めて浮き彫りになりました。周東総合病院のDMATの例に
みられるように、厚生連病院の災害時の活動にも目を見張ります。

　相模原協同病院石川知子栄養室長の「医食農同源　医療の現場か
ら食を支える」は最終回です。2016年2月から、栄養室の病院食
改革に奔走された歩みについて、全6回にわたり紹介いただきまし
たことにお礼申し上げます。そもそも石川室長に執筆をお願いした
のは、薬膳ランチのニュース記事が2回寄せられたことがきっかけ
でした。その後2015年5月に、栄養科石川知子室長と広報担当の
鈴木直子さんと、連載の打ち合わせを行ないました。栄養科の取り
組みは、バースデーメニューから始まり、選択メニューの実施、地
産地消の導入、ヘルシーランチの会、薬膳ランチの会、そして今回
のチーム医療への参画と続きました。院内のクリニカルサービスを
地域へ繋ぐことがゴールと石川室長は述べます。新たな取り組みが
ありましたら、ぜひ紹介いただきたいと思います。

　法政大学・大平佳男先生の「地域産業との連携による再生可能エ
ネルギーの新展開」も最終回です。2015年6月から11回連載いた
だきましたことにお礼申し上げます。第1回は「浄水事業と太陽光
発電の連携」で、岡山県の事例でした。「地域の産業を活かし、再
エネと連携を図ることで、より高付加価値のある再エネが普及する
ことができる」。このような観点から各地の地域産業と再エネの連
携を紹介いただきました。6月号の「復興に向けた再生可能エネル
ギーの活用と福島発電の取り組み」は真骨頂でした。電力の全面自
由化にも緊急に触れて論じていただきました。今号のまとめは、
「地域産業と再生可能エネルギーの連携の展望」です。「FIT制度
のよい面（一定期間、一定の価格での買取保証）を活用しつつ、
FIT制度に過度に依存せずとも再エネの利用で地域産業に利益が
もたらされる枠組みを構築していくことが、持続可能な社会の形成
に大きく貢献できる」との結びに、私も全面的に賛成します。

　工学院大学「建築学部」の環境・設備エキスパートチームからの
メッセージ第3弾は最終回です。今号は長澤泰先生の「地球環境保
全に貢献する病院建築」です。2011年4月から第1弾「これから
の病院づくり」、2013年1月から第2弾「社会的資産としての病院
建築」、そして第3弾「病院建築と環境」は、2015年8月号から12

回連載していただきました。断続的に合計36回連載していただきました。私が当時の副学長で工学部長だった長澤先生にお会いしたのは2010年4月でした。あれから6年以上経つことに改めて驚きます。先生は、「今後の病院は、病院らしくない健院であるべきだ」とおっしゃったことを今でも覚えています。あの時はうまく理解できませんでしたが、これまでの連載から理解できたように思います。翌2011年4月には工学院大学に日本初の建築学部が設置されました。第1弾では3人の先生でご執筆頂き、第2弾では5人の先生でした。そして第3弾では8人の先生にご執筆頂きました。工学院大学の先生方には全面的に弊誌にご協力いただきましたことに、心から感謝申し上げます。（№460、2016年7月）

平和の尊さと憲法九条

　第24回参院選は7月10日投開票されました。安倍晋三首相が目指す憲法改正に前向きな勢力は、非改選と合せて改憲の発議に必要な全議席の3分の2に達しました。翌11日の全国紙は、「改憲勢力3分の2」（日経）、「改憲勢力3分の2超す」（毎日）、「改憲4党3分の2に迫る」（朝日）、「与党大勝改選過半数」（読売）などと、1面大見出しをつけました。一方で、参院選1人区で自民党は、福島の岩城光英法相、沖縄の島尻安伊子沖縄・北海道担当相が野党統一候補に敗れ、安倍内閣の現職2閣僚が落選しました。沖縄では同党は衆参で議席を失いました。

　与党大勝がマスコミの大方の見方ですが、農村から今回の選挙結果をみると、様相は変わります。東北をはじめ甲信越では野党の圧勝です。自民党は、岩手、山形で完敗、青森、宮城、福島で接戦を落とし、東北6選挙区で1勝5敗と負け越しました。新潟、山梨、長野の甲信越では全敗です。それに三重、大分、沖縄の野党の勝利が加わります。加えて、複数区の北海道での野党の勝利があります。つまり、北海道と東北と甲信越をみると、与党は2勝10敗で勝率は17％です。目を覆うばかりの惨敗です。もちろん、これは農業者だけの審判ではなく、この地域の全有権者の厳正な審判です。複数区の結果をみると、大都会東京、大阪、京都は全て与野党の当選

者が同数です。決して与党が勝ったわけではありません。以上から分かることは、東北などの農村が、与党に対して反旗をひるがえしたことです。それと同時に、都市でも大都市を中心に与党離れが進んでいることです。

　安定した政権基盤を得て、安倍首相はデフレ脱却に向け、経済政策「アベノミクス」を一層加速させる方針です。当面するTPPの国会批准にどう対処するのか、農業・農協改革や米の減反廃止を、これまで通り強引に進めるのか。農業者は注目しています。

　さて今号では、5月に授賞式が行われた「山上の光賞」受賞を記念して、佐久総合病院名誉院長の松島松翠先生と元取手協同病院院長の椎貝達夫先生に、受賞にあたっての寄稿とインタビューをお願いしました。松島先生には「地域へ足を運ぶことの意義」を、椎貝先生には「慢性腎臓病（CKD）の患者さんへの救いの手を」お願いしました。改めて受賞をお祝い申し上げますとともに、長年にわたり社会に貢献されたことに、心から敬意を表します。

　また、カレーズの会理事長レシャード先生に、「平和の尊さと憲法九条」についてインタビューしました。レシャード先生は、安倍首相の憲法九条を中心に憲法改正を目論んだ発言について、第三国に対する攻撃に発展することも懸念します。それが結果的に、日本がイスラム国などのテロ組織の標的になりかねないと指摘します。先生は、日本の戦後復興の速さに感銘を受け、留学先に日本を選びました。来日後、憲法九条のもとで一貫して平和を維持している日本の姿に感動したと言います。アフガニスタンを始めとする多くの発展途上国は、日本の経済的進歩を喜び、アジアの国々では成功した日本に平和と繁栄を望んでいます。「皆が日本に期待しているのは軍事的な支援ではなく、まさに平和的で仁愛に基づいた国際協力です」「他国軍と肩をならべて戦場に向かう日本の自衛隊の姿は見たくありません」。日本が果たすべき役割は、平和的、中立的、そして無条件の国際協力です。広島と長崎の被爆と惨事を経験した日本が、いつまでも憲法九条の精神を貫くことこそが、最も重要なことなのです。（No. 461、2016年8月）

「国際マメ年」と農業の進路

　愛知学院大学の関根佳恵先生には、2014 年の国際家族農業年の
ときに連載していただきました。今回は「『国際マメ年』と農業の
進路」について執筆いただきました。今なぜマメが注目されている
のか、国際マメ年の背景と意義、目標について述べています。現在、
世界の農業生産高の 3 分の 1 が廃棄されており、飢餓の撲滅にとっ
て食料ロスの削減が喫緊の課題となっていることから、マメの生産
および消費の拡大が求められていると言います。マメは動物性たん
ぱく質に比べて水効率性がきわめて高いことから、持続可能な農業
と食料消費を目指すうえでも、重要な役割を果たしています。マメ
から植物性たんぱく質を摂取する機会を増やすことで、世界の栄養
不足人口の削減に貢献することができます。その他にも関根先生は、
マメの効果と可能性を指摘します。2016 年は「持続可能な開発の
ための 2030 アジェンダ」の初年度に当たります。マメはアジェン
ダが掲げる目標、特に食料の入手可能性の向上、小規模農家の所得
向上、および持続的で弾力性に富んだ農業生産に大きく貢献するこ
とが期待されます。

　佐賀大学の品川優先生との新連載の打ち合わせは 4 月 26 日でした。
TPP のモデルとなった米韓 FTA で、韓国農業と医療に関心が集ま
りました。品川先生との打ち合わせでは、初めて聞くことが多く、
私たちは何となく韓国の社会や経済、農業についてわかったような
気になっているけれども、韓国農業は日本の農業とずいぶん違うこ
とがわかりました。私たちは、きちんと韓国の農業について学び、
韓国の農業は日本の農業とは違うと理解した上で、今後の TPP 問
題も考える必要があると思い、今回の企画になりました。

　伊勢原協同病院の石井洋子栄養室長には、全国厚生連栄養士協議
会で初めて取り組んだ「統一献立」について執筆いただきました。
2015 年度は「鶏飯」（鹿児島県奄美）、「しっぽくうどん」（香川）、
「小汁（こづゆ）」（福島県会津）、「カステラ豆腐」（秋田）の 4 回実
施したそうです。今年度は取り組みを 6 回に増やし、郷土料理を紹
介します。患者さんに喜んでもらえることを期待します。

　さて、9 月号の本誌は、4 つの対策会議と研修会報告を掲載しま

した。6月に開催した医療材料と医療機器・保守の対策会議が2つと臨床研究研修会です。そして7月に開催された、本会も会員団体となっている JJC・IYC 記念全国協議会の国際協同組合デー記念中央集会の報告です[1]。9月から11月までの開催予告は6つです。医療・福祉研究会、医療材料・検査試薬対策会議、DPC/PDPS 対策会議、院内感染予防対策会議、医療メディエーター養成研修会、薬局管理者研修講座などの研究会・研修会です。それらは本会が主催のものもありますし、厚生連の委員会が主催し本会が事務局のものもあります。

関東地区医療材料共同購入対策会議のように38回継続して開催されている会議や、29回続いている薬局管理者研修講座は老舗の会議・研修会となりました。9月13・14日に開催される医療・福祉研究会も20年目を迎えました。改めて様々な対策会議・研究会・研修会が、会員と一緒に開催されていることがわかります。これらは、年々変化する医療・福祉環境と医療・介護経営の変化と会員のニーズに対応してきた結果と思います。(No. 462、2016年9月)

1) 2017年7月1日(土)の第95回国際協同組合デーを記念し、日本協同組合連絡協議会(JJC)と国際協同組合年記念全国協議会(IYC 記念全国協議会)の共催で、中央集会を東京で開催しました。集会では、「協同組合はだれも取り残されない社会を実現します〜賀川豊彦から持続可能な開発目標(SDGs)へ〜」をテーマに、賀川豊彦の思想と SDGs の基本理念の共通性に焦点を当て、協同組合の原点としての賀川豊彦から、協同組合の現在、未来を考えました。
　国際協同組合デーは、全世界の協同組合員が心を一つにして協同組合運動の発展を祝い、平和とより良い生活を築くために運動の前進を誓いあう日で、毎年7月第1土曜日と定められています。JJC は、ICA(国際協同組合同盟)に加盟する国内協同組合組織の全国機関16団体で組織する連絡協議体です。そして、IYC 記念全国協議会は、2012年の国際協同組合年に向けて2010年から活動してきた「IYC 全国実行委員会」が掲げた目的を継承した25団体で組織する協議会です。

食の安全を脅かす TPP

京都橘大学教授の髙山一夫先生の「アメリカの医療制度」は新連載です。医療制度と政策は、それぞれの国の固有の歴史的・政治

的・社会的な文脈のなかで形成されることは医療政策の基本的理解
です。医療アクセスに不平等が発生している米国の医療制度と、社
会保険方式による国民皆保険を有する日本の医療制度とでは、そも
そも共通する政策課題が見当たらないようにも思えます。しかし、
市場競争に刺激されて新たな医療技術やビジネスモデル、様々な政
策手段が導入される米国の医療はときにダイナミックな動きをみせ
ると髙山先生は言います。米国のそうした動向に注意を払うことは、
日本の医療現場や医療制度をより望ましいものへと改善し改革する
上で参考になると考えます。

　髙山先生の連載では、日米の制度比較、あるいは、グローバルな
視点から比較医療政策を念頭において、米国の医療制度を紹介して
いただきます。第 1 回は、「日米医療の比較」です。先生との打ち
合わせでは、12 回連載を予定しています。アメリカ医療制度も何
となくわかったような気になっていましたが、先生と話した時に、
日本の医療制度に取り入れたほうがよいと思われる政策もあるなと
感じました。こういった私の考えを髙山先生に話したところ、今回
の連載に繋がりました。

　石山香さんの「平鹿総合病院の栄養科の取り組み」も新連載です。
3 月まで 6 回連載予定です。平鹿総合病院栄養科の様々な取り組み
を紹介していただきます。特に、伝統食、行事食については、詳し
く紹介いただく予定です。今回は、嚥下料理コンテストで入賞した
「きりたんぽといぶりがっこ」の写真をみて驚きました。平鹿総合
病院が嚥下食で見た目や味に工夫をこらし、患者さんに少しでもお
いしく食べていただけるよう、試行錯誤を繰り返していることがよ
くわかります。

　2016 年 4 月に佐久大学の新学長になられた堀内ふき先生のイン
タビュー「学び続け課題解決できる力を期待」を掲載しました。堀
内先生の研究領域と大学の地域貢献について中心にお聞きしました。
本誌では、佐久大学看護学部の 2008 年 4 月開学に先んじて、学長
予定だった宮田道夫先生と学部長予定だった竹尾惠子先生（前学
長）のインタビュー「地域医療に貢献する人材づくり、看護師づく
りを」を、2007 年 12 月号で掲載しています。この時、竹尾先生は、
「仕事ができ、病態のことも良く理解し、研究能力もあり、しかも

総合的に考える力を持った看護師を育て、10 年先、20 年先には、そういった学生の中から師長や部長が出てくるのを見たいというのが私の夢です」と述べています。そして、竹尾先生には、2010 年 3 月号で「ナース・プラクティショナー導入について」を執筆いただきました。また、宮田先生には、2009 年 4 月から 2012 年 6 月まで 39 回にわたり、「くろしおの子—沖縄の少年」を連載していただきました。今回の堀内先生のインタビューは 2 時間ほどかかっており、今号では紹介しきれない話題がまだまだたくさんあります。次回は、国際貢献について、お話を聞く予定です。

　さて、9 月 26 日召集された臨時国会では、政府は TPP 承認案と関連法案を 11 月の米大統領選前に成立させる方針です。TPP と農協攻撃の詳細は、田代洋一先生の論考をお読みください。TPP が争点化することは避けて通れません。臨時国会の注視が必要です。
（No. 463、2016 年 10 月）

社会に求められている長期リハビリ

　鹿教湯三才山リハビリテーションセンター三才山病院の泉従道先生の院長リレーインタビュー「社会に求められている長期リハビリ」は、これまでのインタビューと比べてユニークです。泉先生の生き方もユニークですが、病院の取り組みもユニークです。「制度のはざまにある患者さんへ長期リハビリを確保」するために、療養病棟の中で、若年脳損傷者のリハビリを現在 16 床でやっています。18 歳までは児童福祉法が適用されますが、それ以外は介護保険も適用されません。「経営的には厳しい面もありますが、やっていく必要性を感じています」と泉先生は述べています。長年にわたり若年脳損傷者のリハビリに取り組んでこられた先生の言葉には重みがあります。そもそも若年脳損傷者のリハビリについては、本誌でこれまでも取り上げてきましたし、私も関わってきた経過があります。太田正「植物症からのリハビリテーション」（No. 389、2010 年 8 月）、福盛一美「"馴染みの存在"になる」（No. 390）、泉従道「植物症からのリハビリテーションに必要な医療福祉費は尽くされているのか」（No. 391）、永井久子「植物症からのリハビリテーションに鍛え

られて」（№ 395、2011 年 2 月）、宮下静香「わたしと＜わたし＞た
ち」（№ 419、2013 年 2 月）を掲載してきました。「一番は社会にと
って求められている医療であるということ」と言い切る泉先生に全
面的に賛同します。

　二木学長の医療時評「公正取引委員会の『混合介護の弾力化』提
案の背景・意味と実現（不）可能性を考える」は、必読です。公正
取引委員会は「介護分野に関する調査報告書」を公表し、「混合介
護の弾力化」を提案しました（9/5）。これを受けて、規制改革推進
会議は「当面の重要事項」として「介護サービス改革」を決定しま
した（10/6）。日本経済新聞は、「『混合介護』を大きく育てよ」と
社説で取り上げました（9/6）。二木先生は、公正取引委員会提案の
背景と意味および実現（不）可能性を、医療における混合診療解禁
論との異同にも触れながら検討します。2 つの背景のうち、私は 2
つ目の理由・背景が重要と思います。それは、公正取引員会は本来
は独立性の高い行政委員会であるにもかかわらず、安倍政権に従属
し、同政権がアベノミクス・「成長戦略」の重要な柱と位置づける
「公共サービスの産業化」や「介護保険外サービスの活用促進」を
側面から支援しようとしている点です。しかし結論として、混合介
護の弾力化が「介護の成長産業化」を促進することは幻想であるこ
とを読み取っていただきたいと思います。

　北海道本別町地域包括支援センター所長の飯山明美さんの「もの
忘れ散歩のできるまち　ほんべつを目指して　本別町における認知
症支援の取り組み」は、「福祉のまち」から「福祉でまちづくり」
への、これまでの取り組みをまとめていただきました。「住み慣れ
たまちで暮らし続けたい」という多くの住民の願いを実現するため
に、「18 年間、認知症の人が暮らし続けられるまちづくりに取り組
んできましたが、これは地域包括ケアシステムづくりそのものでは
ないか」と飯山さんは述べます。地域づくりにゴールはなく、時代
と共に変化する住民ニーズをとらえ、新たな課題への対応を考えな
ければなりません。今後の取り組みにも期待したいと思います。

　2016 年 4 月に発生した熊本地震から半年が経ちました。現在も、
被災した住宅の多くが支援を受けられずに手つかずとなっています
（「熊本ボランティアに参加しました」）。益城町では買い物難民が増

えているといいます。支援が行き届いていない自治体も残されています。実態把握ときめ細やかな支援による、暮らしを支える活動が求められています。(№464、2016年11月)

TPPとアメリカ大統領、PKOと駆け付け警護、オバマケア

　TPPの旗振り役だった米国では11月9日、TPP離脱を唱えるドナルド・トランプ氏が次期大統領に決まりました。安倍首相は17日夕、米ニューヨークでトランプ氏と会談しました。首相は日米同盟やTPPをはじめとした自由貿易体制の重要性を訴えたと見られています。首相は会談後、「信頼関係を築いていくことができると確信の持てる会談だった」と記者団に語り、両氏は再会談することで一致しました。日本の首相が、就任前の次期米大統領と会談するのは極めて異例です。トランプ氏は大統領選中TPP離脱に加え、米軍駐留費の負担増を日本に要求する考えを掲げていました。

　政府・与党は11月4日、衆議院TPP特別委員会で、TPP協定承認案と関連法案について、多くの国民の反対を無視し、十分な審議も尽くさず強行採決しました。10日午後の衆院本会議では、TPP承認案・関連法案を与党と維新の会の賛成多数で可決しました。両案は直ちに参院に送付され、参議院特別委員会で審議されています。

　衆議院TPP特別委員会で可決された「情報提供を積極的に行う」、「わかりやすく丁寧な説明に努める」との附帯決議をふまえ、参議院においてはTPPの影響や対策等について、現場の不安や疑問の声により多く応え、一層丁寧な審議を行うべきです。

　政府は11月15日の閣議決定で、南スーダンPKOに関し、安保法制に基づく自衛隊初の新任務として、「駆け付け警護」と「宿営共同防護」を付与しました（南スーダン国際平和協力業務実施計画の変更について）。これで、任務遂行のための武器使用が可能となりました。陸上自衛隊第11次派遣隊のうち、第1陣となる約130人は20日に、青森空港から出発し、残る220人は12月14日までに出発する予定です。時事通信の11月の世論調査では、南スーダンのPKOに派遣する陸上自衛隊部隊に「駆け付け警護」の任務を

新たに付与することに「反対」が 47.4％に上り、「賛成」の 28.2％
を大きく上回りました。現地での戦闘状態が明らかになるもとで、
自衛隊員が「殺し殺される」戦闘に巻き込まれる危険性への国民の
不安が強まっています。

　以上の一連の出来事は、すべてが一つに繋がっています。国民の
暮らしに関わる大事なことが、いとも簡単に矢継ぎ早に決まってい
く事態は、異常にしか思えません。官邸主導の政治とは、これほど
スピードが速いのかと思うと同時に、国会審議がこれほど形骸化さ
れてよいものかと、恐ろしくなります。

　さて、12 月号の髙山先生の「アメリカの医療制度」は、オバマ
ケア（ACA 法）[1] についてです。2013 年と 2014 年のデータの比
較をみると、無保険者が 882 万 8 千人減少していることは、ACA
法の成果と考えます。民間医療保険で 756 万人増加していることは
当然と思いますが、公的医療保険も 718 万人増加していることに驚
きます。オバマケアの実態がなかなか見えないとの声を聞きますが、
無保険者は確実に減少しているようです。しかし、髙山先生が指摘
するように、トランプ次期大統領が誕生し、議会議員選挙で共和党
が上下院を制しましたので、ACA 法が現行のままで継続すること
は見込めず、共和党の主張を汲んだ上で一定の修正を施されるか、
極端な場合は白紙撤回されるかもしれません。共和党トランプ政権
が ACA 法をどのように取り扱うか、今後が注目されます。（No. 465、
2016 年 12 月）

1)　1965 年のメディケア・メディケイド制度導入以来、米国で実施された最も
　　大規模な医療制度改革は、患者保護並びに医療費負担適正化法（Patient
　　Protection and Affordable Care Act）、通称オバマケア（ACA）です。
　　ACA は 2010 年 3 月に署名され法律として成立しました。その主な目的は、
　　特に低所得者に手頃な価格の医療保険を提供し、医療保険市場における消
　　費者保護を強化し、米国の医療制度の質の向上と医療費（米国の医療費は
　　他の先進国に比べ著しく高額です）を抑制するための医療提供におけるイ
　　ノベーションを支援するものです。

第12章 日本農業をどう守り、地域を どう作るか (2017年)

日本農業をどう守るか　地域をどう作るか

　新年おめでとうございます。

　2016年の第192臨時国会最終盤は、慌ただしい強行採決の嵐でした。「採決強行国会」（朝日、12/16、4面）と特徴づけられるほど、強行採決が繰り返されました。与党はTPP協定並びに関連法案と年金カット法案を参議院で通すために会期を14日まで延長しました。さらに会期を17日まで3日間再延長し、焦点となっていたカジノを含むIR・統合型リゾート施設の整備を推進する議員立法が、15日未明に衆議院本会議で可決・成立し、事実上、臨時国会は閉会しました。ほかにも、新たな経済対策を実行するための経費を盛り込んだ2016年度の第2次補正予算や、消費税率を10％に引き上げる時期を2年半再延期することなどを盛り込んだ法律なども成立しました。近年の日本政治は短期政権が続き、「決められない政治」と批判されてきましたが、「決める政治」を掲げる与党の国会運営の実態が採決強行とは皮肉なことです。国民が納得できる徹底審議で政治を進めるのが議会制民主主義です。いくら国会で多数を占めていても、それは国民から白紙委任を得たものではないはずです。第193通常国会提出見通しの「共謀罪」新法案もあっという間に採決強行されるのではとの懸念もあります。

　さて、新年号の本誌は、山田尚之本会理事長の司会のもとで、田代洋一名誉教授、冨士重夫JC総研理事長、神尾透本会経営管理委員会会長による、新春座談会を掲載しています。農協改革の本質については、「農協の信用事業の代理店化が最終目標になっている」ということです。「TPPや二国間協議でアメリカが狙っているのは日本の金融資産、とりわけ農家が持っている100兆円規模の金融資

246

産です」（田代名誉教授）。そして、「結局、中央会の一般社団法人化、全農の株式会社化、法人形態の変更を目玉にした農協改革」であり、本当の狙いは「総合農協の解体であり、連合会の株式会社化」です（冨士理事長）。

　冨士理事長は、農協の自己改革の取り組みのキーワードを 4 つ上げています。1 つ目は、株式会社ではなく協同組合でなければ駄目なのだという協同組合原則、理念に着目した事業運営をやること。2 つ目は、総合事業をバラバラにするための代理店化ではなく、信用・共済があり、購買・販売があり、福祉・厚生がある総合事業だからこそ、地域が支えられ、みんなの暮らしが豊かになることを目に見えるように示すこと。3 つ目は、農協の役割として、地域農業の振興を地域と一体になってやること。4 つ目は、正准の組合員の組織参画、運営参画を、もう一度農協を新しく作る気持ちでやること、です。

　TPP や農協改革が進められる中で、自分達が求める農協像とは何か。どのような組織であるべきか。組織議論をしっかり行い、地域の皆さん、組合員の意見を聞きながら、本当の意味で地域に根差した組織になっていくことが求められています（神尾会長）。

　TPP 発効が絶望的になっているなかでの強行採決は、農産物の関税撤廃の問題、食の安全性、雇用、医療などの非関税障壁の撤廃にしても、TPP 協定で日本が譲歩した線が事実上の「国際公約」になり「スタートライン」になりました。トランプ次期大統領のもと、アメリカとの 2 国間交渉ではさらなる譲歩が迫られる危険があります。歯止めのない譲歩を許さない取り組みが今後必要です。

　本年もよろしくお願い申し上げます。（No. 466、2017 年 1 月）

トランプ新大統領と安倍首相

　2017 年 1 月 20 日（日本時間の 21 日）、米国の実業家ドナルド・トランプ氏は第 45 代大統領に就任しました。連邦議会議事堂前での就任演説では「今日この日から米国第一主義だ」と述べ、外交・経済両面で国益を何よりも優先する姿勢を鮮明にしました。トランプ氏は TPP からの離脱方針などを示した基本政策を発表し、医療

保険制度「オバマケア」撤廃に関する大統領令に署名しました。しかし実際は、TPP は離脱手続きを定めておらず、米国が「離脱宣言」をしても、協定はそのまま存続します。トランプ氏の単なる政治的メッセージで、法的な拘束力はありません。オバマケア撤廃に関しても議会の立法措置が必要で、署名は象徴的な意味合いが強く、初日の大統領令をオバマケアにあてることで、オバマ路線の転換に向けた意欲を印象づける狙いとみられています。

　トランプ氏の就任演説全文を読むと、これまで米国の利益が損なわれてきたとして、米国の支配層を批判しています。貧困や犯罪など米国の暗い面をことさら強調し、既存の支配層の失敗により雇用と安全が損なわれたと述べ、「ワシントンの権力を国民に返す」と訴えました。恐ろしいことに、テロ対策では、「文明化した世界を結束させ、過激なイスラム・テロに対抗し、地球上から完全に撲滅する」と言い切りました。これではイスラム教を敵視し、文明間の戦争を始めると言っているようなものです。

　最新の世論調査ではトランプ氏の支持率は40％と歴史的に低く、就任式を多くの議員がボイコットしました。会場周辺では抗議デモが行われ、警官隊との衝突が相次ぐなど、異例ずくめでした。自らを批判する政治家らを「敵」に仕立て、ツイッターで逐一非難する攻撃的な姿勢は、支持者と反対派の分断を深めました。大統領にふさわしい手法や態度とは程遠いと感じます。

　1月20日にはまた、第193回通常国会が召集されました。会期は6月18日までの150日間です。安倍首相は施政方針演説で、憲法改定案を示すために憲法審査会で議論を進めることを「全ての国会議員の責任」と、改憲を押し付ける姿勢をあらわにしました。そして、「テロなど組織犯罪への対策を強化」すると述べ、「共謀罪」の創設に意欲を表明しました。多国籍企業に農業や食の安全・安心、経済主権を売り渡す「TPP 協定の合意は経済連携の礎となる」と述べ、世界貿易の活性化に向け TPP の戦略的重要性を改めて強調しました。安倍政権の経済戦略の障害になる「壁」を打ち破ると主張し、農協解体を狙った「農協改革」を一気呵成に進めると表明しました。

　首相の施政方針全文を読むと、一つの特徴が浮かび上がります。

それは、自分にとって都合のいいことだけを述べ、都合の悪い事実には一切触れず、みようとしないことです。米国との同盟強化を真っ先に誓い、沖縄県民が反対している新基地建設推進をうたいます。国民に犠牲を強いる社会保障削減を成果と自慢します。「日米同盟こそわが国の外交・安全保障政策の基軸」であり「不変の原則」と言い切ります。ここまで米国追従ぶりを示した施政方針には驚きます。核戦力の強化を目論み、人種差別発言を繰り返す米国大統領に、各国首脳のなかで、安倍首相だけが「トランプ新大統領と同盟の絆をさらに強化する」と露骨にすり寄る姿勢です[1]。首相は「世界の真ん中で輝く国創り」を掲げますが、私には「世界の片隅で米国にすりよる国創り」としか、読みようがありません。（№ 467、2017年 2 月）

1)　トランプ米大統領は 1 月 27 日（日本時間 28 日未明）、訪米した英国のテリーザ・メイ首相とホワイトハウスで会談しました。両国の歴史的に親密な「特別な関係」の重要性を確認し、将来の自由貿易協定の締結に向け、準備を進めることで一致しました。

安心の地域づくりと経営改革へ

　「農村医学は世直し運動！～私の歩んできた道」は最終回です。小山和作先生には、2015 年 4 月号から 24 回連載いただきましたことにお礼申し上げます。1 回目は「目の当たりに見た差別」でした。毎回豊富な資料や写真をご提供いただき、大変わかりやすく執筆いただきました。読者の中にはファンが多く、私も毎月楽しみにしていました。最終回の「予防医学の心」では「予防医学の主人公はあくまで受診者（住民）であって、医療担当者はその住民に深く寄り添い住民と共になければならない」「予防医学は最初から社会と深くかかわってきた」と言います。「戦争はどんな理屈を言っても許されるものではない。人が人を殺戮することを合法化し、何百万の人命が消される」「その背景にある貧困、差別、他を入れない自己中心主義、これらから人類が脱却し、愛とヒューマニズムの世界を作ることが、予防医学で言えば究極の 0 次予防」と述べます。「予防医学実践の心 8 カ条」は、農村医学から発した世直し運動の半世

紀のひとまずの結論です。日本の予防医学の第一線で現在も活躍されている、小山先生の言葉には重みがあります。私もまったく共感します。

　石山香さんの「平鹿総合病院の栄養科の取り組み」も最終回です。2016年10月から6回にわたり紹介いただきました。3月号は「伝統料理・行事食　後編　冬のお食事」です。病焼き[1]も凍み大根もにしんの煮付けも甘酒も、本当においしそうです。何と言っても「稲庭うどんの豆乳ごまダレ」は、ぜひ食べてみたいと思いました。これからも患者さんに喜んでいただける給食を追求してください。実は、毎回たくさんの写真を提供いただいたのですが、誌面の関係上すべてを紹介できませんでした。読者がホッとできるページが欲しいということで、栄養科の連載は始まりました。またの機会に投稿いただけますと幸いです。

　今号でも本会が取り組んだ研修会・研究会の報告を掲載しています。2016年11月に開催された「第3回放射線科医療機器ライフサイクルコスト会議（LCC会議）」が、先月号に続き、今号でも事例発表の概要を掲載しています。そして、「第4回厚生連診療情報管理士研究会」も開催され、今号で報告しています。さらに、本会は院内感染予防対策研修会を来年度も開催します。今年度受講された方の感想を掲載していますので、参考にして下さい。多くの皆さんの参加をお待ちしております。

　さて本会は、第8次中期事業計画（平成29年度〜31年度）を決定します。「安心の地域づくりと経営改革へ！」「今こそ全国の会員が一体となり新しい協同の価値を創造」します。これまでの共同購買事業の到達については、本文をお読みください。「2つの柱」と「4つの任務」と「4つの構え（姿勢）」を定式化します。「農協『改革』をめぐる情勢が緊迫する中で、農協と厚生連が地域に貢献する協同組合としての役割を果たし続けていく展望を切り開くことが、8次計画期間の最大の課題」です。「安心の地域づくり」は、地域にねざす総合農協と厚生連、そして本会の存立の基礎につながるものであり、本会の「理念」に合致します。地域で全国で協同していくことの大切さがいまほど求められているときはありません。会員の皆様には、本会の事業と運動への参加と協力をお願い申し上げま

す。（No. 468、2017 年 3 月）

1)　12 月 8 日はお餅を食べて、無病息災をお願いする「病焼き（やまいやき）」
　　の日です。秋田県南地方では「やめやき」と言います。餅を真っ黒になる
　　まで焼いて、無病息災を願い川に流すという慣習です。最近はおいしいお
　　餅を食べることがほとんどです。

農協攻撃に負けない事業展開を

　二木立先生の新著は「医療・社会保障政策の最新動向を包括的か
つ複眼的に分析」しています。先生はインタビューの中で、人口が
高齢化して少子化が進んでも、社会レベルでの扶養負担は変わらな
いことを述べています。そして私も驚いたのは、介護保険の施設・
在宅の長期ケアの費用が大きく増えて、OECD の新しい定義では
「医療費」になったことです。日本が世界でトップクラスの高医療
費国になったからくりがわかりました。二木教授の医療時評「介護
保険法等改正案を複眼的に読む」では、「介護医療院」の隠れた狙
いは、介護療養病床と医療療養病床の一部を病院から「医療提供施
設」に移行することにより、2025 年の「病床数」を大幅削減する
ことと指摘します。併せてお読みください。

　栄養科シリーズは、伊藤美香利さんの「知多厚生病院栄養科の取
り組み」です。今回は「生活改善支援センターで健康支援活動」で
す。センターの活動目的は「①予防、治療、介護という医療、保健、
福祉のすべての分野での支援活動に関係し『世界健康半島』の理念
に基づき知多半島全域の JA 組合員ならびに地域住民を対象にした
健康づくりに貢献する」「② JA 組合員ならびに地域住民への主体
的な参加を支援するための活動に関して検討する」です。伊藤さん
は、地元 JA と協力し、JA 組合員の健康を支援するのもセンター
の役割。JA 組合員を含めた地域住民から病院職員まで、地域で生
活しているひとりでも多くの人が健康であるためのお手伝いをする
ことが栄養科の使命と述べます。

　北出俊昭先生の「現代社会と協同組合」は新連載です。この連載
では、農協を中心に、主として思想的・運動的側面に焦点をおき、
現在の日本における協同組合の存在意義と役割について検討します。

初回は、「農協法『改正』から協同組合解体へ」です。2015年8月に農協法が「改正」され、2016年4月から施行されました。そこには従来とは全く異なった協同組合理念に反する危険な特徴がみられます。特に重要な問題として、第1は旧法の「営利を目的としてその事業を行ってはならない」を削除し、新たに「事業の的確な遂行により利益を上げ」「投資や事業利用分量配当に充てる」ことを明記しました。併せて、私企業とイコール・フッティングを重視し、理事構成まで変えようとしました。第2は、新たに農協事業において、「農業所得の増大に最大限の配慮をしなければならない」を追加したことです。「職能組合」として純化することにより農協・農業者を孤立させ、これまで准組合員も含めてきた多様な社会的取り組みを弱体化させる危険性があります。第3は、農協中央会制度を廃止し、全中は一般社団法人、都道府県中央会は連合会に組織変更し、併せて全国監査機構を外出ししたことです。第4は農協の新設分割、株式会社・一般社団法人への組織変更等を改めて重視していることです。これにより農協法「改正」は協同組合解体にまで進む危険性のある措置ということができます。北出先生は、「安倍政権の協同組合解体政策はわが国の風土的特徴とそれに基づいた協同組合の歴史を無視した暴挙」だと指摘します。

　私たちはこのような理不尽な攻撃に負けるわけにはいきません。農業協同組合が本来兼ね備えている役割を、どのように実践していくかが求められています。昨今の農協攻撃に怯むことなく、自らの改革を進めるとともに、全国が一つになり、地域住民と一緒になって新たな取り組みを進め、現在の厳しい環境を乗り越えていきます（本会山田理事長「農協攻撃に負けない事業展開を」）。（No.469、2017年4月）

震災とこころのケア

　米国は4月6日にシリアをミサイル攻撃し、13日にはアフガニスタンでIS掃討を口実に大規模爆風爆弾（MOAB）を実戦で初めて使用し、「力による平和」を目指すトランプ大統領の意思を見せつけました。北朝鮮は5日に弾道ミサイル1発を発射し、15日に

はキム・ジョンウン（金正恩）朝鮮労働党委員長の祖父キム・イル
ソン（金日成）主席生誕 105 年に合せて大規模軍事パレードを行な
い様々なミサイルを登場させました。そして 16 日朝にはまた弾道
ミサイル 1 発を発射しました。米国と北朝鮮の牽制合戦はエスカ
レートし、米国が北朝鮮を先制攻撃すれば、北朝鮮は韓国を攻撃し
ます。その戦争は日本を巻き込んでの戦争に発展し、おびただしい
犠牲者が出ることは誰が考えてもわかることです。安倍首相は米国
に対して軍事的選択肢はとるべきでないときっぱり要求するべきで
す。外交交渉の中で核・ミサイル開発の手を縛り、放棄させる外交
選択肢こそをとるべきです。

　国政では、「森友」疑惑、共謀罪、沖縄・名護市辺野古の新基地
建設ごり押し、金田勝年法相のあやふやな答弁、稲田朋美防衛大臣
の南スーダンに派兵された自衛隊「日報」や「森友」問題での虚偽
答弁、今村雅弘復興大臣の原発事故の自主避難者への「本人の責
任」暴言など、目を覆うばかりの事態が続いています。そのような
中、現役並みの所得がある高齢者の自己負担を現在の 2 割から 3 割
に引き上げる介護保険法改正案が、18 日午後の衆院本会議で自・
公両党などの賛成多数で可決されました。年収 340 万円以上の高齢
者がサービスを利用した際の自己負担を 2018 年 8 月から 3 割に引
き上げます。当事者や自治体や地域からの意見を聞く機会も設けな
いまま、法案採決に突き進む姿はまさに暴挙です。

　熊本地震から 4 月 14 日で 1 年となりました。直接死 50 人、関連
死 170 人、大雨による二次災害死 5 人の死者を出しています。家屋
損壊は 18 万 9,921 棟（うち全壊 8,674 棟）、避難者数（最大時）約
18 万 4,000 人です（4/17 時点）。県内 16 市町村に計 4,303 戸の仮設
住宅が整備され、県によると、うち 4,179 戸で計 1 万 985 人が避難
生活を送っているといいます。自治体が賃貸住宅を借り上げる「み
なし仮設」（1 万 4,621 戸）の入居者は 3 万 3,685 人。県はすべての
入居者が災害公営住宅などに移れるよう努力するといいます。被災
地では復旧・復興への重要な一歩となる損壊住宅などの公費での解
体が進んでいますが、解体が完了したのは 59％です。県は「創造
的復興」を掲げ、交通の要衝にある県道の拡幅や地域再生に取り組
んでいます。しかし「人間の復興」「生活の復興」が先にされるべ

きと考えます。

　5月号では、石巻市立病院開成仮診療所長の長純一先生にインタビューしています（「震災とこころのケア」）。石巻市内全域の仮設住宅は4割くらいの入居率です。プレハブ仮設が約7,000世帯あったので、3,000世帯くらいは残っていることになります。東日本大震災から6年以上経っても、まだこんなに残っていることに驚きます。復興住宅に入れたとしても、コミュニティやメンタルの問題も起こります。長先生は、石巻市でもコミュニティやケアの視点を入れたまちづくりはできていないと言い、在宅医とかかりつけ医をトレーニングして地域の資源とつなげられれば、心のケアのいい仕組みができると提案します。大規模災害が起こるたびに全国チームをつくってやるのは確かに容易でありません。長先生が石巻でやってきたことを、これから起こるであろう災害でも活かせるよう検討することは重要です。（№470、2017年5月）

「9条改憲」発言と「共謀罪」法案

　京都橘大学の髙山一夫先生の連載「アメリカの医療制度」、今号は「米国医療機関の非営利性と公益性」です。米国の医療制度は、日本やEU諸国と比較して、市場志向型と特徴づけられます。市場志向型は、そのまま営利的医療を意味しません。米国の医療では、とくに病院の過半が非営利組織によって担われていることを意外に思うかもしれません。米国は支出額では世界でも屈指の非営利セクターを形成しています。米国の地域病院をめぐっては、2000年以降地域病院総計が減少しました。公立病院と民間非営利が減少し、民間営利病院が増大しています。地域によっては、公立病院から民間営利病院に転換した病院もあったと述べます。リーマン・ショック後の時代における、非営利組織の社会的企業へ転換と社会的インパクト投資の増加という、米国の非営利セクター全体の大きな構造変化を指摘したことは重要と思います。

　静岡県・遠州中央農協の鈴木勝経営管理委員会会長は、インタビューの中で、農業協同組合の相互扶助精神とは「弱いものばかりではなく、強いものも含めて、お互いに技量を出し合って助け合いの

地域社会にするということ」と述べます。医療・介護・経済などの
政策の多くが、地域に焦点があてられている現在、総合的な事業で
地域を支えている農協の役割とともに、改めて農協の相互扶助の言
葉を噛み締めます。

　本会は、第 8 次中期事業計画（安心の地域づくりと経営改革をめ
ざす全国運動第 8 次中期事業計画）を決定し、本年度からスタート
させました。今号では事業計画を実行するにあたり、医療器械分野
での取り組みを紹介しています（医療器械の組織購買で事務局機能
の充実）。供給実績の推移を示しながら会員への貢献と本会の役割
をわかりやすく説明していますので、お読みください。

　さて、「共謀罪」法案（テロ等準備の創設を柱とする組織犯罪処
罰法改正案）は、審議のたびに新たな疑問や論点が出てくる金田勝
年法相の迷走答弁などで議論が噛み合わないまま 5 月 19 日衆院法
務委員会で強行採決し、23 日、衆院本会議で自民・公明両党と日
本維新の会などの賛成多数で可決、参院に送付されました。国連人
権理事会から任命された特別報告者ジョセフ・ケナタッチ氏が、
「共謀罪」法案がプライバシーに関する権利、表現の自由への過度
の制限につながる可能性があると警告する書簡を安倍政権に送付し
ました（5 月 18 日付）。これに対し日本政府は「内容は明らかに不
適切」と抗議しました。ケナタッチ国連特別報告者が、国会審議の
状況を「深刻な欠陥のある法案をこれだけ拙速に押し通すことは絶
対に正当化できない」と批判しました（23 日の法案に反対する市
民団体らの記者会見）。

　国内外からの批判を無視し、異論を封じて数の力で「共謀罪」法
案を押し通す安倍政権と与党、日本維新の会の責任は重大です。自
由と民主主義がかかった重大法案であるにもかかわらず、本法案の
審議は全く尽くされていません。

　すでに安倍首相は 2020 年までの憲法改正に強い意欲を示す発言
をしています（5 月 3 日読売）。「9 条改憲」発言は「共謀罪」法案
が戦争する国づくりの一環であることを改めて浮き彫りにし、広範
な市民が怒りの声をあげています。暮らしと生命を守る厚生連・農
協に働く者として、法案を廃案に追い込まなくてはなりません。
（No. 471、2017 年 6 月）

「森友学園問題」と「加計学園問題」

　3月29日、佐久医療センターを訪問し、内田健文所長たちと打ち合わせを行い、今号から「セントラルキッチンさくの取り組み」が連載開始となりました。その日の夜には、医療センターロビーで開催されたグローカルカフェで佐々美保さんの「カンボジア活動報告」を聞きました。驚くとともに、司会をしていた蓮見純平先生に、これまでの経過を踏まえた執筆をお願いしました。それが「グローカルカフェ　やってます」です。2つの報告とも、本当に佐久病院らしい、素晴らしい取り組みだと思います。

　第193回通常国会は会期延長せずに、6月18日に閉幕しました。農家の減収を補填する収入保険制度の創設を盛り込んだ改正農業災害補償法など2法が6月16日、参院本会議などで可決され、今通常国会に提出された農業改革全8法全てが成立しました。2016年まとまった「農業競争力強化プログラム」（農林水産業・地域の活力創造本部決定、2016年11月29日）に沿って農業経営の自由度を高め、所得向上に結び付ける内容です。

　田代洋一先生の「農業競争力強化プログラム関連法は何を狙うか」は、農業改革8法成立を受けての新連載です。今号は、農業競争力支援法と主要農産物種子法廃止を取り上げ、その性格や狙いを明らかにしています。「改正農協法も強化支援法も農業（者）の所得増大を建前上の目的にしています。しかし、仮に本法を通じて生産資材価格の引き下げが実現したとしても、競争が確保されているもとでコストが下がればいずれ農産物価格が下がるのは常識であり、農業所得の増大には直結しません」。田代先生は、第一の性格はTPPアフターケア法であること、第二の性格は農協「自己改革」強制法であること、そして第三の性格は改正農協法の補強法であることを明らかにしています。

　「地域包括ケアシステム強化のための介護保険法等の一部を改正する法律」は5月26日参議院で可決、成立しました。この一連の法改正は、介護保険法だけでなく、関連する医療法、社会福祉法、障害者総合支援法、児童福祉法など31の改正法を一括りにして行うものであり、また200本を超える政省令に具体的な運用を委ねる

極めて問題の多いものです。

　法改正は、地域包括ケアシステムの進化・推進として、介護予防・重度化防止等に対する財政的インセンティブの付与、介護療養病棟等の転換先としての介護医療院の創設、地域共生社会の実現に向けた地域住民と行政との協同による包括的支援体制づくり、介護保険と障害者福祉制度に共生型サービスを位置づける、そして介護保険制度の持続可能性を確保するため、所得の高い層の負担割合を3割にするなど、多くの問題点をはらんでいます。石川満先生の「介護保険法等の改正法が成立」では、「そのベースは社会保障の伸びについて、これまで以上に抑制するものであることにも留意しなければならない」と指摘します。

　これらの法律の審議は、衆議院では「森友学園問題」、参議院では「加計学園問題」の陰に隠れたこともあり、各委員会・本会議とも十分に問題点が審議されませんでした。そして6月15日早朝には、参院法務委員会での採決を省略し、参院本会議で「中間報告」を行った後に「共謀罪」法案を可決、採決しました。これは、議会制民主主義を真っ向から否定する暴挙です。そして、森友・加計問題という政権そのものの疑惑に背を向けながら、「数の力」による強行を繰り返す党利党略のやり方には一片の道理もないと、多くの国民が思うのは当然と考えます。（No. 472、2017 年 7 月）

アメリカの世界戦略とアフガニスタン

　レシャード・カレッド先生のインタビューは今回で3回目になります。今号では「アメリカの世界戦略とアフガニスタン」、次号では、「アフガニスタンとカレーズの会」を掲載します。オバマ大統領からトランプ大統領に代わり半年が過ぎました。米有志連合がイラクとシリアで行う過激組織 IS に対する空爆などの軍事作戦で、巻き添えとなった民間人の死者数が、2017 年 1 月 20 日のトランプ米大統領就任から 7 月 13 日までの約半年間で 2,200 人を超えました（民間調査団体「エアウォーズ」調べ）。エアウォーズは、「トランプ政権下で民間人保護が低下している」と指摘します。アメリカの狙いはどこにあるのか、レシャード先生にお聞きしました。

高山一夫先生の「共和党の医療制度改革（その3）」は、「上院で過半数の51票の賛成があれば、議事遅延行為を打ち切り、採決に持ち込むことが可能である」と述べています。しかし、「議席数で上院共和党は52議席を占めるにすぎず、民主党（46議席）と無所属の賛成が見込めないため、党内の結束が法案の成立には不可欠」とも述べます。では、実際どうなったでしょうか。

　米上院共和党指導部は7月18日、医療保険制度改革（オバマケア）の上院代替案に対し、新たに2人の共和党議員が反対を表明したことを受け、同法案の採決を断念しました。同党の上院トップのマコネル院内総務は、オバマケアを廃止したうえで2年間かけて代替案を審議することを提案しましたが、これにも反対する3人の共和党議員がでるなど、混乱に拍車がかかりました。上院案は、メディケイド（低所得者向け公的医療保険制度）縮小など、低所得者に不利な内容です。

　米議会予算局（CBO）は19日、オバマケアを廃止する与党共和党の法案が可決されると、保険未加入者が来年だけで1,700万人増えると指摘し、2026年までに3,200万人増えるとの試算を発表しました（メディファックス7595号）。各種世論調査結果でも、国民の大半は反対していました。100人の議員のうち半数の50票が得られないことから、上院での採択は不可能になりました。オバマケア代替案は下院では5月に採択されていますが、今回の上院での失敗で、大統領の公約にしていたトランプ政権にとって新たな打撃となりました。

　ワシントン・ポストとABCニュースの共同世論調査では、就任から6カ月を迎えるトランプ大統領の支持率は、この時期としては過去70年の歴代大統領で最低となる36%にとどまることが7月18日までに分かりました。また、米政府の政策として低所得者への医療保険提供と減税のどちらが重要かという質問には、63%が前者と回答しています。トランプ大統領の就任当初の支持率約44%からは低下しているものの、共和党支持層からの支持率が一貫して80%前後を維持していることが要因して、低位ながら微減に踏みとどまっています。

　7月5日から6日に九州北部地方で発生した豪雨[1]で死者行方不

258

明者が 40 人を超えました（時事通信 7/20）。亡くなった方のご冥福を祈るとともに、行方不明者の早期発見と被災者救援を願うばかりです。（№.473、2017 年 8 月）

1）　平成 29 年 7 月九州北部豪雨は、2017 年（平成 29 年）7 月 5 日から 6 日にかけて福岡県 と大分県を中心とする九州北部で発生した集中豪雨。被害の規模は気象庁が豪雨について命名する基準（損壊家屋、浸水家屋の数）を下回ってはいたものの、人的被害が大きいことから、同年 7 月 19 日付で命名されました。

地域活性化に向けた農村医学の展望

　第 66 回日本農村医学会学術総会開催にあたって、学会長の琉球大学大学院医学研究科の青木一雄先生に原稿執筆をお願いしました。テーマは「地域活性化に向けた農村医学の展望〜沖縄から日本、日本から世界へ〜」です。メインテーマは、これまでの学会の歴史を礎にして、さらに農村や地域の保健、医療、福祉の活性化につながる学術総会になることを、サブタイトルは北海道から九州・沖縄の各地域から日本全体、そして各地域発信の研究や情報を世界の国々や人々への農村医学発展と実践に寄与するメッセージとなることを祈念しています。テーマに込められた目的が達成されますよう、第 66 回日本農村医学会学術総会の成功をお祈りいたします。

　髙山一夫先生の「アメリカの医療制度」は最終回です。今号は「米国における医療改革の担い手」です。米国医療を政策学的視点から歴史的かつ構造的に俯瞰します。特に「米国医療における協同組合」は大変興味深い内容です。連載は 2016 年 10 月号から始まりました。アメリカの医療制度はどのようなものか、日本との制度比較を通してアメリカの医療制度を知りたいというのが、連載をお願いしたきっかけでした。折しも 2017 年 3 月 6 日夜、共和党はオバマケア（ACA 法案）の廃止を企図するアメリカン・ヘルスケア法案（AHCA 法案）を発表しました。オバマ前政権の政治的遺産の払拭を訴えるトランプ政権は、AHCA 法案の成立を政権運営の当面の柱と位置付け、ホワイトハウスのウエブサイトで強い意欲を示しました。先生には予定の連載内容の変更を急遽お願いして、共和

党の医療制度改革について、ほぼオンタイムで３回執筆していただきました。髙山先生の連載のおかげで、AHCA法案の何が問題なのか、詳しく知ることが出来たと思います。髙山先生の連載は今号で一旦閉じますが、別の機会に、今回の連載で書ききれなかったアメリカの医療制度について、また執筆をお願いしたいと思います。１年間、ありがとうございました。

　レシャード・カレッド先生のインタビュー（下）は、「アフガニスタンとカレーズの会」です。レシャード先生が理事長を務めるカレーズの会は、アフガニスタンの診療所で医療提供し、お産も病院や診療所で出産する方向に進んでいます。ヘルスポストを村々に作り、病院に来られない本当の病人を診たり予防接種やお産の管理もしています。さらに学校を作り、午前、午後、夕方の三交代で1,200人以上の生徒を33人の教員で教えています。そのうち３分の１が女子だということも驚きです。現在、会の資金不足は深刻な問題となっています。しかし、需要があればその人たちを見捨てるわけにいきません。外務省に協力をお願いすると「そんな治安の悪いところでやるな」の一点張りと言います。しかし先生は、「誰も行かない誰もしないからこそ、われわれがやらなければならない」と述べます。本誌からもカレーズの会への支援をお願する次第です。

　阪南大学教授の青木郁夫先生のインタビュー「医療利用組合運動と保健国策」を掲載しました。本書は762頁にも及ぶ大著です。医療利用組合の個別具体を分析・検討することで、発展段階ごとに特徴を明らかにして、「埋もれた歴史、現代に息づく伝統」を描き出します。「自分たちの健康を確保するために協同組合をつくる」ことが、現代日本においてどれだけ大事なことか、本書は歴史に学ぶ好著です。

　７月５日、日EU・EPAの「大枠合意」が成立しました。これでTPPとあわせて欧米先進世界に対する日本の農産物市場開放の目論見が明確になりました。田代先生の「日欧EPAの大枠合意を考える」は大事な論考です。ぜひお読みください。（No. 474、2017年９月）

消費税に頼らない社会保障財源の提案

　老健さど施設長の服部晃先生らの「ターミナルケア意識─特にがん告知─に関する大規模アンケート調査」は連載です。本誌で過去に連載しました、ターミナルケアに関するアンケート大規模調査シリーズの再開です。今号は「24 報のレビュゥと群型分類の試み」です。今後も続きますのでご期待ください。

　醍醐聰先生の「消費税に頼らない社会保障財源の提案」はタイムリーな論考です。先生は、2017 年度の「消費税増収額 8.2 兆円のうち、社会保障の充実に充てられるのは 1.35 兆円で、消費税増収額全体の 16.5％に過ぎない。それに基礎年金の国庫負担に充てられる 3.1 兆円、消費税率引き上げに伴う社会保障 4 経費の増加への充当分 0.37 兆円を加えても、消費税増収全体の 59％にとどまり、残りの約 3.3 兆円は『後代への負担のつけ回しの軽減』」に充てられ、「消費税率 10％への引き上げが満了する時点では、増収額約 14 兆円の半分を超える 7.3 兆円が『後代への負担のつけ回しの軽減』に充てられる」と言います。「後代への負担のつけ回しの軽減」とは、簡単に言うと「借金返済」のことです。国民は、引き上げられた消費税は社会保障費に回っていると思っていますが、実は増収額の 6 割に満たないことに驚きます。ましてや、「後代への負担のつけ回しの軽減」に充てる消費税増収分は消費税率を 10％へ引き上げた時点では全体の 50％を超える予定になっていたのは知りませんでした。そもそもなぜ消費税で賄うべき支出なのか、まったくわかりません。

　そして、10 月 10 日公示、22 日投開票の日程で行われる見通しの衆院選の政権公約では、①「アベノミクス」の加速化とともに、②「全世代型」社会保障制度の実現など 5 項目が重点項目に掲げられています。現在は高齢者中心となっている社会保障制度を見直しし、「全世代型」への転換を図ります。これは看板政策「人づくり革命」により、社会保障を全世代型に転換することで、労働生産性向上を通じた GDP 増加や、家計の負担軽減による消費拡大などにつなげる狙いからです。しかし逆進性の高い消費税はたとえ軽減税率しても消費を冷え込ませます。また、消費税率を 10％に引き上げた場

合の増収分のうち、「後代への負担のつけ回しの軽減」に充てると
してきた7.3兆円を幼児教育無償化などに充てると言いだしました。
これによって、衆院選でアベノミクスの成果を謳うのは御都合主義
と思います。

　北出俊昭先生の「現代社会と協同組合」は、「協同組合の価値・
原則と現代的意義」です。協同組合は民主的に管理された「事業
体」であり「組織体」でもあるので、この両者を一体化してその理
念の実現を図ることができます。2016年11月、ユネスコはドイツ
からの提案に基づき、「協同組合において共通の利益を形にすると
いう思想と実践」を無形文化遺産に登録することを決定しました。
先生は、「登録された意味と内容」についての正しい認識が大切と
指摘します。

　現在、わが国では協同組合解体攻撃が強められていますが、世界
的には協同組合に対する評価は高まっています。先生が言うように、
「無形文化遺産登録を契機に、わが国も政策を根本的に転換し、本
来の協同組合を目指した取り組みを強める必要がある」と、私も強
く思います。（No. 475、2017年10月）

協同組合による社会改革論の特徴と課題

　第48回衆院選は10月22日投開票され、与党は自民党の追加公
認3人を含め、総定数465のうち憲法改正に必要な3分の2の310
議席を超えました。安倍首相（自民党総裁）は、争点に挙げた北朝
鮮への圧力強化などに国民の信任が得られたとして、第4次内閣を
発足させます。第4次内閣の成立は、1952年に第4次内閣を発足
させた吉田茂・元首相以来で、65年ぶりです。

　今回の衆院の総定数は前回より10減り、戦後最少の465（小選
挙区選289、比例選176）で行われました。自民党は、単独でも国
会を安定的に運営できる絶対安定多数（261）を上回り、圧勝しま
した。「立憲民主党が躍進する一方、希望の党は敗北した」との単
純な報道もありますが、むしろ、安倍内閣支持率が続落する中でし
たが、自民党は大政党に有利な小選挙区制度の上に、希望の党によ
る野党共闘への逆流持ち込み・分断によって多数を得たとの見方が

有力で、「敵失」による勝利と言えるでしょう。国民は安倍政権の
すべてを支持したわけではありません。民意は政治の安定や経済再
生、日本の安全確保にあったと思います。

　首相は 2019 年 10 月に予定する消費税率 10％への引き上げに伴
う増収分の使途を変更し、高齢者中心の社会保障制度を「全世代
型」に転換する方針です。借金返済に回す分を減らし、教育無償化
など「人づくり革命」を実現するための財源に充てます。農政をめ
ぐっては、政府・与党は 18 年産からの米の生産調整見直しや卸売
市場改革の議論を加速させ、年内の結論を目指します。日欧経済連
携協定（EPA）の国内対策は、11 月末までに取りまとめる方針で
す。外交では、トランプ米大統領が 3 日間の日程で 11 月 5 日に来
日予定です。米政府は 2 国間の自由貿易協定（FTA）に意欲を示
しています。11 月上旬には米国を除く 11 カ国での TPP の早期発
効を目指す協議を控えています。

　今号で北出先生は、「協同組合による社会改革論の特徴と課題」
の中で、「政府は農協・協同組合への介入を強めているが、これは
戦前の農業団体への『非農民的支配』と同様極めて危険なことで、
農協も『全般的な社会変革運動』と連携し、この攻撃と闘わないと
解体の危険があることを産業組合の歴史が教えている」と述べてい
ます。協同組合理念の組織内の協調だけでは、国家権力の支配を許
したという産業組合の歴史的事実を見るなら、私も政府の介入を許
さない自主的な農協改革が必要と考えます。2019 年 5 月末は、農
協改革集中推進期間の期限です。その年の夏には参院選があります。
衆院選の与党の大勝により、安倍政権は今後、農業改革を加速させ
る方針です。農協についても、准組合員の利用制限を含めた、抜本
改革に踏み込んでくる懸念が高まりました（農業新聞）。

　与党の自民・公明は今回の選挙で農業の成長産業化路線を訴え、
結果的に過半数を大きく超える議席を獲得しましたが、北海道や信
越地方の農村部を含めた小選挙区では接戦を強いられました。西川
公也農林・食料戦略調査会会長は落選し、山本有二前農相は小選挙
区で敗れました。自民党は多くの議席を獲得したものの、農村部の
得票数ではこれまでを下回っています（農業新聞農政モニター）。

　今回の選挙結果を謙虚に受け止めるなら、安倍政権は、強引な官

邸主導から生産現場の声に耳を傾けた丁寧な農政運営へと改めるべきです。(No. 476、2017 年 11 月)

平成 30 年度の診療報酬・介護報酬の同時改定

「セントラルキッチンさくの取り組み」は最終回です。7 月から 12 月まで 6 回の連載でした。内田健文所長と松本誠治さん、そして今号では鈴木さやかさんが執筆しました。3 月 29 日に佐久医療センターを訪問し、3 人と打ち合わせしました。セントラルキッチン方式導入の背景と目的、新調理システムと計画、生産シミュレーションの考え方、建築・設備について、院外セントラルキッチンの特徴、サテライトキッチンの運営業務など、これまで紹介いただきました。今回の「食事に対する取り組み」では、日常の献立・行事食、職員食堂・保育所の食事、ドック食の提供について紹介していただきました。「最新のシステムで効率化が進んでも、患者に喜んでもらえる食事でなければならない」、「安全でおいしく、治療や教育に役立つ食事の提供が一番の任務」との言葉に、日々の業務への想いが集約されていると思います。

広島県厚生連統括看護部新宅祐子さんの「看護部長・看護部副部長研修をお寺で開催」は、編集部から急遽お願いして執筆いただいた寄稿です。1 泊 2 日の研修をお寺で行うのは面白い試みと思ってお願いしました。スーツ姿ではなくジャージ姿で研修に臨んだことにも感心しました。「地域密着の今時のお寺」というのは、太極拳や社交ダンスまでやっているのかと、初めて知りました。研修の内容を見ても、座禅や説法のことはよくわかりませんが、色々工夫されていて面白いと思います。研修の最後のグループワークでは、1 グループが「ほとんど在宅、時々入院を実現するためのシステムづくり」を 1 枚の模造紙にまとめたそうですが、素晴らしいと思いました。

二木先生の医療時評は「医薬品等の費用対効果評価の価格調整方法の大筋合意を複眼的に評価する」です。2012 年以来検討してきた「費用対効果評価の試行的導入」の核心といえる高額医薬品等の費用対効果評価の導入のための価格調整の方向がようやく固まりま

した。10 月 4 日の中医協費用対効果評価専門部会は「試行的導入にかかる総合的評価（アプレイザル）の方法について」大筋合意し、10 月 25 日の同部会は合意を踏まえて「試行的導入における価格調整のあり方」について大筋合意しました。二木先生は、これらの合意について複眼的に評価しています。学術的な関心とともに現実的にも重要なことです。

　岡田玲一郎さんの「介護医療院の意義とマンパワー対策の重要性」では、高齢者の生きて行く場所の問題ではないか、そしてそのコストの負担をどのようにするかが問われていると指摘します。生活の場所を自宅にできない高齢者を病院で生活させてよいのか、と私も思います。岡田さんは、「職員不足によって全室オープンできない特養ホーム、サ高住の愚を繰り返してはなるまい」と述べます。高齢者施設のニーズが増加するのに対し、マンパワー不足への対処はそのまま経営課題です。

　平成 30 年度の診療報酬・介護報酬の同時改定の内容が徐々に明らかになりつつあります。2018 年 2 月には、本会では「医療・介護同時改定を読み解く緊急セミナー」を開催する予定です。先月号では医療・福祉研究会や厚生連医療材料対策研究会の報告を掲載しましたし、今号でも厚生連医療経営を考える研究会の内容の報告、第 11 回福祉の協同を考える研究会総会・現地研究会の報告をしています。この秋・冬には本会で多くの研究会・研修会の開催が予定されており、本誌でもできる限り報告するつもりです。寒い日が続きます。ご自愛ください。皆様にとって来年が良い年でありますように。(№ 477、2017 年 12 月)

第13章 ライファイゼン生誕200年
(2018年)

機能分化・病棟再編へ、地域包括ケア病棟をどう活かしていくか

新年おめでとうございます。

表紙は、富士山に「笠雲」とよばれる雲が発生した写真です。「笠雲」とは、山の頂上周辺に発生する雲のことを指します。その姿がまるで「笠」を頭に被っているようにみえることから、笠雲という名がつけられたようです。この雲は山岳の特定の地形が発生条件のようですが、富士山の笠雲はとくに有名です。笠雲の「笠」とは古来より縁起が良いものとされているので、めでたい富士が笠を被るとさらにめでたいといわれます。それにしても、「富士山の頂上に雲が被っている」と聞くより、「富士山が笠を被っている」と聞くほうが、崇高にそびえる富士山を人間のように感じることができ、とてもかわいらしく思えてきます。

さて、新春インタビューは、芳珠記念病院理事長・地域包括ケア病棟協会会長の仲井培雄先生にお聞きしました。地域包括ケア病棟・病床導入厚生連病院は56病院・2,851床です。全国では2,000病院で全病院の23％を超えました。仲井先生は「地域ごとに（病院を）カスタマイズしないといけない。それができるのが地域包括ケア病棟だ」と言います。超高齢社会のもとで、病気は治すよりも抱えたまま生活支援を要する患者さんが増えています。「方針決定を含めて治療を行うプロセスで、必要となる生活支援が多い場合の医療を『生活支援型医療』と呼ぶことにしました」と述べます。「地域包括ケアシステムとか地域医療構想のニーズをご当地ごとにとらえる。そのために地域包括ケア病棟は自院がご当地ニーズに寄り添えるようにカスタマイズしていく病棟だからいろんな型があってよい」との先生の意見に賛成です。厚生連は急性期機能が最も重

視され、地域包括ケア病棟は院内のポストアキュート中心です。「サブアキュートや院外ポストアキュートの地域ニーズへの対応、在宅・生活復帰支援の充実、後方病院との信頼関係の維持、これらが課題となってくる」との指摘は、今後の検討課題と思います。「治す従来型医療から、治し支える生活支援型医療への改革」に安心して取り組めるよう、平成 30 年改定は重要です。

　北出俊昭先生の「現代社会と協同組合」は、「安心・安全な食料の安定供給と協同組合」について述べています。協同組合にとって食料の安定供給は重要課題のひとつであることはいうまでもありません。1970 年代農林水産予算は、国家予算の 10％維持が農政上の重要課題でした。そのことが農業対策の実施を可能にし、輸入拡大政策にもかかわらず食料自給率を 60％台に維持できた要因であったと指摘します。それが 80 年代後半になるとグローバル化に対応し、農業の効率化と農林水産関係予算の縮減合理化が強化されました。農業生産の絶対的低下が促進され現在の食料自給率の低下となり、2016 年度カロリーベースは 38％となっています。しかも TPP11 や日欧 EPA、日米 FTA により食料・農産物の輸入が増加すると、食料自給率の低下だけでなく、安全性に直結してきます。今後もより注視が必要です。

　JA グループは自己改革で掲げた「農業所得の増大」実現のためにも、農業者が安心して営農が継続できる制度の確立を国に求めていく必要があります。また、地域医療・福祉については、4 月の医療・介護報酬の同時改定があります。そして JA グループのもうひとつの自己改革目標である地域の活性化への貢献の実践に向けて、単協・厚生連が安心のくらし・地域づくりに向け、地域の諸団体、事業者と連携した取り組みを進めることがぜひとも必要です。本会も「会員ニーズに則した自己改革活動に取り組んでまいります」（神尾透会長）。本年もよろしくお願い申し上げます。（№ 478、2018 年 1 月）

CPTPP から日米 FTA への道

　田代洋一先生の「CPTPP から日米 FTA への道」は、アメリカ

抜きのTPP11から日米FTAへの道筋について述べています。日本政府は、安倍首相の強い指示で「アメリカ抜きのTPP」のイニシアティブをとりました。関係国の立場の相違や保留事項を含みつつも、2017年11月9日には「大筋合意」に至ったとされました。「大筋合意」の直前には日米首脳会談があり、そこでアメリカ側から日米FTAが切り出されるかが一つの焦点でした。「日米FTAの話はなかった」とする安倍首相の発言は、ハガティ駐日米国大使があっさり否定し、結果的に「日米FTAを密かに語りつつ表立ってイージス艦売買の約束」をしました。田代洋一先生は今回の日米首脳会談には2つの意味があると言います。「一つは、日米FTAを表ざたにしなかった代償を日本が軍事面で払うという、日米FTAの事実上の事前協議であり、二つは、TPPは日米経済軍事同盟とも言われましたが、それをより凝縮した形で引き継ぐこと」でした。「それをとりもったのが金正恩という構図でしょうか」と述べます。「アメリカ抜きTPP」の早期発効を主導した日本政府はアメリカのTPP復帰を待つという姿勢を貫いています。TPPの前に "Comprehensive and Progressive" をつけたCPTPPです。アメリカのTPP離脱は「アメリカ第一」を掲げるトランプ政権の世界戦略です。「誰にもそれを覆させる力はありません。要するにアメリカのTPP復帰は日本の幻想です」。

　「凋落の過程で凶暴化していく覇権国家アメリカに一蓮托生的につき従う日本の道は極めて危険です。いくら待ってもアメリカはTPPには戻りません。代わりに日米FTAでアメリカの食い物にされるだけです。その見極めをつけて日本は日本の道を探る必要があります」との田代先生の結論は極めて正論です。

　醍醐聰先生の「消費税増税に頼らない社会保障財源の提案」は最終回です。勉強になりました。「留保利益税は二重課税ではない」ことを最初にわかりやすく説明してくれています。「留保利益税を提言する根拠」では、まず「(1) 労働分配の著しい抑制」が、「正規／非正規の格差と男女間格差が重なり合って存在している」ことを明らかにした上で、低所得の非正規就業者の高水準での推移が企業の税引き前利益を膨らませる一方、晩婚・非婚さらに少子化をもたらす有力な要因となり、高齢化以上に個人消費の低迷、公的年金

の支え手を細らせる負の社会的影響をもたらしていることが理解できます。「（2）著しく低い企業の社会保険料負担」も、2010 年以降、被保険者拠出との対比で事業主負担が低くなる傾向が続いていることを指摘し、非正規雇用の増加が事業主の社会保険料の負担を軽減し、他の保険制度や加入者、国の財政への負担の付け回しになっている実態を注視しなければならないと述べます。「（3）無益な法人税減税が出口のない留保利益を膨らませた」では、「法人税率の引き下げは国内企業の生産拠点の海外移転に歯止めをかける役割を果たしていない」、「設備投資、雇用拡大を通じて経済の好循環をもたらしたとはいえない」と指摘し、「出口（有効な投資先）のない内部留保を膨らませただけだった」と述べます。私は消費税を引き上げる度に法人税減税をするのは間違っていると従来から考えてきただけに、今回の論考は非常にわかりやすく受け止めました。「留保利益の一部を業績優良企業の企業内部に充てて済ませるのではなく、税によって国庫に回収し、社会的再分配の財源として活用することこそ税の正義にかなっている」との醍醐先生の結論に賛成です。（№ 479、2018 年 2 月）

FTA 被害補填直接支払い

　品川優先生の「FTA 被害補填直接支払い」は、前回の「FTA 農業対策と FTA 廃業支援」に続く、FTA 短期的被害補填のもうひとつの事業です。3 月号では、FTA 被害の判断基準、FTA 被害補填直接支払の仕組みやそれによる補填の実態、制度の問題を明らかにしています。FTA 廃業支援では FTA により被害を受けた品目が廃業支援の対象となり、廃業支援を通じた構造改革や生産調整を図る「追い出し効果」がみられました。「まとめ」では、「FTA 被害補填直接支払い」が有する 3 つの問題点を整理しています。その上で、FTA によって安価に輸入された品目の消費増が、他の品目の消費を減少させる「玉突き現象」といった間接的影響も確認されて FTA による影響が懸念される品目から他の品目に生産転換することで、当該品目の国内生産が増加するなど生産面でも変化が生じていることを指摘しています。そして、「FTA 被害補填直接支払

い」は「FTAによる被害への支援を目的としているため、輸入寄与度に限定した補填はやむを得ない一面もある」としながら、「FTAによる安価な農産物の輸入増加という直接的な要因だけでなく、FTAに関わる間接的な要因も含む総合的かつより精度の高い算定」が求められると指摘します。FTA交渉合意後の農業対策は単純ではなく、様々な影響への対策が必要になることを詳細に示しています。米韓FTAを画期として導入された韓国のFTA農業対策から学ぶべきことは多いと改めて痛感します。

北出俊昭先生の「現代社会と協同組合」は最終回です。今号は「現在の日本の課題と協同組合の役割…農協・農村を中心に」です。2017年4月号から12回連載いただきましたことにお礼申し上げます。これまでのテーマは、「農協法『改正』から協同組合解体へ」「協同組合解体政策の背景と特徴」「雇用不安と格差拡大が深化している現代社会」「オウエン、サン・シモン、フーリエの共同社会思想」「協同組合セクター論と現代社会」「経済学における協同組合問題」「協同組合の価値・原則と現代的意義」「協同組合による社会改革論の特徴と課題」「地域再生の課題と協同組合」「安心・安全な食料の安定供給と協同組合」「医療・保健・福祉事業と協同組合」です。農協を中心に主として思想的・運動的側面に焦点をおき、現在の日本における協同組合の存在意義と役割について検討していただきました。どのテーマも現在の協同組合にとって重要なものばかりです。「農協が本来の協同組合としての取り組みを強めれば」「地域改革の全国的な推進に大きく寄与する可能性」があります。「協同組合の価値と原則に基づいた活動の強化が不可欠で、現在進められている自己改革についてもこの理念の徹底」が求められています。先生が最後に述べているように、「現在のわが国では、国が直面している諸課題を改革するためにも、協同組合の果たす役割は極めて重要である」と私も認識します。そして、「協同組合（人）はこのことを自覚し、主体性を発揮してその責務を果たすことが求められている」ことに全面的に同意します。

本会は、「第8次中期事業計画（平成29年度～31年度）」において、「全国的な共同購入への結集・参加の推進」で「全国化」を目指すことを呼びかけています。「共同購入は、製薬企業の高値販売

を崩し、過剰な利益を規制していく社会的運動でもあります」。本
会は 4 月に「第 44 回厚生連医薬品対策会議」を開催します。会員
厚生連の参加をお待ちしています。（№ 480、2018 年 3 月）

旧ソ連のチェルノブイリ原子力発電所事故への支援

　京都大学大学院の安里和晃先生の『多様な福祉レジームと海外人
材』は新連載です。今号のテーマは「福祉レジーム論」です。2017
年 11 月に東京都千代田区で開催された日本介護福祉学会関東ブロ
ック研修会で先生の講演を聞き、原稿依頼したところ快くお引き受
けいただきました。連載では、海外における高齢化の状況について
台湾、シンガポール、香港、ドイツ、中国を取り上げます。またフ
ィリピン、インドネシア、ベトナムなどの送り出し国の事情（介護
人材とその育成）について展開していただきます。日本については
話題の技能実習制度について検討していただきます。先生とは 15
回の連載を計画していますが、ケースバイケースで行きたいと思い
ます。

　2017 年 9 月号から 2018 年 3 月号まで 7 カ月休載していました「院
長リレーインタビュー」を今号から再開しました。記念すべき 300
回目の「院長リレーインタビュー」は、長野県厚生連南長野医療セ
ンター篠ノ井総合病院統括院長の小池健一先生のインタビューです。
冒頭から 1986 年 4 月 26 日に起きた旧ソ連のチェルノブイリ原子力
発電所事故への支援の話は圧巻です。後に決められた国際原子力事
象評価尺度において最悪のレベル 7 に分類され、世界で最大の原子
力発電所事故のひとつです。小池先生の事故後の支援は、小児白血
病を中心に二十数年にわたり続けられました。ちなみに私は 1985
年 4 〜 5 月に訪ソしており、チェルノブイリ事故の 1 年前です。当
時の書記長はミハイル・ゴルバチョフでした。その後彼は 1990 年、
ソ連初の大統領に就任しました。小池先生の国際支援活動は、湾岸
戦争やイラク戦争（90 年代〜 2000 年代初頭）で投下された劣化ウ
ラン弾による白血病の問題でも、子どもたちのサポートとして取り
組まれました。

　1983 年に先生が赴任した時の「患者本位の病院」を掲げていた

篠ノ井総合病院の食事の話がでてきます。私は1986年に本誌№.
105に書評を書いています（藤田真一『患者本位のこんな病院』朝
日ブックレット）。当時の篠ノ井総合病院は、温かい食事を出すと
いう、今では当たり前になりましたが当時としては画期的な取り組
みをしていたことを思い出します。

　インタビュアーも変わり、「院長リレーインタビュー」も新たな
スタートを切りました。今思うと、1回目のインタビューは1987
年4月号（№.115）に掲載しました、土浦協同病院院長の登内真先
生でした。あれから31年間で300人の院長先生にインタビューし
ていることは、本会の歴史の中ですごいことだと思います。院長リ
レーインタビューは読者からの期待も大きい人気の企画なので、今
後もずっと続けるつもりです。

　年度が変わり、本会主催の会議・研修会も目白押しです。4月27
日は、第44回厚生連医薬品対策会議が開催されます。6月には、
第14回厚生連医療機器・保守問題対策会議と、第4回厚生連病院
臨床研究研修会を開催します。そして平成30年度厚生連院内感染
予防対策研修会は5月から11月まで順次開催を予定しています。
各種研修会に奮ってご参加ください。（№.481、2018年4月）

依田発夫さんのこと

　本会は2018年9月23日で創立70周年を迎えます。本誌では、「文
化連創立70周年」にあたり、今号から本会に所縁のある方に登場
いただきます。1回目は、長野県厚生連小諸厚生総合病院（現浅間
南麓こもろ医療センター）元事務次長の依田発夫さんです。依田さ
んには、本当にお世話になりました。私が入会した1985年当時に
は小諸厚生病院と依田さんの活躍は既に全国に届いていました。そ
の物語のエッセンスは今号掲載の「分かってくれる時期が必ず来る
と信じて」に譲りますが、文化連との関わりでどうしても書かなけ
ればならないことを3つ述べます。

　ひとつ目は、まさに1985年のことだと思います。「安心な食べも
のを自分たちで」という運動をしていた時でした。私たちも「それ
でもあなたは食べますか」（全農映）のビデオ上映運動を展開して

いました。そんな中、本会主催で生活指導員さんに集まってもらって「農協生活活動学習交流集会」を開催しました。講師は依田さんでした。その時の様子を写真に収めたのは私でした。

　2 つ目は、「厚生連病院と単協をつなぐ医療・福祉研究会」（福祉研）のことです。依田さんには研究会立ち上げから関わっていただいて、2017 年 9 月に第 21 回が開催されました。私は当初から研究会の企画に関わっており、長野大学を訪問して打ち合わせしたことを覚えています。最初の頃は分科会もしていて、私が依田さんの助手についたこともありました。「当時の医療福祉研究会でいつも言っていたのは、結果は後からついてくるということです。算盤をはじいて儲かるか儲からないかも大事ですが、ニーズがあればやるべきだと」、本当に毎回毎回繰り返し強調していたことを思い出します。この言葉は、今では私の常套句になっているほどです。

　3 つ目は、2006 年 7 月に立ち上がった「福祉の協同を考える研究会」です。「これを始めたときは、協同組合で福祉を語り合える組織が本当に必要だったのです」。この時も長野県高齢者協同組合の役員をしていた依田さんに相談に行きました。大変寒い日だったのをよく覚えています。大きなストーブを囲みながら、東公敏理事長と私と依田さんの 3 人で研究会名や規則（素案）を考えました。こうして研究会設立総会と第 1 回現地研究会開催は初代代表となった北原剛志氏の地元松本市で開催されました。翌 2007 年 7 月に『福祉の協同研究』第 1 号が発刊されました。その時に「『福祉の協同研究』発刊に寄せて」を執筆していただきました。「コムスン商法によるとんでもない事件が起きたことを契機に、改めて協同組合福祉が社会的に何を求められているかを熟慮する必要がある」「単に事業の成否のみに気をとられていると、レイドロウ報告に示された『思想の危機』に直面し、協同組合の存在意義を危うくすることになりかねない」と依田さんは述べています。今でもそのまま通じる言葉です。

　依田さんにはいつも励まされてばかりですが、今回もまた同じです。「住みよい世の中をつくっていく運動も含めて」「私たちの信念が、多くの人たちにさざ波のように伝わっていって、分かってくれる時期が必ず来るのです。そのことを信ぜずして運動なんかできる

かという思いです」と述べます。そして最後に、「文化連さんもさまざまな苦難を乗り越え、いまある社会的評価が高い組織になっていることを銘記したいと思います」との言葉に、心から感謝申し上げたいと思います。(No. 482、2018 年 5 月)

メガ自由貿易協定・RCEP[1] とは何か

　内田聖子さんは、今号の「メガ自由貿易協定・RCEP とは何か」の中で、「TPP の経済規模は 3,100 兆円（世界貿易の約 4 割）、8 億人の市場であるのに対し、RCEP は約 2,000 兆円（世界貿易の約 3 割）、人口では世界全体の約半分の 34 億人もの広域経済圏」。「交渉分野は広く、モノとサービスの貿易から、投資、知的所有権、食の安心・安全、電子商取引、中小企業、経済的・技術的な協力など、合計 15 分野」と言います。秘密交渉で進められている点も TPP と同じですが、TPP 交渉より政府からの情報量は圧倒的に少なく、漏洩されるリーク文書も少ないといいます。ところがビジネス界はかなり交渉にコミットしており、情報の非対称が存在します。そもそも日本ではほとんどの人が RCEP を知らないし、マスメディアもほとんど扱っていません。

　RCEP は中国主導ではないと内田さんはいいます。ひとつは、RCEP の原点が 2011 年 11 月にインドネシア・バリ島で開催された第 19 回 ASEAN サミットでのアジア広域経済圏構想として出された提案だからです。2 つは、日本やオーストラリア、ニュージーランド、韓国のイニシアティブです。これらは TPP 参加国あるいは米国と FTA 締結済みの国です。TPP や韓米 FTA の自由化水準をすでに了解した「TPP グループ」の国々は、TPP と同じ内容を RCEP で提案するようになります。インドや中国はそれぞれの自国の論理で鵺のように対応しているようです。創設 50 年にあたる 2017 年中の妥結を目指していた ASEAN は早期妥結を優先しつつも、急激で高い水準の自由化は受け入れがたく、利害と思惑の中で、15 分野のうち大筋合意はわずか 2 分野だけです。内田さんは、妥結・発効できないメガ FTA の困難を 5 つ挙げた上で、「途上国は自由化を受け入れグローバル経済に適応したいと思う一方で、国内の貧

困削減や医薬品アクセス、公共サービスの充実という社会開発的なゴールも目指さなければならない」と述べています。この両者が対立的になっているために交渉も進みません。「発展段階に応じた関税率や保護政策、社会開発的な課題を解決するようなインセンティブを貿易協定の中に埋め込めないものか」、「国連の持続可能な開発目標（SDGs）の達成を可能にする貿易のあり方」を常に考えます。

　WTOもメガFTAも矛盾と限界を露にする中、世界は確実に次の貿易体制を模索せざるを得ない状況まで来ています。「ならばこれらの課題を解決しつつ、公正で公平な貿易のフォーマットをつくることこそが求められている」との提案に、全面的に賛成します。

　文化連創立70周年にあたって、2人目の登場は篠田（旧姓内山）木末さんです。『文化連情報』と『生活だより』（現『くらしと健康』）の当時の様子について語っていただきました。現在はメールでの通信が主流で楽ですが、内山さんはいつも手紙を書いて執筆者とやり取りしていたことを思い出し、懐かしくなりました。厚生連薬剤師研修会を企画し、講師と打ち合わせするのは大変なことです。私も何度か農村保健研修センターを訪れて、事務局をしましたが、若月俊一先生のお話を聞いて受講生とともに感動したことを覚えています。毎晩よく酒を飲み、みんなで肩を組み、「農村巡回検診隊の歌」を歌うのです。徹夜でニュース（「千曲川だより」）を作り朝の農民体操の後に朝刊を配布し、夕食前には夕刊を配布しました。講義だけでなく、魚釣り、リンゴ狩り、テニスなどのレクリエーションもしました。本当に楽しい思い出です。今回改めて内山さんの話を聞いて、現在も続く薬剤師研修会を考えれば、本会が果たしてきたことは無駄ではなかった、意義のある取り組みだったと、心から思った次第です。（No.483、2018年6月）

1)　RCEPとは、「Regional Comprehensive Economic Partnership」の略称であり、日本語では、「東アジア地域包括的経済連携」と呼ばれています。内容としては、東南アジア諸国連合（ASEAN）を中心にした国家群（インドネシア、シンガポール、タイ、フィリピン、マレーシア、ブルネイ、ベトナム、ミャンマー、ラオス、カンボジアに日本、中国、韓国、インド、オーストラリア、ニュージーランドの16カ国）が参加する広域的な自由貿易協定のことであり、別名メガFTAとも呼ばれています。この経済連携

協定の議論は、2011 年 11 月に ASEAN の提唱により始まっており、実現すれば世界の人口の約半分である 34 億人、世界の GDP の 3 割にあたる 20 兆ドル、世界の貿易総額の約 3 割に当たる 10 兆ドルを占める広域経済圏が実現することになります。そのため、広域的経済連携協定としては、現在、世界で最も注目すべき項目の一つであると考えられています。2017 年 11 月には参加国 16 カ国が共同首脳声明を発表し、市場アクセス、ルールおよび協力の三本柱において成果を出すとしました。さらに 2018 年 7 月 1 日には東京都内で閣僚会合を実施し、共同メディア声明に「本年末（2018 年末）の成果のパッケージ達成へ注力する」と明記しています。

現場の医療をめぐる臨床倫理

中西淑美先生の「臨床倫理メディエーション」は、「現場の医療をめぐる臨床倫理」の 5 回目として、「生命危機下の患者の選好（Autonomy）」です。先生は「実際の救急の場面では、患者や家族の選好と医師の医学的適応の判断の乖離に直面して、患者の『自律性を重んじる』、決定が患者の死、そして訴訟に至ることがある」と言います。今回は、千葉地裁の事件から引用・改編したケースから「生命危機下の患者の選好」について検討します。生命の危機という状況で患者が見ている現実を家族も含めて共有するために対話過程を持ちます。分かり合えない時こそ対話過程を持つことが重要です。「緊急治療場面での倫理メディエーションのポイントは、『患者の選好』を単に受けいれるのではなく、医学的判断を上回ってまで固執する選好を選択する背景要因を、今ここでの『インタレスト』として情報開示・交換が行なえる対話過程を設けることである」と述べます。中西先生が講師を務める「第 9 回厚生連医療メディエーター養成研修会」が 10 月に開催されます。案内を掲載していますので、ぜひご参加ください。

「文化連創立 70 周年」は、佐久総合病院統括院長の伊澤敏先生にご登場いただきました。「下郷診療所の思い出」と題したインタビューです。なぜ今回このテーマを取り上げたのか、文化連との関わりを少し述べます。

下郷農協は大分県にある小さな農協ですが、安全で安心な農産物を生産・加工し、生協との産直で発展させた全国的に有名な農協です。組合員を大事にしている農協で、農協独自に組合員に年金を出

していました。文化連の理事だった奥登組合長が「あとは診療所作りだ」というので、本会も診療所設立のお手伝いをしました。

　そもそも診療所建設が提案されたのは、1986（昭和 61）年 5 月の総会でした。「農協が戦後 40 年を目前に控えて、長い間苦労を分かち合って強固な基盤を作って来た今こそ、全組合員が安心して送れる老後を我々の手で作り出す第一歩を」。そして当時から医療に恵まれなかった組合員に対し、「せめて老後だけでも医療を」という奥組合長の思いは「農村老後医療」と表現されました。続く 62 年度総会では事業費 2 億円が提案されました。当時たった 440 人の組合員が出資する事業額としてみれば 1 組合員当たり 50 万円に達する「巨額」です。いかに小さな農協で大きな事業に手を付けたか理解できます。「ただ、最大の問題は医師確保でした。それで若月院長に相談したところ、佐久総合病院から出しましょうと言っていただきました。しかし、佐久総合病院もいろんなところの診療所などに医師派遣をしており、現実は下郷農協に派遣できる余裕がなかったようです」（武藤喜久雄「故若月俊一佐久総合病院名誉総長を悼む」『文化連情報』№ 344、2006 年）。それでも佐久病院は初代所長として柳沢昭吾先生を派遣してくださいました。当時の佐々木眞爾診療部長は相当苦労されたと聞いています。1989（平成元）年 1 月に診療所は開院しました。そのあと、伊澤敏先生が 2 代目所長として派遣されました。若月先生も激励に訪れ、下郷小学校体育館で開催された「地域住民の健康シンポジウム」で先生が行った講演が参加者に深い感銘を与えました。

　今回、伊澤先生のお話を聞きながら、診療所の設立は、どれだけ多くの方々が関わりどんなに大変なことだったか、それまで医療にアクセス困難な環境に置かれていた地域住民にどれほど待ち望まれたことだったのか、改めて痛感しました。九州辺地の山あいの小さな農協が偉業を成し遂げたことは間違いありません。70 周年を迎えるにあたり、佐久総合病院の協力をいただきながら、農業協同組合立下郷診療所の開設にあたり本会もその一端を担えたことを誇りに思います。（№ 484、2018 年 7 月）

核兵器のない未来

　西日本豪雨[1] で被災されました皆様にお見舞い申し上げます。被災地の一日も早い復旧と今なお避難されている皆様、復旧作業に従事されている皆様の安全をお祈り申し上げます。

　今号の木村徳子さんは、1945 年 8 月 9 日、10 歳の時に長崎で被爆しました。ピースボートでは、世界各地で被爆者とともに核廃絶を訴える「ヒバクシャ地球一周 証言の航海（通称：おりづるプロジェクト）」を実施してきました。2017 年 12 月、ピースボートが国際運営団体を務める核兵器廃絶国際キャンペーン（ICAN）がノーベル平和賞を受賞しました。その時木村さんは、アイスランドのレイキャビクで被爆証言をしていました。ニューヨークの国連本部では、イギリス BBC 放送の取材に応じ、「アメリカなどの核保有国が、2017 年 7 月 7 日に採択された『核兵器禁止条約』の署名・批准に反対する圧力をかけないでほしい」と述べました。「私だって怖かったのですが」「だてに来たんじゃないよと思って発言」したことに、心が揺さぶられます。また、「『核兵器禁止条約』に日本が反対し、欠席していることについて、どうしてなのか、それについてどう思うか」と行く先々で質問を受けるそうです。「日本人としてとても恥ずかしい思いをしているし、被爆者としては当然怒っているし、人間としておかしいことだと思っているということをどこの国でもお伝えしました」と言います。

　木村さんは、東京の小学校でも毎年証言会を行っており、子どもたちは感想文を書いてくれます。そこに「自分が他人からやられて嫌だと思うことは、人にはしない」と書いてくれた子がいました。シンプルで核心を突く言葉に希望を感じ、その子は木村さんの証言から感じたことを言葉にしたのですが、「世界中の人がそれを実現できれば戦争なんてなくなる」わけです。

　「原爆は自然災害ではありません。作るのも、使うのも、そして、やめさせるのも人間です」。被爆者が苦しみながらも証言活動をするのは「再びあなた方が被爆者にならないために、この経験を知ってもらいたいということなのです」との言葉は、まさに真実です。

　さて、「文化連創立 70 周年」は、茨城県厚生連西南医療センター

278

病院元事務部長の伊師巌さんです。伊師さんが 1993 年 4 月から 97 年 3 月まで茨城県厚生連本所資材課医材料係長にありながら、関東地区厚生連医療材料共同購入委員会委員長に選出されたときには、私は事務局次長として共同購入委員会規約（案）の作成、交渉資料の作成、メーカーとディーラーへの交渉関連の通知文の作成・発送などを行っていました。伊師さんに毎日電話し打ち合わせしながら進めました。関東地区 14 病院の資材購入担当者への連絡も私の仕事でしたので、毎日毎日電話をかけていました。

　当時、各県厚生連と文化連は協同して交渉しており、それをもって「共同購入」と称していました。そういった中で、関東地区厚生連医療材料購入対策会議の歴史もあり組織的にも比較的まとまっていた関東地区厚生連が、協同して交渉することになったのはいわば必然だったと思います。当時は「関東」文化連とよく言われました。しかしこれは決して悪い意味ではなく、いずれは「日本」文化連になって、「全国的な共同購入を展開すべきである」との、強い期待と励ましの言葉でもありました。現在の共同購入の礎を築いたという意味において、関東地区厚生連医療材料共同購入員会の創設は、本会の 70 年の歴史を振り返ったとき、意味のある大きな出来事でした。

　暑い日が続きます。くれぐれもご自愛ください。（No. 485、2018年 8 月）

---

1)　平成 30 年 7 月豪雨とは、2018 年（平成 30 年）6 月 28 日から 7 月 8 日にかけて、西日本を中心に北海道や中部地方を含む全国的に広い範囲で発生した、台風 7 号および梅雨前線等の影響による集中豪雨。同年 7 月 9 日に気象庁が命名しました。別称、西日本豪雨といいます。

2018 ジョイント・コングレス on Rural Medicine in 東京

　「2018 ジョイント・コングレス on Rural Medicine in 東京」における第 67 回日本農村医学会学術総会・第 20 回国際農村医学会学術総会の史上初めての共同開催にあたって、日本農村医学会理事長・茨城県厚生連 JA とりで総合医療センター院長の新谷周三先生に原稿執筆をお願いしました。「さし迫った 2025 年問題と、その後の

2040年問題をひかえて」です。学会メインテーマは「高齢化・生産人口減少社会の中での地域医療 in the world：日本では首都圏、地方都市、中山間地域のそれぞれにおいて」です。日本と同様に高齢化の進行する世界各国で、地域医療・高齢者医療を担当する方々が来日します。「高齢化と医療福祉介護の問題」「医療保険制度や介護保険制度の問題」「認知症ケアや在宅医療を含めて、地域医療をどう支えていくか」などについて論議したいと、新谷先生は述べます。

　日本においては、「2025年問題が地域医療構想として具現化され、さらに、その後の2040年問題（日本全体の高齢化率は36.1％、全国の1,800ある市町村のうち半数の存続が難しくなる）をひかえた中で、日本農村医学会が『高齢化・生産人口減少社会の中での地域医療』とどう向き合うかを命題として」います。そして「将来、同じ問題（高齢化）を抱える世界各国の医療人と討議する場」として、また「58年にわたる国民皆保険制度を維持するため、日本の地域医療を中核となって支えてきた」厚生連病院が、今後の日本の「医療・介護・福祉の動向を討議する場」として考えています。

　テーマに込められた目的が達成されますよう両学術総会の成功をお祈りいたします。

　本会は9月23日、創立70周年を迎えます（「文化連創立70周年を迎えて」）。今号の「文化連創立70周年」は、村上一彦員外監事の「文化連と食品共同購入（新予約）運動」です。「新予約」誕生の経過を改めて記述いただきました。本会の健康づくり運動の一環として取り組まれ、広く会員単協が参加する「安全安心の食品共同購入事業」は、1983年に滋賀県で誕生し、1988年は三重県でも取り組まれました。背景には、当時の食品添加物や残留農薬、輸入食品の危険性等がありました。当時から生産者・消費者にとって大問題であり、私も平日夜や土曜日は渋谷区内の事業所を回り、食品添加物・輸入農産物の学習会講師をしていました。村上監事が述べていますが、横浜港や名古屋港の輸入食品の野積み状態の見学は、現在本会が引き継いでいる特筆すべき活動の一つです。日本中探してもこれほど粘り強く、そして長きにわたり業務として行っている団体はないと思います。

　2000 年の介護保険制度施行に伴い福祉・介護事業も始まりました。単協と厚生連が会員という本会の組織の特徴は、安心して住み続けられる地域づくりに欠かせない「医療」「介護・福祉」「食」の事業化を促進し、時代に先駆けて本会の本来的役割を大きくしたと思われます。村上監事が指摘するように、「医療・介護・健康づくりの一体的取り組み」を実現することが本会の使命と改めて考えます。

　印鑰智哉先生の「主要農物種子法復活と在来種保全法制定へ」は非常に大事な論考です。2018 年 4 月、主要農作物種子法が、ほとんど誰にも知られることなく廃止されました。そもそもなぜ廃止されたのか、タネが足りなくなることはないのか、民間企業に任せて大丈夫なのか、私たちの生活に直結する問題です。新しく文化連の代表監事に就任した八木岡努水戸農協組合長が会長を務める「日本の種子を守る会」[1] でも JA と生協が連携してこの問題に取り組んでいます。

　印鑰先生は「私たちは何をすべきか」についても述べています。地域の持つ力を信じて、学習会を開き理解者を増やす、そうすれば今からでも地域の種子を守ることは可能です。いつの時代でも、守るためにやることは同じなのだと考えます。（No. 486、2018 年 9 月）

1)　主要農作物（穀類）の種子を守るため、農業者や消費者による「日本の種子（たね）を守る会」が 2017 年 7 月 3 日発足しました。主要農産物種子法（種子法）廃止に伴い、〝公共財産〟である種子の安定供給が脅かされる恐れがあることから、同法廃止後も、これまでの種子政策を継続し、予算措置を含めて各都道府県等へ働きかけ、新法の制定を視野に入れます。「守る会」会長に茨城県 JA 水戸の八木岡努組合長を選び、生協の幹部が役員になるなど、JA と生協が連携して幅広い国民的運動を展開することを確認しました。設立総会には、生産者や消費者、生協・JA の関係者など約 350 人が出席しました。

ドイツ文化としてのライファイゼンの遺産―生誕 200 年に寄せて

　酪農学園大学名誉教授・元日本協同組合学会会長の村岡範男先生の「ドイツ文化としてのライファイゼンの遺産」は、ライファイゼン生誕 200 年に寄せていただきました。2018 年 5 月に東京で開催

された日本協同組合学会第37回春季研究大会の時にご執筆をお願いしました。ライファイゼンは1818年3月30日、ノイヴィート北部の農村地帯のハム村で生まれました。「世は正にドイツにおける資本主義経済勃興前夜」で、「躍進する鉱工業地域には活気があふれ、農村では農法の転換や村落維持機能の変質など古い秩序が徐々に崩されようとする時代」でした。資本主義の発展は社会から膨大なエネルギーを引き出す一方で、新たな負の側面を生み出しました。新興勢力である労働者階級は貧困にあえぎ、古くからの小生産者（手工業者や農民経営）は自らの存立自体を脅かされることになりました。農民は高利貸し資本に市場対応を依存せざるを得ず、その結果経済的に破綻し無産プロレタリアートへの転落は日常茶飯事でした。さらに凶作が襲い追い打ちをかけました。

　地域社会による自力更生の必要性を何よりも痛感したライファイゼンは、パン焼き小屋を建設し村民に安価なパンを提供します。これがライファイゼンの諸々の活動の出発点となった有名な「パン組合」です。その後彼は、1849年に「フラマースフェルト貧農救済組合」を組織し、1852年には「ヘッデスドルフ福祉組合」を設立します。そして1862年に誕生した「アンハウゼン貸付組合」をもって、ドイツの農村における近代的協同組合の嚆矢とみなすと村岡先生は述べます。「紆余曲折を経ながらも、ようやく協同組合としての、経済的弱者のための自衛組織が誕生した」のです。「ライファイゼンの遺産は、現代社会において必須の庶民金融機関としてその存在を益々主張している」。「連帯責任に基づく協同組合は時間を越えてさらに普遍性を獲得したといえるであろう」との言葉に同意するとともに、生誕200年に際して、ライファイゼンの偉業に深く敬意を表します。

　佐久医療センター蓮見純平先生の「初期研修医は海外研修で何を学べるか？」は、2018年3月に2年目初期研修医をフィリピンのレイテ島のSchool of Health Sciences（SHS）に派遣しての研修の意義を執筆いただきました。SHSには、フィリピン全土の医療者が不足している地域から学生が入学してきます。学生は学費や生活費を出身地域に負担してもらう代わりに、卒業後は出身地域に戻って奉仕する約束を交わします。この約束が強く意識されているため、

卒業後の海外流出は原則的にありません。なお、入学に際しての学業成績は問われません。SHS の「助産師→看護師→医師」という段階式カリキュラムにも驚きます。助産師コース入学から医師コースの RS（Return Service）終了まで最短 27 年間を要することも、日本では到底考えられません。「入学に際して学力成績不問の SHS が、他大学よりも国家試験で好成績を収めていることを考えると、果たして医学を学ぶのに高い偏差値が必要なのかが甚だ疑問に思われてくる」「人格が優れていれば医学を学ぶチャンスを与えることは出来ないのかという根本的な疑問を考える」との蓮見先生の指摘は、とても新鮮な問題提起に思われます。「国内研修で補完できない価値が間違いなく存在しており、この研修が単なる海外旅行や物見遊山に終わることはあり得ない」との結論に、新たな可能性を感じます。（№ 487、2018 年 10 月）

TAG ＝日米 FTA の始まり

　9 月 26 日、安倍晋三首相とトランプ大統領は新たな貿易協定の交渉入りで合意し、共同声明を発表しました。10 月 4 日に、米国のパーデュー農務長官は「米国の目標は、原則 TPP プラスになる」と発言し、TPP や日 EU 経済連携協定以上の農産品の関税引き下げを目指す考えを示しました。さらに、ペンス副大統領は同日の演説で「日本と歴史的な自由貿易の取引に関する交渉を間もなく始める」と述べ、実質的に自由貿易協定（FTA）交渉との発言をしています。この協定について首相をはじめ日本政府は「FTA（自由貿易協定）ではなく、日米物品貿易協定（TAG）だ」と強調します。内田聖子さんの「TAG ＝日米 FTA の始まり」は、「TAG とは何か」を教えてくれます。結論を言えば、TAG[1] は日本政府が言うような「日米物品貿易協定」などではなく、多くの識者やマスメディアが言うように、間違いなく FTA（自由貿易協定）だということです。つまり、日本政府は日米 FTA はやらないと言っていたのにやることにしてしまったので、日米 FTA ではないと言い張るために TAG という造語をわざわざ作り出したということです。

　内田さんは、米国の「製薬業界も日本に対して厳しい批判をして

いる」と言います。米国研究製薬工業協会（PhRMA）は日本を「優先監視国」に指定すべき理由を4つ挙げ、「特に新薬創出加算の新要件に関しては『市場アクセスの障壁』として詳細に触れ、企業要件については日本企業に有利に働く要素があると指摘」し、「内外資企業を公平に扱う義務に反すると厳しく批判」しています。この点では、品川優先生が「米韓FTAと医薬品」で、「許可・特許連携制度の仕組み」を詳しく紹介しています。ジェネリック医薬品の製薬会社が多い韓国では影響が大きく、特許を多く有するアメリカの製薬会社にとっては有利に作用します。結局、「アメリカの製薬会社が不平等に扱われている、米韓間でのイコールフッティング、すなわち内国民待遇が保障されていない」ということです。日本も同じ構図ということです。

　内田さんが言うように、米国での国内手続きとしてのTPA取得には90日かかります。日本の国会でもしっかりと今回の合意の全体像を明らかにし、交渉入りするのかどうかも含めて判断すべきと思います。

　二木先生の「医療費増加の『最大の要因』は医師数増加か？」は重要な論文です。3つの代表的研究（ニューハウス、イエットタム、クーパーとゲッツェンら）によって、「医師数増加が医療費増加をもたらすという主張は、マクロ経済学的にほぼ完全に否定された」と私も思っていました。そして、2011年に発表されたマーチンらの論文でも、先行研究で確認されている事実（国際横断面分析と国内時系列分析では所得が医療費の決定要因と見なせるが、国内横断面分析では両者の関係は弱い）が、今回の二木先生の検証で再確認されました。マクロ医療費分析における時系列分析と横断面分析との大きな違いに十分な注意を払うべきとの指摘には、精緻な分析モデル設計の重要性を改めて考えさせられました。また、印南一路先生の実証研究のなかで二木先生が示した「平均在院日数は医療費適正化政策の目玉の1つであるが、むしろ医療費の増加要因である」こと、「人口の高齢化は1人当たり医療費の大きな増加要因ではない」こと、そして「医療費適正化政策としての保健予防活動や特別養護老人ホーム建設は、医療費適正化効果についてはあまり期待できない」ことについて、二木先生が「妥当」と述べていることはそ

の通りと思います。ぜひお読みください。（No.488、2018 年 11 月）

1)　日米物品貿易協定（TAG：Japan-United States Trade Agreement on Goods）
　　は、2018 年 9 月 26 日に開催された日米首脳会談で日米両国は、日米間の
　　物品貿易に係る関税引下げを定めた TAG 締結に向けて交渉を開始するこ
　　とで合意しました。

フランスにおける終末期医療の法制化と患者の権利法

　「一門さんのことば」は新企画です。12 月号は「農民にとって農
協とは」です。山口さんが逝去された後、私の山口さんの思い出は
本誌No.396（2011 年 3 月）の編集後記に書きました。そして山口さ
んと約束したこと（「農協組合長にもっと登場してもらうべき」「農
協職員が読める記事を」）も書きました。それは山口さんの本誌へ
の遺言になってしまうのですが、編集委員会ですぐに検討し、農協
を取材し 3 カ月に 1 回くらいは載せたいものだと話し合い、私は山
口さんに 2011 年 10 月号から掲載すると伝えました。約束を中々果
たせずにいましたが、今号の茨城県稲敷農協の根本作左衛門代表理
事組合長の登場で、「農協組合長インタビュー」は 52 回を迎えます。
そして、まだ十分ではありませんが、JA の取り組みの紹介や寄稿
も増えています。そのような本誌への期待も寄せてくれていた「一
門さんのことば」を掲載することにしました。

　その農協のことですが、山根敏邦さんには「JA 三次の高齢者福
祉の取り組み」の寄稿をお願いしました。福祉事業 20 周年を迎え
た JA 三次は、制度開始前の 1998 年広島県中山間地域在宅保健福
祉サービス推進モデル事業を受託しました。介護保険制度開始の 2
年前です。2017 年 10 月には、中国地方の JA で初となる 24 時間対
応介護サービス「定期巡回・随時対応型訪問介護看護事業」を始め
ました。24 時間対応のサービスは、高齢者の在宅生活をサポート
するのに欠かせません。今後の展開に期待したいと思います。

　前旭川大学特任教授の山崎摩耶先生に「フランスにおける終末期
医療の法制化と患者の権利法」について執筆をお願いしました。
2018 年夏に、フランスのクレス・レオネッティ法と現場での実際
を、パリの国立緩和ケア・終末期研究所や在宅入院 HAD の現場等

で視察調査した報告です。そもそもフランスの緩和ケア・終末期医療で特徴的なのは「パリアティブ（緩和）ケア病棟」「緩和ケア認定ベッド」「モバイルチーム」の3つの仕組みです。フランスでも死亡場所の6割から7割は病院です。ホスピスはまだ少ないと言います。ホスピスを退所後は在宅かナーシングホームで看取りケアを受けることになります。日本への示唆として、クレス・レオネッティ法のような終末期医療の法制化の前に、「患者の権利法」制定が急がれる。「今こそ、一人ひとりが真剣に向き合わなければならない時代を迎えている」との言葉に考えさせられます。

　今年1年を振り返ると、1月から、豪雪被害、地震、噴火、土砂崩れ、豪雨災害、酷暑、そして迷走台風などなど、本当にたくさんの災害が続きました。総務省・消防庁の災害情報一覧では、10月18日までの集計で48件が挙げられています。どれだけの方々が被災したかを考えると、心が痛みます。大阪・東京では、初めての電車の計画運休を経験しました。2017年も災害が多いと思っていましたが、2018年は多すぎるのではと、考えてしまいます。今号では、小郡第一総合病院の北村由利さんから「西日本豪雨災害時の被災地活動報告」を寄稿いただきました。徳島県厚生連、茨城県厚生連からもニュースが届きました。災害支援をされた皆さまには心から敬意を表します。日EU・EPAは2017年12月8日に交渉妥結、2018年7月17日に署名に至りました。米国を除く11カ国による環太平洋戦略的経済連携協定（TPP11）は12月30日に発効します。日米が合意した2国間による「物品貿易協定（TAG）」交渉の今後の行方には警戒が必要です。

　寒い日が続きます。ご自愛ください。皆さまにとって来年が良い年でありますように。(No.489、2018年12月)

第14章 介護保険制度の20年を考える（2019年）

ともに広げよう　協同組合の可能性

新年おめでとうございます。

ふくしま未来農協の菅野孝志組合長と日本生協連の浅田克己顧問をお招きして新春座談会を開催しました。1995年の阪神・淡路大震災と2011年の東日本大震災の経験から、全国の協同組合、生協と農協が大きな支援の力を発揮できたことに、「協同組合で仕事ができてよかった」と浅田顧問は述べます。東日本大震災の時には、福島の農協は全袋検査や食の安全確認の体制づくりに頑張りましたが、生協では「陰膳（かげぜん）」に取り組みました。福島の生協組合員の家庭の朝昼晩3食3日分の食事を1食ずつ余計に作り、それを全部ゲルマニウム半導体検出器で検査して、データを公表して安全性を証明しました。それは何よりも具体的な形で安全を確かめるデータになりました。そして「陰膳」の取り組みを通じて生協と農協がつながっていきました。一人ひとりの組合員が参加して、自分で検証しそれを伝えることは立派な組合員主体の取り組みです。

「ただ何となく原発事故の放射線物質におびえるのではなく、実態を把握する中で、福島の農業とか食品産業全体をどういうふうに浮上させていくかというのが、『陰膳』の取り組みのベースにはあったような気がします」と菅野組合長は述べます。「協同組合間協同」と声高に叫ばなくても、まぎれもなく農協と生協、生産者と消費者の協同だったと思います。東日本大震災の時、全国の生協が40億円の募金を集めた例を引きながら、「協同組合は『地域の善意』を集められる組織なのです」という浅田顧問の言葉に、協同組合の大きな可能性を感じます。そして介護・医療が地域の課題となる中で、農協・厚生連は地域の人たちとともにそれを支えなければ

なりません。協同組合に人の善意を集める可能性があるのは、「やっぱり助け合いの組織だから」だと私も思います。

　農協自己改革について、農協事業の総合性について、地域見守り活動や助け合い活動についてなど、今後の協同組合が取り組むべき方向性を示唆していただきましたことに御礼申しあげます。

　愛知県厚生連安城更生病院院長の浦田士郎先生には、愛知県病院団体協議会会長の立場から新春特別インタビューをお願いしました。2014年3月に、地域医療構想の意見交換の場として「愛知県病院団体協議会」が結成されました。2018年3月時点で愛知県内324病院中301病院（92.9%）が参画しています。病院団体協議会幹事団が結成され互選で代表幹事が選出されました。県下の全保健所と中核市の市長宛て県保健医療局長名通達には、その幹事団制は地域医療構想推進のための自主的組織であることに加え、県の病床整備規約規定の中に「事前協議には地区医師会と病院団体協議会が密接に連携する」ことが明記されました。法的根拠を持って進められている地域医療構想推進委員会を下支えする協議組織であり、構想区域の医療機関が自主的に協議し、地域完結型医療をつくっていくという本来の姿を体現したことに大きな意味があります。浦田先生は、緩やかなアライアンスを視野に入れた「その先に、『地域医療構想区域に立脚し、支配関係のない"連携以上・統合未満"の連携組織』である、真の連携推進法人が誕生するイメージです」と述べます。

　「協同の精神で地域の住民がつくりだした病院である厚生連こそ、最も優れて効率的に住民の求める地域医療を担い得るのではないか。地域医療は住民のものであり、地域づくりのための推進役として厚生連病院のスタッフは決意と覚悟を持つことです」。「協同の精神を未来の地域医療へ」とおっしゃる浦田先生と愛知県病院団体協議会の今後一層の活躍をお祈りしております。

　本年もよろしくお願い申し上げます。（No. 490、2019年1月）

水道法改正　これから自治体・市民が考えるべきこと

　急遽お願いした原稿が2つあります。水道法改正案は196回通常国会で衆議院を通過し、参議院で継続審議となっていましたが、

197 回臨時国会参議院本会議で可決され、衆議院本会議で可決成立しました（2018 年 12 月 6 日）。橋本淳司さんに「水道法改正　これから自治体・市民が考えるべきこと」の執筆をお願いしました。改正水道法では、水道施設の戦略的な更新・耐震化、給水人口に見合った規模の適正化（統廃合）を行うことを定め、水道の持続を図っています。しかし、国会で議論になったのが、公共施設の運営権を民間企業に一定期間売却する「コンセッション方式」の導入です。この方式は、行政が公共施設などの資産等を保有したまま、民間企業に運営権を売却・委託する民営化の手法です。従来の民間への業務委託とは根本的に違い、事実上の運営責任は民間企業にあり水道料金はそのまま企業に入るというように、水道事業に関する権限と金が自治体から民間に移ります。

　橋本さんは「水道事業の広域化で運営効率を上げていくこと」、「数軒しか家がないような集落では独立型の水道を考えるなど、地域の環境に合った様々な対策を講じていかなければ水道事業は継続できない」と述べ、多発する豪雨災害対策、森林保全など、水道の枠を超えて総合的に水行政を担う地域ごとの専門人材が必要だと言います。住民参加も必要で、パリ市の水行政の事例を引きながら、公共領域を市場原理に委ね公的責任を著しく弱めるべきではない、意思決定や運営の民主主義を軽んじるべきではないと指摘します。今後は多様な市民が行政や議会に対して公的責任を質すと同時に、客観的情報を行政と住民で共有しながら一体となって、公共領域を考えていくべきと述べます。

　外国人労働者の受け入れ拡大に向けた改正出入国管理法（入管法）が、12 月 8 日未明の参院本会議で可決成立しました。安里和晃先生には「入管法改正をめぐる言説と問題点」を執筆いただきました。2019 年 4 月から新たな在留資格のもとで 2025 年までに最大34 万人の外国人労働者を受け入れることになりました。詳細は今後の決定を待たなければなりませんが、法案が審議されている間に飛び交った様々な言説の真偽について検討しています。そして、在留資格「特定技能」の創設も含めた、改正入管法の問題点について指摘しています。

　「外国人労働者をめぐる言説」とは、社会コスト説（外国人は日

本の社会制度などを利用するため社会コストであるという主張）、労働市場競合説（外国人材が導入されると労働供給が増大するため賃金が下がるという言説）、生産性低下説（「安かろう悪かろう」の外国人労働者を導入すると労働生産性が下がるという議論）、治安悪化説（受け入れた外国人材の逃亡や不法就労への懸念）、産業構造転換遅滞説（外国人を導入すると産業構造の転換が遅れるといった指摘）です。これらの「言説や懸念のほとんどが、人口減少時代にそぐわず、受け入れを拒む根拠とはなりえない」と言います。

　改正入管法の問題は、日本政府の移民政策の不在を確固たるものとし、新たな在留資格「特定技能」が導入されたことで外国人材の受け入れ制度がさらに複雑になったことです。高額斡旋料への対策が不透明で適切な国際仲介機能の構築がされていないこと、そして特定技能が中間技能人材かどうか疑わしくなっていることも問題です。特定技能が骨抜きにされ要件を軽くすることで、受け入れた後の人材育成コストと負担が受け入れ企業や労働者にかかってくることになる、あるいは人材育成を放棄して「安かろう悪かろう」の雇用が介護でも進展すると指摘します。

　国会でははっきりしなかった法案の内容や議論の過程を整理していただきました。これからの動向に注視が必要です。（No. 491、2019 年 2 月）

国連「家族農業の 10 年」と「小農宣言」の意義

　品川優先生の「韓国農業の実相—日本との比較を通じて」は最終回です。2016 年 9 月号から 31 回連載いただきました。連載のきっかけは、TPP のモデルとなった米韓 FTA で韓国農業と医療に関心が集まったことでした。執筆打ち合わせでわかったことは、私たちは韓国社会や経済について知らないことが多く、韓国の農業について学び、日本農業との違いを知ろうということでした。前半の 12 回は韓国の農業構造や担い手問題に焦点をあて、後半の 13 ～ 30 回は WTO[1] や FTA など自由貿易を中心に、韓国農業の実相を日本と比較していただきました。3 月号は欠落していたトピックスの補足と食料安全保障の面からまとめをしています。連載が企画の意図

を汲み取った内容となったことと長い間の連載に、品川先生に御礼
申しあげます。

　関根佳恵先生にお願いしました「国連『家族農業の 10 年』と
『小農宣言』の意義」は 6 回の新連載です。2019 年 5 月から国連の
「家族農業の 10 年」（The UN Decade of Family Farming：DFF）
が始まります。2018 年 12 月 17 日に「農民と農村で働く人々の権
利宣言（農民の権利宣言）」が国連で可決、成立しました。しかし
内容を見ると、賛成 121、反対 8、棄権 54 で、アメリカ、イギリス、
オーストラリア、ニュージーランド、イスラエル、スウェーデン、
グアテマラは反対しました。日本は棄権しました。

　多数の国では「（農民の権利宣言）小農宣言」は「家族農業の 10
年」とあわせて農山漁村再生の力となることを期待しています。宣
言成立の意義について、家族農業の 10 年と合わせて関根先生に執
筆をお願いしました。今号は、導入として各テーマの概要を解説し
ています。第 2 回は、国連の家族農業の 10 年が設置されるにいた
った経緯とその意義、および今後の展開について、第 3 回は国連総
会で採択された小農宣言はどのような背景で提案され採択されたの
か、そしてどのような点が画期的な権利宣言として位置づけられた
か、紹介します。第 4 回はアグロエコロジー（Agroecology）につ
いて取り上げます。第 5 回は、農業・食料の基本的生産要素である
種子と土地・資源をめぐる問題についてです。最終回は、国際的な
新たな動向を受けて、日本で今後の 10 年間、どのようなことが農
政議論の論点となるか、どのような主体がどのような役割を果たす
ことが期待されるのか、新たな政策展開の可能性を論じます。

　二木立先生の新著出版記念インタビューは「地域包括ケアと保
健・医療・福祉の連携」です。二木先生が言うように、「保健・医
療・福祉の連携は、もはや単なるお題目ではなく」「連携の鍵とな
る多職種連携は、診療報酬改定のキーワードのひとつになっていま
す」。これからは「福祉の人間も医療のことを、医療の人間も福祉
のことを勉強しなくてはいけない」との指摘に納得します。地域包
括ケアと地域医療構想を一体的に検討する必要がある理由も述べて
います。第 1 は、社会保障改革プログラム法等の法律で、同格・一
体と位置づけられていること、第 2 に、地域医療構想の「必要病床

数」の減少は地域包括ケア構築により入院患者の30万人を「在宅医療等」に移行させることが大前提となっていること、第3に、大学病院や巨大病院を除く大部分は、地域のニーズに応え経営的にも患者を確保するためにも地域包括ケアに積極的に関与する必要があることです。現状では、2025年の必要病床数問題に収斂していますが、医療法通りに言えば、「必要病床数を個別に病院単位で明らかにする一方で、在宅や施設の在り方を決め」「必要病床数と在宅医療・介護施設等の配置・連携をセットで考えないといけない」ことになります。

　多岐にわたるテーマでのインタビューでしたが、地域密着型の厚生連病院にとって地域包括ケアは、本来の役割を発揮するのに良い政策と、大変勉強になりました。(No. 492、2019年3月)

1)　WTO（世界貿易機関：World Trade Organization）は、ウルグアイ・ラウンド交渉の結果1994年に設立が合意され、1995年1月1日に設立された国際機関です。WTO協定（WTO設立協定及びその附属協定）は、貿易に関連する様々な国際ルールを定めています。WTOはこうした協定の実施・運用を行うと同時に新たな貿易課題への取り組みを行い、多角的貿易体制の中核を担っています。

環境激変のなかの厚生連医療と農協福祉

　東京のある福祉系大学では、北区のキャンパスに在籍していた外国人留学生およそ700人が2018年度に退学したり、所在不明になったりしていると報道されました。山下貴司法務大臣は、記者会見で「留学生が適切な学習環境で目的を果たせるよう、一人ひとりの在留審査にしっかり取り組むことが重要であり、文部科学省と連携して大学への調査を行うことを検討している」と述べました(NHK NEWS WEB)。安里和晃先生の「留学生の生活」（多様な福祉レジームと海外人材）は、簡単なアンケート調査を実施した結果から、介護留学の問題点を改めて検討しています。

　そもそも2019年4月から始まった特定技能制度による外国人労働者の受け入れは、「福祉レジームでいえば、労働市場を自由化することによって労働力を確保するという自由主義的な政策」です。

こうした政策は、介護保険制度によって構築されてきた高齢者ケアのあり方にどう位置づくのかが問われなければなりません。アンケートによると、送り出し国での支払い費用は借金で賄われ、来日してからも留学生は日本で借金を抱えています。しかも日本での借金はアルバイト先の雇用主が多く、「奨学金」という名の不適切な貸出しです。送り出し国と日本での平均借金額は 83 万円で、介護留学生は学びながら週に 28 時間以内の労働でこれらを返済していきます。労働時間は守られず時給も安い、平均 9.9 万円の手取り額から月額 5 万円の日本語学校の授業料を納めなければならないなど、過酷なものです。日本語学校とアルバイト先からの不適切な行為も目に余るものがあります。安里先生は「送り出し機関、日本語学校、アルバイト先の雇用事業者」の 3 者で、「留学生の労働に付随する利益をむさぼり合っている構造が見て取れる」と指摘します。介護留学問題の今後の動向を注視する必要があります。

　高橋巌先生の「利用者・医師がともに出資・運営する『統合型協同組合』によるバルセロナ病院」は、スペイン協同組合の事例報告です。しかも統合型協同組合による大規模病院の経営は、スペイン国内はもとより EU 域内でもほかに例がないと言います。医療運動体としての出自や現在でも統合型協同組合による民主的運営を維持するなど、「社会的連帯経済」の一員とも考えられています。組合員は、患者等利用者と労働者＝医師・事務職員ですが、組合員（利用者・患者）のメリットが大きいように思います。協同組合・アソシアシオンなど、相互扶助関係がスペイン社会では広く機能しており、セーフティネットとしての社会的連帯経済が形成されていることは日本においても参考になると思います。

　さて、新年度となり、医療経営をめぐって大きな課題が目白押しです。10 月の消費税率アップと薬価等改定の実施による医薬品等の価格交渉は、2020 年 4 月の薬価改定へと続きます。第 410 回中医協（3 月 6 日）では「次期診療報酬改定に向けた検討の進め方について（案）」が示され、各分科会・部会等では検討課題が提示されると同時に、2020 年 3 月までのスケジュール（案）も示されました。4 月から分科会・部会等は動き始めています。厚生連病院と農協福祉をめぐる経営環境は厳しさをいっそう増すことが予想され

ます。本会は「自己改革課題」を掲げて取り組んでいるところです
が、第8次中期事業計画の最終年度である2019年度は、4つの重
点課題を掲げて会員とともに取り組みを進めます。（No.493、2019
年4月）

安心して受けられる在宅医療を目指して

　長門総合病院の藤井康宏先生の「長門総合病院における在宅医療
の現状―安心して受けられる在宅医療を目指して」は、平成19年
から開始した在宅医療、とりわけ終末期医療と看取りを中心に述べ
ています。さらに、平成27年から3年間県から委託された在宅医
療提供体制構築事業を行った経過についても述べます。長門市の高
齢化率は42.1％で、65歳以上一人暮らし世帯、75歳以上二人暮ら
し世帯は年々増加傾向にあります。在宅での看取りは26％で再入
院での看取りは74％です。死因は悪性新生物、肺炎、心疾患です。
在宅医療を開始して10年が経ちますが、介護に携わる家族の在宅
医療に対する認識は低く、終末期では入院希望が増え、「安心して
受けられる在宅医療」を目標のひとつとして努力しているものの、
「なお道はまだ遠い」と言います。藤井先生は、高齢介護や家族介
護力の低下により支援体制をさらに充実させていく必要性を実感し
ているとも述べます。「社会の中で各人が自分にとってより良い生
き方、より良い終わり方を自分なりに考えて決めていくことが大切
で、その中の選択肢のひとつとして選んでいただける在宅医療が、
たとえ時を要しても構築されることを願っている」と結びます。私
もまったく同じ考えです。長門総合病院の今後の活躍をお祈り申し
上げます。
　北出俊昭先生の「先覚者の農業論・協同組合論と現代」は、新渡
戸稲造、柳田国男、賀川豊彦の3人について分載します。今号は
「新渡戸稲造の農業・農民論と産業構造問題」で、農業論・協同組
合論を中心に、現代の課題を念頭におきながら検討します。新渡戸
の重要な特徴の一つは農業の特徴を示しながら、国民経済上の地位
と役割について述べていることです。各国の「農」という文字を検
討した結論で、農業の「生産にかかわる機能」を重視していますが、

同時に農業、商工業の両者ともに国民経済の総合的発展にとって重要と強調します。それは経済が発展し農商工の分業が進みそれぞれの産業は独立する傾向を強めても、商工業を農業とは背馳した産業と考えてはならず、農商工を「鼎の3足」と考えることを重視することを示しています。国民生活の安定した発展にとって農商工の多様な産業の存在と発展が重要なことはいうまでもありませんし、新渡戸の思想は国の産業構造の在り方を考える上で重要なことです。北出先生は、「新渡戸は農業重視の貴農説を唱えたが、それは農本主義とは異なった思想であった。そしてグローバル化が強調される現在こそその思想に学ぶ必要があろう」と述べています。

　薬機法改正について、寺岡章雄先生に執筆をお願いしました。2013年に薬事法が改正され、「医薬品、医療機器等の品質、有効性及び安全性の確保等に関する法律」に変更されました。附則では施行5年後をめどに内容を見直すとしており、2019年3月19日に改正法案が第198回国会に提出され、条文と概要が公表されました。今回の改正論議では、テーマの第1に、医療の必要性の高い医薬品・医療機器等を迅速に患者に届ける制度が設けられました。しかし、「迅速な供給」と「安全性有効性の確保」とは逆方向の関係にあり、「迅速な供給を建前に強引な規制緩和を図ることは患者の安全を脅かす」と寺岡先生は指摘します。今回の「条件付き早期承認制度」は、「有効性安全性証明のための検証的臨床試験がなくてもよいと、世界ではじめて公認する制度」だそうです。臨床試験でなくとも、市販後の実地診療で得られるデータ（リアルワールドデータ）で有効性安全性が示されればよいとします。条件付き早期承認制度の対象は多くが世界でもまだ承認されていない最先端の新薬です。「強引な規制緩和は薬害が危惧され、監視を強める必要がある」との指摘は重要です。今後の動向を注視する必要があります。（No.494、2019年5月）

一門さんのことば　教育はすべての事業に優先

　「一門さんのことば6」の「教育はすべての事業に優先」という言葉は、『いま農協をどうするか』を一生懸命に読んだ私にとって、

感慨深いものがあります。この本は1987年に出版されるのですが、私はその2年前の1985年に入会しました。まだ20代前半だった私は、当時、全国農協問題研究会会長の山口一門さんと元文化連職員で先日亡くなった波木井芳枝さんと一緒になって、研究会を毎年各地で開催し、事務局の一員として学習会活動を行ってきたから思い出深いのです。

「農協の教育運動は、実に広範囲であるが、大別すると、組合員に対するもの、役職員に対するもの、組織外の人々に対するものの三つになる」と山口さんの言葉は対象が明確です。そして「農協が組織として教育の機会と素材を、対象別目的別に提供し、自主的学習運動を促進する環境を作ることが主であり、その他の具体的事業とも併行して進められることが大切である」と明確に述べていることは、本会の研修事業そのものへの指摘でもあり先見の明があります。上益城農協の梶原哲組合長が、求める職員像は「組合員に対して、いろいろな話ができる視野の広い職員」「組合員のため、地域の活性化のために農協として事業にどう取り組めばいいのか、自分はどう行動したらいいのかということを自分で考えられる職員になって欲しい」と述べ、「いかにしてその能力を発揮させる環境づくり、体制づくり、ひとづくりをするかというのが、私たちに与えられた責務」と述べていることも同じでしょう。

山口さんの「農協の教育運動は、農協組織の人間の結合体である側面を強化することにある」という言葉は、長らく研修事業に関わって来た私にとって、実感的に正しい指摘です。「もし農協にこの教育運動が欠けると、農協は協同組合の機能を持たない組織に変質」すると喝破していることも、現在の農協を取り巻く環境から十分理解できます。これらの言葉は、北出先生の連載「先覚者の農業論・協同組合論と現代」にも通じるものがあります。現代に生きる私達は、過去の偉人から多くを学ぶ必要性を強く感じます。愛知県厚生連安城更生病院顧問の山本昌弘先生の「臨床研修指導医講習会全職種、全世代、全病院で医師育成」でいえば、講習会が22回も続き修了者が807名に上ることは教育の重要性を証明しています。

最後の「教育運動は、組織の本来的な存在さえ左右するものである」との結びは大変重要と考えますし、本誌の発行も、本会の教育

運動の一環を事業として担っていることを考えると、改めて身が引き締まる思いです。本誌でいえば、会員の問題意識に合致した誌面作りが絶えず求められるといえるでしょう。山口さんの言う「組合員に対するもの、役職員に対するもの、組織外の人々に対するものの三つ」の対象すべてに本誌は当てはまります。単なる情報提供だけなら、ネット配信で済みます。しかし本誌はそうはしません。誰が読み手なのかわからない、発信してもすぐに上書きされる情報では、やはり教育機会と素材の提供に限界があります。紙媒体で発行することにこだわるのは、そこに教育運動に対する熱い情熱のようなものを感じてもらえると思うからです。

　しっかりと読み手を意識して、何が重要かを選択して問題提起することはそんなに簡単なことではありません。しかし、それに絶えず挑戦し続けることが重要と考えます。(No. 495、2019 年 6 月)

米中対立のなかの日米 FTA の危険

　田代洋一先生（「米中対立のなかの日米 FTA の危険」）は、日米 FTA には二つの危険があると言います。ひとつは、安倍首相が 5 月下旬のトランプ大統領との会談で、その妥結を夏の参院選後に引き延ばしてもらうことで大きな「借り」を作り、米国の「いい値」での妥結になることです。「とにかく参院選まで待ってくれ。参院選後ならどんな要求でも丸飲みする」と言い、選挙後の白紙手形を出してしまいました。二つは、日米 FTA が米中対立の渦中にあることにより、相対立する一方により深く組み込まれることの危険です。田代先生は、中国条項の導入の危険性を指摘します。中国条項とは USMCA 協定（米国・メキシコ・カナダ協定：US － Mexico － Canada Agreement）の第 32 条 10 項に「非市場国家との FTA」として入っているものです。「すなわち 1 カ国（カナダ、メキシコ）が非市場国家（中国）と FTA を交渉する場合は、他の 5 国（米国など）に通知・情報提供し、残りの 2 国間協定とするという規定で、要するに中国と FTA を結ぶ国を排除する対中国 FTA 禁止条項です」。

　現在日本は、日中韓 FTA や RCEP（東アジア地域包括的経済連

携協定、ASEAN 諸国、日本、中国、インド、韓国、豪、ニュージーランドが参加）を交渉中です。日米 FTA にも中国条項を導入したら、日本の将来の外交を奪ってしまいます。「日米 FTA は、たんにクルマや農産物といった個別の問題だけでなく、米中対立の世界という観点からみていく必要」があると言います。米国の真の狙いは次世代情報技術（半導体や次世代通信規格 5G など）を先頭に 2049 年までに「世界の製造強国の先頭グループ入り」をめざす「中国製造 2025」（2015 年 5 月国務院通達で公布）等の国家戦略を牽制することにあります。情報技術は軍事に直結しますから、「米中対立は経済・軍事にわたる覇権争い」と先生は指摘します。

　日米 FTA は、長期に及ぶ米中の覇権争いの、その一方の極に日本を縛り付けるための協定です。同盟国にアメリカの覇権争いのための軍事費等の費用を肩代わりさせつつ、「米国の利益」を強めるための同盟国の経済力を徹底的に収奪する。その対象が日韓であり、ここでは食料が武器として使われる可能性もあります。このような状況下で日本は自らの立ち位置を明確にすることが求められており、「政府の政策は、国内対策による輸入対抗力、輸出競争力の強化や水田フル活用ですが、一番大切なのは国境政策」と言います。「日本の自立、食料安全保障のために、国境にさらなる大穴を開ける日米 FTA は何としても避ける必要」があると結論づけます。

　夏の参院選は、日本の未来に関わる大事な選挙です。米国の狙いは「農産物もクルマも」で、農産物を生贄にさしだせばどうにかなるものではありません。しかも米中の覇権争いの中で、食料自給率の低い日本が、メガ FTA（巨大自由貿易協定）の発効で畜産物やブドウ、ワイン等の輸入を急増させている中での選挙です。「総合的な TPP 等関連政策大綱」（TPP 等総合対策本部決定、2018 年 11 月 24 日）に基づき、「国際競争力を強化し、強い農林水産業を構築するため」「万全の施策を講じていく必要」（農林水産省）があると政府がいくら言っても、輸入品が急増している現状を目の当たりにして、日米 FTA が日本の国益になるとは決して思えません。（No. 496、2019 年 7 月）

介護保険制度の 20 年を考える

　日本では「介護は家族が行う」という認識が一般的でした。しかし、少子高齢化や平均寿命が世界一となったなどを背景に、介護が家庭内で収まる問題ではなくなりました。そこで、介護が必要になったときに備える制度として、1997 年に「介護保険法」が制定され、2000 年 4 月から施行されました。保険料や税金という形で、介護が必要な人も介護者も互いに支え合える仕組みです。その介護保険制度は 2019 年 4 月で 20 年目です。今回、施行以降の制度の変遷と課題を整理したいと考え、「介護保険制度の 20 年を考える」と題して堤修三先生からお話を伺いました。

　1 回目は、「介護保険制度のファイナンス」です。堤先生は、「保険料の年金天引きがあったからこそ介護保険はうまくいった。市町村もそんなに保険料を集めるのに苦労しなくて済んだ。年金天引きで、市町村の保険料徴収事務は楽になりましたが、保険料の水準の問題は残ります。いずれ保険料で頭が天井につかえるという可能性は、できたときから予想はしていました」と述べています。

　そして、「医療と介護を制度上一緒にするということの意義は、保険料を一体化するということなのです。給付を一体化するというのはあまり意味がありませんが、保険料を一体的に徴収するというのは大いに意味があります」と言います。今後被保険者を増やすのは大変そうです。介護保険の財源を考える上で参考になると思います。

　本インタビューの 9 月号は「介護保険制度のサービス」について、10 月号は「介護保険制度と地域包括ケアシステム」について、3 回の掲載を予定しています。

　さて、本誌では、こども食堂についてこれまで 3 回取材記事を掲載しました。最初は「こども食堂サミット 2018 〜こども食堂パワーアップ計画〜」（No. 480、2018 年 3 月）、2 回目は「地域の力で孤食を防ぐ　常総ほぺたん食堂」（No. 481）、3 回目は、「人と地域をつなぐわいわい子ども食堂」（No. 483）の記事でした。今号の社会活動家・東京大学特任教授の湯浅誠先生のインタビュー「多世代交流拠点としてのこども食堂」は、これまでのこども食堂の歩みを踏

湯浅誠氏（東京大学特任教授）のインタビュー（2019年6月5日。東大先端研の研究室で）（熊谷麻紀さんの撮影）

まえて、運営者の思いやこども食堂を通じて、目ざすべき社会はどのような社会かについてお聞きしました。

　こども食堂は増加し続けており、全国で3,718箇所となっています。小学校数に対するこども食堂数を充足率として算出すると、全国平均は17.3％です。一番高い沖縄県では60.5％、2位の東京都は36.6％、3位の高知県は30.0％です。これを2018年比増加数でみると、1位は長崎県で228.6％、2位は茨城県の226.3％、3位は福島県の215.4％となります。このように、全国のこども食堂が目に見える形となりました。すべての子がアクセスできる状態にするために「全小学校区」が目標設定となっています。

　湯浅先生は、病院への期待として「地域と暮らしに関心を持ってくれている病院にこども食堂を位置付けていただけたらうれしい」と言います。そして、農協や農家が食材提供をしてくれている現状を述べた上で、さらに「農協がボランティアドライバーの組織化を行うなど食料を提供したい人とこども食堂を『つなぐ』役割」を担ってくれるなら「こども食堂の持続可能性は格段に高まる」と期待

を寄せます。

　こども食堂の「多世代交流拠点の意味と意義をより多くの人が分かってくれるようになったら、その時が新しい制度づくりの時期」「そういった世の中の雰囲気づくりが本丸の仕事」と述べます。友達同士で「『お前どこのこども食堂よ』という会話が普通になる」そんな社会になる日が待ち遠しいです。（№497、2019 年 8 月）

地域医療の過去と現在、そして将来

　「第 68 回日本農村医学会学術総会開催にあたって」、北海道厚生連帯広厚生病院院長の菊池英明先生に「地域医療の過去と現在、そして将来」の寄稿をお願いいたしました。「急速に進む高齢者増加、高齢化率上昇への対応は大都市圏での深刻な問題」ですが、「厚生連病院の多くが所在する地方都市や中山間地域では既に高齢者を含む人口減少、医療従事者を含む就労世代の減少、さらに医療資源の分布の不均衡が大きな問題となっています」。公的病院である厚生連はこうした不都合な真実を真正面から受け止めざるを得ない状況にあります。医療は“社会的共通資本”です。厚生連病院は、「現状の困難を詳細に理解した上で、この先地域で必要とされる医療、保健、福祉の形を見極め、それを実現するステップを構築し、柔軟に変化していくこと」が求められていると菊池先生は言います。学術総会のメインテーマは「北の大地で、今と未来の地域医療を考える」です。テーマに込められた目的が達成されますよう、学術総会の成功をお祈りいたします。

　埼玉県立大学理事長の田中滋先生を訪問したのは 6 月末です。9月号のインタビュー「介護保険制度と地域包括ケアシステムの展望」は、先生が介護保険制度の基本骨格を検討した「高齢者介護・自立支援システム研究会」に委員として参加した当時のこと、現在の介護保険制度をどのようにみているか、そして介護保険制度と地域包括ケアシステムの今後の展望についてお聞きしました。2019 年 4月に 20 年目を迎えた介護保険制度は、「今では通所事業所のバスが巡回しているのはごく普通な風景」となり、「幼稚園バスと通所バスはほぼ同じ朝の時間帯にあたりを回って、若い親が幼児に、中高

年が高齢者にいってらっしゃいと言う風景は、当たり前の町の風景になりました」。介護保険制度は生活の「部分」を支える制度です。これから必要になるのは、地域包括ケアシステムが自然に機能する姿です。田中先生は「農協は地域包括ケアシステムの中の医療と介護の部分を持っているし、さらに食にも強い以上、地域生活をもっと支援できるはずです」と述べて、期待を寄せてくださいました。

朝倉美江先生からは「協同組合と『まち残し』 地域福祉の視点から」の論文を寄せていただきました。「消滅可能性リスト」（2014年）のインパクトは大きく、2040年には50％以上の確率で消滅可能性があるとされた市町村は5割を超え、農村地域でより深刻な問題となることを「増田レポート」は私たちの前に示しました。各地では「地域再生」の取り組みがこれまで以上に活発に展開されつつあります。そのような中で、「地域再生」を「まち残し」と位置づけて、協同組合はどのように関わるのか、地域福祉の視点から考察しています。「私たちの生活の場である地域＝まちは、私たちの生活そのものです。その生活を守るためには、人間らしい生活の保障、支え合いとともに働く場、自然、歴史、文化、次世代への責任も含めて地域のあり方が問われている」とし、「協同組合は、その組織の存続ではなく、まちを残すための役割を果たして欲しい」と先生は期待します。

本会は、9月27日に、第23回厚生連病院と単協をつなぐ医療・福祉研究会を主催します。そして、翌28日には、第1回協同組合の地域共生フォーラムを、本会も実行委員会に加わって開催します。研究会・フォーラムは、「協同組合」「地域包括ケア」「地域共生」を集中的に学ぶ場となるはずです。多くの皆様の参加を呼びかけます。（No. 498、2019年9月）

SDGs 誕生の軌跡

9月9日に大規模な台風の被害を受けた関東地方は16日、大気の状態が不安定になり、被害の大きかった千葉県などでも激しい雨が降りました。台風で屋根が損壊した住宅などでは雨漏りなども相次ぎました。千葉県によると、停電の影響により16日午後4時半

時点で約 1 万 4 千戸で断水が続き、17 日午前 3 時時点でなお約 6 万 7 千戸の停電が続きました。千葉県内の住宅被害は少なくとも 2 万戸を超える見通しであると東京新聞は報じました（9 月 18 日朝刊）。台風 15 号により被害を受けられました皆さまに、心からお見舞い申し上げます。

　さて、今号は SDGs 市民社会ネットワーク政策担当顧問の稲場雅紀氏のインタビュー「SDGs と日本での取り組み（上）」として「SDGs 誕生の軌跡」を掲載しました。SDGs とは、2012 年から始まった持続可能な開発サミットを経て 2015 年に採択された「2030 アジェンダ」の中にある 2016 年から 2030 年までの国際目標です。持続可能な世界を実現するための 17 のゴールと 169 のターゲットから構成され、地球上の誰一人として取り残さないことを誓っています。SDGs を正しく知るためには、1992 年のリオサミットまでさかのぼらなければなりません。90 年代を通じてアフリカが非常に深刻な状況に直面した背景には、85 〜 86 年ぐらいから始まった IMF・世界銀行による構造調整政策がありました。

　構造調整政策からの脱却のための国連の最初の布石が 92 年のリオサミットでした。この時に、「アジェンダ 21」という持続可能な開発のあらゆる領域における包括的な地球規模の行動計画、つまり SDGs の原型のようなものが既にできていました。2000 年に開かれたミレニアムサミットでは 8 つの章からなるミレニアム宣言が採択され、その中で途上国の貧困をなくすことにフォーカスしたのが MDGs（ミレニアム開発目標）でした。稲場さんは「MDGs はミレニアム宣言に比べると包括性が乏しいものでしたが」「エイズ問題など保健分野についての取り組み」や「すべての人が教育を受けることを目標にするなど、プラス面が相当ありました」。「途上国の開発というものを世界の大きな課題の中心の一つにするという意味では非常に有効でした」と述べています。

　リオ＋ 20 サミット（2012 年に開催された持続可能な開発サミット）から SDGs についての議論がスタートします。ところが 2015 年 7 月開催の第 3 回国連開発資金会議における「アジスアベバ行動アジェンダ」が採択されたことで、資金面では MDGs 時代の援助と外交を切り離す考え方から、援助と外交・利権を結びつける路線

に変わってしまいました。お金に関する考え方の変化によって、SDGsの目指す「誰一人として取り残さないという道とは違う路線になってきて」しまい、民間投資がベースになっていることで最貧層に資金が届かなくなりました。「SDGsは資金戦略の面では問題が多い」と稲場さんは指摘します。ではSDGsは日本ではどうなっているのか、次号は日本での取り組みを紹介します。

二木先生の「『地域共生社会』は理念と社会福祉施策との『二重構造』―地域共生社会推進検討会『中間とりまとめ』を読んでの気づき」は現実に照らして大変示唆的です。私も地域共生社会は抽象的理念に過ぎないと考えていました。社会福祉・地域福祉の個別施策との「二重構造」になっているなどという発想はありませんでした。しかし地域共生社会と地域包括ケアを含めた個別の福祉施策・改革との関係を理解するためには、二木先生がこの「発見」をするまでのプロセスを理解することが近道と思います。（No. 499、2019年10月）

文化連情報500号記念号

台風19号および前線による大雨により被災されました皆様に心からお見舞い申し上げます。

国土交通省の堤防決壊箇所一覧（10月22日6時時点）によると、国管理河川および都道府県管理河川の阿武隈川、千曲川、久慈川など20水系71河川135箇所で決壊しました。総務省消防庁によると死者74人、行方不明者9人、重軽傷負傷者は425人に上ります。これまでに全国で62,785棟の住宅が水につかり、5,802棟の住宅が全半壊や一部損壊の被害を受けました（消防庁災害対策本部第22報、23日午前9時）。これらの数値はいずれも速報値で今後変わることがあり、被害の全容が明らかになるにはまだ時間がかかりますが、いずれにしても「令和元年台風第19号の暴風雨による災害についての激甚災害及びこれに対し適用すべき措置の指定見込みについて」（内閣府）にのっとり、被災者支援が必要です。

さて、本誌500号に寄せて、4人の方に寄稿いただきました。会員から水戸農協八木岡努組合長、香川県厚生連藤本俊一郎理事長、

山口県厚生連上田幸子看護統括の 3 人と、5 年間連載（№ 373 ～ 432）をお願いしていた畠山重篤さんです。本誌へのお祝いと感謝の言葉を有難く頂戴しますとともに、今後ますます読者の皆様の期待に応えられるよう、より一層努力する所存です。日頃からのご支援に御礼申し上げます。今後もよろしくお願いいたします。

　本誌の特徴を少し考えると、「組合長インタビュー」と「院長インタビュー」がほぼ毎月掲載されていることです。当たり前のように思われるかもしれませんが、役職員が分担して訪問し編集部で校了まで作業しますので、なかなか大変な労力を要します。思い返すと、農協組合長インタビューは編集会議で提案してから実現まで 1 年以上かかりました。院長インタビューは 1987 年 4 月号（№ 115）の土浦協同病院登内真院長から始まった 32 年間続いている企画で、これまで 315 人の院長先生が登場したことに驚きます。

　岡田玲一郎先生の「間歇言」は、1992 年 7 月号（№ 174）から 27 年間続いていますが、その前の「医療のひろば」は 1987 年 6 月号（№ 117）から 1992 年 4 月号（№ 171）まで 4 年 10 カ月連載していただきました。それ以前の寄稿を見ていくと、「アメリカの病院経営改善技法に学ぶ（1 ～ 10）」1986 年 7 月号（№ 107）～ 87 年 5 月号（№ 116）の連載から第 12 回厚生連医薬品対策会議特別講演録（1984 年 5 月号、№ 83）まで遡ります。何と 35 年の長きにわたり本誌に寄稿していただきました。「野の風」の 1 回目は、山口一門本会会長理事の「忘れられない一句」で、1989 年 9 月号（№ 141）から 30 年以上続いているコーナーです。そして「二木教授の医療時評」は 2004 年 10 月号（№ 319）から連載開始なので 15 年前からです。

　このように 10 年～ 30 年物の連載が続いているのは特筆すべきと考えます。また、その時々の医療、農業、地域づくり等の諸課題に関して、会員や研究者、実務者等の協力を得ながらいち早く情報発信していることも本誌の特長です。「会員にとって、地域住民にとって、今何が問題か」を考え続けることは容易ではありません。今号でいえば、稲場雅紀氏の「日本における SDGs の現状」などです。

　地味なようですが、これからもできることをやり続けたいと思います。500 号の節目に当たり、本誌の役割も一層重大になると考え

ます。(No. 500、2019 年 11 月)

2019 年日米通商交渉—その内容と射程—

　11 月 19 日、日米貿易協定の承認案が衆院本会議で自民、公明両党などの賛成多数で可決、参院に送付されました。日米デジタル貿易協定の承認案も可決しました。米国では議会承認が不要なため、参院審議を経て両協定が今国会で承認されれば、2020 年 1 月 1 日に発効します。政府・与党は参院審議を急ぎ、12 月 9 日の会期末までの承認を目指しますが、条約である協定は憲法の衆院優越規定により、参院が議決しなくても衆院通過後 30 日たてば自然承認されます。

　田代洋一先生に「2019 年日米通商交渉—その内容と射程—」を寄稿いただきました。通常は数年かかる通商交渉に比べてあまりに短い交渉だった理由は、ひとえに米国大統領選（2020 年 11 月）に日程を合わせたからです。今回の交渉は、「この日程に合わせて交渉範囲をギリギリに絞り込んだ『ミニ合意』にほかなりません。このことが交渉の性格全体を規定します」。農水省は影響試算を行い、「日米貿易協定の経済効果分析（暫定値）」の結果、農林水産物の生産減少額は約 600 〜 1,100 億円となります。田代先生は、今回の協定は「完全な FTA」に向けての「中間協定」（WTO 協定 24 条）に過ぎないと言います。USTR（米国通商代表部）の対日「交渉目的の概要」（18 年 12 月 21 日）は 22 項目を示し、通信・金融を含むサービス貿易、デジタル貿易、投資、知的財産、医薬品、医療機器の手続き的公正、環境、政府調達、紛争解決（ISDS 等）など、国民生活や日本経済に甚大な影響を与える事項がすべて入っています。今回の合意は、第 2 段階の日米貿易交渉や TPP11 締約国との見直し協議という、今後の難しく厳しい交渉の扉を開きました。

　二木先生の「医療政策の 3 大目標（質・アクセス・費用）のトリレンマ説の妥当性を考える」では、①トリレンマ説は通説・俗説で、明確な根拠を示した文献はない。②トリレンマ説に対する「反証」はいくつも存在する。③医療政策の目標には、3 つ以外にもさまざまなものが提案されていると指摘します。まさに目から鱗が落ちる

思いでした。トリレンマ説への 3 つの反証と、質・アクセス・費用以外の政策目標・分析枠組みの展開も明快です。トリレンマ説は、日本医療の歴史と現実から導き出されたものではなく、アメリカ生まれの「ローカル」な仮説であると述べます。医療アクセス・公平問題は基本的に解決されているか、医療政策・医療改革の大前提とされており、政策選択の焦点は医療の質（効果）と医療費水準とのバランスにあるとする考えについても理解できます。このような視点から、現在の医療政策を捉えることは、大変重要と思います。

　佐久病院の蓮見純平先生には、「Global Conference on Primary Health Care とアスタナ宣言」を寄稿いただきました。GCPHC の出席者の多くは主催者側からの招待によるものでしたが、通常のルートで参加を申し込んだ病院の臨床医が参加を許されたことは、佐久地域でのプライマリ・ヘルス・ケア実践の歴史が高い評価を得たからと考えられます。蓮見先生は「アスタナ宣言を、どのように解釈し、行間をどう読み拾い、各々の健康のために活かしていくのかが、我々に突き付けられた課題である。本当に誰一人取り残さない世界を作れるのか、我々一人一人が世界市民として責任ある行動をとりながら、注視していかなければならない」と言います。（No. 501、2019 年 12 月）

第15章 村は少子化克服の希望の星
（2020年）

村は少子化克服の希望の星

　新年おめでとうございます。

　「新春インタビュー　村は少子化克服の希望の星」の中で、首都大学東京の山下祐介先生は、「子供が生まれない社会というのが、実は国民の不安の最大の要因」と言います。「不安だから結婚しない」、「子供を産む選択をしない」、あるいは「子供の数をもう1人増やすことができない」になっていきます。人口が減ると財政を縮小しなければならないから「稼げ、稼げ」になります。しかし、そう言えば言うほど、「働かなくてはいけなくなるので、子供が産めない社会がこれまた進む」。地方創生政策の「本来の目標は、急速で急激な人口減少を止めること、その原因となっている東京一極集中を阻止することだったはずです」が、結局、人口減少をどう止めるかという話はこの数年間きちんと議論されていないと述べます。では、2020年をどう展望するか。農村と都市の交流を通じて、何が本当の日本人の暮らしなのかを農協や協同組合側からも情報発信することが必要です。「社会の安定にもっと投資すべき」との先生の指摘に全面的に同意します。

　本誌に「熱帯の自然誌」を連載中の安間繁樹さんが「第21回秩父宮記念山岳賞」を受賞されました。おめでとうございます。「ボルネオは今まで知らなかった世界なので面白い」との声が、この間複数の読者から編集部に届いています。誰もが真似できるわけではない安間さんのオリジナルの体験談だからこそ、読者は面白いのだと思います。ちなみに授賞式の日は、安間さんの75歳の誕生日だったというのですから出来すぎです。今後の連載では、私たちの知らないどんな話が出てくるか楽しみです。

　香川県厚生連顧問の長尾省吾先生の「未来を託す若者たちへ」は
新連載です。4 回の連載予定で、今号は「人材育成の苦難と喜び」
です。今回の連載では学長として大学改革に取り組んだ経験にも触
れられます。2011 年に長尾先生が香川大学の学長選に出馬した時
は私も驚きました。2017 年に学長を退任し厚生連に戻って来られ、
2019 年 7 月に執筆打ち合わせして 2020 年 1 月号からの連載になり
ました。大学学長就任は「人材育成の苦難と喜びの第 3 幕」と言い
ます。そして、「この日から予想以上の苦難の 6 年間が続いた」と
も述べます。長きにわたり若者たちを導いてきた長尾先生の経験に
学びたいと思います。

　日本協同組合連携機構（JCA）は、日本協同組合連絡会議
（JJC）と JC 総研の機能を引き継ぎ、2018 年 4 月に誕生しました。
今回は JCA 発足に至る経過・背景・現状、地域づくりに関わる各
地の取り組み、日本の協同組合の今後について、「地域における協
同組合の役割を広げるために―日本協同組合連携機構（JCA）発足
と日本の協同組合」をテーマに、JCA の青竹豊常務理事に執筆い
ただきました。青竹常務は、「令和の時代は協同の時代となること
が期待されていると言ってよいかもしれません」「それができなけ
れば、地域やわが国の持続可能性に大きな赤信号が灯る」と述べて、
「協同組合セクターとして大きな役割を果たせることをめざし、
JCA も努力していきたい」と言います。協同組合が地域で果たす
役割の重要性については私も同じ考えです。

　そのために本会は「会員の協同を拡げ、安心・安全の地域づくり
を」（本会神尾透会長）行うために、会員と協同し「困難に全力で
立ち向かって」いきます。本年もどうぞよろしくお願い申し上げま
す。（№ 502、2020 年 1 月）

「全世代型社会保障検討会議中間報告」を複眼的に読む

　1 月 20 日、第 201 回通常国会が召集されました。安倍首相は衆
参両院の本会議で施政方針演説を行い、内政で最大の課題と位置づ
ける現役世代から高齢者までが安心できる「全世代型社会保障」の
実現に向け、改革を進める方針を示しました。今号の二木教授の医

療時評「『全世代型社会保障検討会議中間報告』を複眼的に読む」は、「社会保障制度改革国民会議報告書」との異同を中心に展開しています。検討会議は、2020年夏に最終報告をとりまとめる予定です。まず二木先生は、「『中間報告』には『必要な財源を確保する』という視点はなく、『現役世代の負担上昇を抑え』るために、高齢者等の負担増を行うという『コストシフティング』に終始」と指摘します。

　「中間報告」の「医療」の前半の「医療提供体制の改革」は既存の改革の羅列で、新味はほとんどありません。「医療」の後半の「公的保険制度の在り方」では、2種類の患者負担増を「2022年度初までに」実施することを明記しています。一つは、「現役並み所得の方を除く75歳以上の後期高齢者」の医療費窓口負担割合を2割にすること。もう一つは、「他の医療機関からの文書による紹介がない患者が大病院を外来受診した場合」の患者負担額を増額すると共に、「対象病院を病床数200床以上の一般病院に拡大する」ことです。二木先生は、中所得高齢者の2割負担化に2つの理由で反対します。第一は、「応能負担原則」は保険料や租税負担に適用されるのであり、サービスを受ける際は所得の多寡によらず平等に給付を受けるのが「社会保険の原則」だからです。第二は、後期高齢者の一人当たり年間医療費は92.15万円で、65歳未満の18.70万円の4.92倍であり、仮に2割負担を導入すると年間自己負担額は18.4万円となり、3割負担の65歳未満の自己負担額5.6万円の3.3倍となるからです。二木先生の指摘通り「公平な負担」とは言えないと思います。

　JCA・日本労働者協同組合理事の中野理さんには「SDGsをテーマとする協同組合とNGO・NPOとの連携」を寄稿いただきました。「協同組合とSDGsの関係を改めて整理し、SDGsをテーマとする協同組合とNGO・NPOとの連携の深まりについて、若干の問題提起も含めて報告」しています。「むすびにかえて」では、協同組合は組合員のニーズに応えることを第一義とする「共益」のための組織であり、NGO・NPOは社会やコミュニティ全体の「公益」の増進を目的とします。他方で、「協同組合は出資や事業活動を通じて自らの組合員の『共益』を追求することが出来るのに対して、

NGO・NPO は『公益』を追求するためにこそ自らの経営的安定を
確保するための利益の追求が難しい」と言います。こうした相違を
改めて確認した上で、「これらの相違があるからこそ、協同組合と
NGO・NPO は連携を強化していくべき」と強調します。協同組合
と NGO・NPO が互いの長所を生かして連携を強化することにより、
経営的自立・安定を確保しながら社会やコミュニティ全体の利益を
追求することに、私も同じ考えです。そして、協同組合が NGO・
NPO など非営利市民セクターと連携することで、SDGs の推進に
貢献できることを強く希望します。（№ 503、2020 年 2 月）

農と食を軸に、持続可能な未来を構築しよう

　関根佳恵先生の「国連『家族農業の 10 年』と『小農宣言』の意
義」は最終回です。2019 年 3 月から 6 回連載いただきました。そ
もそも 2018 年 12 月 17 日に「小農民と農村で働く人々の権利宣言
（小農権利宣言）」が国連で可決、成立し、2019 年 5 月から国連の
「家族農業の 10 年」が始まりました。多くの国が「農民の権利宣言
（小農宣言）」は「家族農業の 10 年」とあわせて農山漁村再生の力
となることを期待していました。このような背景を踏まえて、2020
年で 2 年目に突入した現時点で、先生は変化が出てきたと言います。
一つは、有志らによる「家族農林漁業プラットフォーム・ジャパ
ン」の設立です。団体会員の会員数を含めると総勢約 10 万人が集
う組織になっています。二つめは、政府、政治家、メディア、学会
などの中小規模の家族農業への認識が変わったことです。三つめは、
新食料・農業・農村基本計画をめぐる議論でも小規模農家や家族経
営の役割を重視することが示されています。そして四つめには、ア
ジア地域では、インドネシア政府が 2019 年秋に国内行動計画を発
表し、フィリピン等の国々で策定に向けた準備が進められています。
「日本においても国連『家族農業の 10 年』のメカニズムを活用して、
持続可能な農と食を実現し、私たちのよりよい未来を構想する契機
としたい」と先生は述べます。
　2019 年 9 月から 4 回連載していただいた王文亮先生の「中国農
村住民の医療保障」は最終回です。金城学院大学の研究棟に王先生

を訪問したのは2019年6月11日でした。とても暑い日で、王先生といろいろなお話をして、連載内容と回数を決めました。当時の私は「中国の医療保険制度・介護保障・住宅保障」に関心があったのですが、テーマが大きすぎて、最終的に「中国農村住民の医療保障」をテーマに4回連載となりました。最終回の今号は「農村住民医療保障の課題と展望」です。都市と農村の医療サービス提供には大きな格差があります。村診療所・衛生院、そして郷・鎮衛生院は村の住人に初歩的な医療サービスを提供しています。新型農村合作医療制度の実施と展開は、本来ならば地域住民の医療サービス提供を強化していくべきですが、それが今後どう改善されるべきか、極めて重要な政策課題と考えます。

　食政策センター・ビジョン21代表の安田節子さんの「私たちは何を食べているのか」は新連載です。第1回目は、「ゲノム編集食品（1）」です。2019年12月9日、都内で打ち合わせして、今回のテーマになりました。食べ物についてはさまざまな課題が多く、トピックもたくさん上がりました。そこで、まずは話題の「ゲノム編集食品」からお願いしました。2019年10月、日本政府はゲノム編集食品について、安全性評価なしの任意の届け出で流通を認めるとし、表示も不要としました。応用化が始まった米国から輸出されて、日本に輸入されてくる日も近いと言われています。EUでは2018年7月、欧州司法裁判所が、そのプロセスからすべてのゲノム編集によって生まれるすべての製品は遺伝子組み換え（GM）生物として規制する必要があると裁定したと言われています。ゲノム編集は開発先行で、安全性の問題は手付かずです。そもそも遺伝子改変がもたらす有害な影響をすべて予測することは困難です。安全性の保障がなくゲノム編集作物の表示もないままなら、私たちは何を信じて食品を購入すればいいのでしょうか。不安が募ります。（No. 504、2020年3月）

岡田玲一郎先生を悼む

　「食料・農業・農村基本計画」は、食料・農業・農村基本法に基づき、食料・農業・農村に関し、政府が中長期的に取り組むべき方

針を定めたものであり、情勢変化等を踏まえ、概ね 5 年ごとに変更することとされています。つまり、2000 年、2005 年、2010 年、2015 年、そして今年で 20 年目の「第 5 期の基本計画」となります。田代洋一先生の「2020 年食料・農業・農村基本計画と食料自給率」は、3 月 10 日に原案が示されたことを踏まえての緊急寄稿です。食料自給率を軸に、新基本計画の問題点と課題を探ります。

「2020 年基本計画の課題は明々白々で、なぜ自給率が下がるのか、その原因の徹底解明です。そして、その原因に対する有効な施策を基本計画に明示し、そのうえで新たな目標を設定することです」。しかし新計画の新機軸は 3 つあり、その第二に「食料国産率」という新たな目標が設定されました。この「『食料国産率』の根本問題は、食料安全保障との関連を見失ったこと」と先生は指摘します。「新基本法・新計画の再建に向けて」では、「せめて審議会メンバーを国会承認事項にする、前 5 年の基本計画の達成状況、未達成原因の検証を専門家・関係者にゆだねる等の措置を講じ、基本計画の政策規範力を高めるべき」との提案に賛成です。

長尾省吾先生の「未来を託す若者たちへ」は最終回です。長尾先生と連載打ち合わせをしたのは 2019 年 7 月 10 日でした。先生との 2 時間以上の話し合いの中からトピックを取り上げて目次を構成していきました。その後、9 月には先生から書き上げた原稿が届き何度かやりとりし、資料や写真をお借りするなどしながら、11 月末締め切りで 2020 年 1 月号から連載開始となりました。タイトルは悩みましたが、先生がこれまで若い医師を育ててきたことと香川大学学長の時の経験からこのようになりました。「医育のすすめ」（2009 年 7 〜 2010 年 1 月号）、「病院の力を生かす―その才覚―」（2011 年 5 〜 11 月号）に続く 3 回目の連載でした。学長時代をはさみ 12 年余りにわたり、長尾先生と楽しく仕事をさせていただきましたことに御礼申し上げます。いつまでもお元気で過ごされることを願うばかりです。

「岡田玲一郎の間歇言」は、「岡田玲一郎先生の大往生」、「岡田玲一郎先生を悼む」のとおり、今号が先生の「最後の仕事」となりました。13 年前、私が先生と初めてお会いし酒を飲みながら話したことが思い出されます。酒を酌み交わすことを嫌い、自分のペース

で飲まれておりましたので、私は最初の一杯だけ注ぎました。いろいろなテーマで話したと記憶していますが、「いつまで連載を続けるか」という話になったとき、「生ある限り」とお願いしたことを覚えています。今思えば、酔った勢いの軽い気持ちで約束したことではありましたが不謹慎であったこと、そしていざ現実になってみると、複雑な気持ちです。「後のことは、編集長にお任せだろう」（2019年10月号）の言葉の背景に、実は出会いのときのこのようなやりとりがありました。生涯現役の現場主義ともいうべき先生は、日本医療の発展と病院経営の健全化のために、歯に衣着せぬ文章を書き続けました。その文章が読めなくなることは寂しく残念ですが、今は、長い間ありがとうございましたと、申し上げたいと思います。（No.505、2020年4月）

追記（私は、この号の本文で次のように書きました。）

追悼　岡田玲一郎先生

　本誌「間歇言」を長きにわたり連載くださいました岡田玲一郎先生が、3月6日午後12時23分（享年88歳）自宅で永眠されました。小山秀夫先生（社会医療研究所所長）からの訃報を受け、岡田玲一郎先生に心から哀悼の意を表しますとともに、ご冥福をお祈りいたします。

　岡田先生が、2019年10月号の連載（157回）で「原発性偏平上皮がんと診断された」と書き始めて、「後のことは、編集長にお任せだろう」と仰っていました。この号の最後のほうでは、若月俊一先生が「時代を創られたこと」に敬意を表しながら、「理想の医療・介護を提供できる病院が、健全な経営のできる時代が来ることを信じて、遺稿になるかどうかは分からないが終える」と書かれました。

　研究所の担当者・田村さんを介しての岡田先生と編集部のやり取りは、岡田先生は「次回（12月号）までは書きたい」とのことでしたが、今は治療中で体調のこともあり、続けたい意思はあるものの書けるかどうかわからないとのことでした。編集部からは、連載を打ち切ることは考えておらず、できれば続けていただきたいこと、

それはもちろん岡田先生の体調に配慮してのことになること、2 カ月に一度が無理なら年に何回かの不定期連載でも構わないこと、まずは岡田先生の治療が最優先と思っていること、をお伝えしました。大分お体が弱ってきたことは聞いておりましたが、もう少し連載が続くものと編集部では考えておりましただけに大変残念です。

　本誌に連載した「間歇言」は「何年間か記憶はないが」（157 回）と書かれていたので、少し触れたいと思います。「間歇言」は、1992 年 7 月号（No. 174）から 2020 年 4 月号（No. 505）まで 27 年 10 カ月に及ぶ連載となりました。第 160 回目の本誌への寄稿が遺稿となりました。今号は、文章の最後が空いております。いつもはピタリと 2 頁に収めて文章を書かれる岡田先生は、この号で執筆をやめる文章を書くつもりでわざと数行空けておきました。編集部はその数行の文字を 3 月 10 日まで待っておりましたが、結果的にその願いはかなわず、今号の間歇言は未定稿となりました。

　最後に、これまでの先生のご執筆を紹介させていただきます。「医療のひろば」は 1987 年 6 月号（No. 117）から 1992 年 4 月号（No. 171）まで 4 年 10 カ月連載いただきました。それ以前にも「アメリカの病院経営改善技法に学ぶ（1 〜 10）」（1986 年 7 月号、No. 107 〜 87 年 5 月号、No. 116）の連載、「第 16 回厚生連医薬品対策会議特別講演　どう理解し、どう行動するか（上・下）」（1986 年 5・6 月号、No. 105・106）、「新春特別寄稿　患者と医療従事者」（1986 年 1 月号、No. 101）、「アメリカ医療事情見聞記　アメリカにおける病院経営について」（1985 年 10 月号、No. 99）、「第 14 回厚生連医薬品対策会議特別講演　'85 年の医療経営―3 月改定をにらんで（上・下）」（1985 年 4・5 月号、No. 93・94）、「いま、何が大事なのか」（1984 年 5 月号、No. 83）、「第 12 回厚生連医薬品対策会議特別講演　今後の医療行政と医薬品購入対策をはじめとする病院経営施策のポイント」（1984 年 4 月号、No. 82）などです。

　35 年の長きにわたり、本誌をささえていただきましたことに心から感謝申し上げます。

　（『文化連情報』No. 505、2020 年 4 月、p.39）

アフガニスタンの"カカムラード"中村哲先生を偲ぶ

　2019年12月に中村哲先生が亡くなられました。レシャード・カレッド先生のインタビュー「アフガニスタンの"カカムラード"中村哲先生を偲ぶ」は、2月13日に静岡県島田市を訪問し、中村先生とかねてから親交のあったレシャード先生に中村先生との思い出をお聞きしたものです。二人の出会いは、1990年にペシャワール郊外に中村先生が病院を作ったときからです。どの著書にも書かれていないザボンの話や中村先生がアフガン名誉市民になった時の喜びようなど、レシャード先生と中村先生の二人の出会いと思い出話をお聞きすることができ、胸が熱くなりました。現地の人たちから"カカムラード"と呼ばれていた中村先生が、アフガニスタン国民や難民のための医療活動、灌漑事業などに地道に取り組み、国際人道支援に多大な貢献をした生前の功績を称えられるのは当然のことです。

　「人は闘いや武器で幸せになれるわけがない」「人間にとって一番いいのは小さな親切と、あとは食べていけるだけの術であって、それによって子どもたちは健康になれる」という中村先生の言葉をレシャード先生は紹介していますが、私も本当にそう思います。中村先生のご冥福をお祈りいたします。

　二木先生の「医療の質・効果の評価について原理的に考える」は、「アウトカム」「客観的根拠」絶対化について、批判的に検討します。医療の質評価で最も大事なのは「(客観的) アウトカム」であるとの理解が一般的と思います。しかしドナベディアンは、第1に「プロセス」と「アウトカム」を同格に扱っていること、第2に「アウトカム」に健康上の結果（客観的側面）だけでなく、患者・医療従事者の「満足」も含めていることを、二木先生は指摘します。そしてP4P[1]は「アウトカムよりもプロセスが重視されている」ことについて述べます。EBMを「客観的根拠に基づく医療」と訳すことは間違いで、正しくは「根拠に基づく医療」（厚生省「医療技術評価推進検討会報告書」）であり、ドナベディアンが提起した医療の質評価と共通していると指摘します。今号の論文も、目から鱗が落ちました。

　中西淑美先生の「臨床倫理メディエーション」は「感染予防に潜む倫理—COVID-19 感染流行（1）—」です。感染拡大防止に向けた感染対策の基礎知識を抑えつつ、マスクをめぐる報道で感染予防における原理原則に潜む倫理的意識をみていきます。今号では二つのマスクによる感染防止に対する報道を取り上げました。次号は、感染予防に潜む行動科学的な倫理観について述べます。

　最後に、新型コロナウイルス感染で日本中が騒然としている中、私事で大変恐縮ですが 5 月末日で退職いたします。1985 年の入会以来、本当に色々な方がたにお世話になりましたことに、心から御礼申し上げます。

　私は、2008 年 1 月 1 日に『文化連情報』編集部所属となって 12 年 5 カ月編集者として仕事をさせていただきました。この間、読者の皆様はもちろんですが、多くの執筆者の方がたに支えられて、今日まで『文化連情報』を毎月発行し続けることが出来ました。改めて感謝いたします。長い間、大変ありがとうございました。（№.506、2020 年 5 月）

1)　P4P は、pay for performance の通称として広まった略号です。通常はインターネットの key word 連動型広告の総称です。広告主があらかじめ広告を打ちたい key word を入力しておき、広告主の間で入札を行い、価格の高かった順に、検索結果のページに広告が反映される仕組みです。2000 年頃からアメリカで始まった、医療機関に対し、保険会社、企業など支払い側が評価しそれに応じて診療報酬の上乗せや、減額を行うシステムを P4P と呼んでいます。これも同様に、成果に応じて、報酬を与える仕組みなので、医療界の pay for performance（P4P）と呼ばれるようになりました。

おわりに

　12 年 5 カ月の編集者としての仕事を振り返って考えることを、本書の終わりに少し述べたいと思います。

　医療制度を巡っては、後期高齢者医療制度の新たな保健証が届かないトラブルが各地で起こるところから始まります。メタボリック症候群に関する健康診査の実施と保健指導の実施は特定健診・保健指導の制度化として現場に混乱を持ち込みました。恒常的な医師不足の解消に向けて医学部定員の削減を定めた 1997 年の閣議決定を撤回するなどの改善点もありましたが、救急医療の崩壊、小児医療の崩壊の危機など、厳しい医療環境が続きました。そして社会保障費抑制の基調は変わらないまま、財源を巡って議論が展開されました。

　医療崩壊を目の当たりにする中で、自分たちで地域医療を守っていくという住民の側からの運動が沸き起こってきたことも特徴的でした。「医療崩壊」という言葉が、しきりに飛び交った時期で、住民の医療を受けられないのではないかという不安は最高潮に達したのだと思います。社会保障費の伸びを毎年 2,200 億円抑制するとした小泉政権時代の「骨太方針 2006」の目標を継続することがいよいよ難しくなってきたのもこの時期でした。新卒医師に義務付けられている臨床研修制度の見直し案に自治体から反対表明が相次いだのも医師不足と無関係ではありません。

　新型インフルエンザが日本でも猛威を振るい、日本中を席巻しました。政府は水際対策を元に戻し、全国一律の対応から感染拡大の度合いに応じた地域ごとに対応する方針に転換しました。病院や介護事業所は対応に追われたことを思い出します。現在進行形の新型コロナウイルス感染拡大は、この時の新型インフルエンザよりも深刻です。ワクチンがなかなかできる見通しが立たない中で、国民は危機感を募らせています。

　歴史を振りかえると、医療費はこれまでずっと抑制され続けてきました。効率性重視の医療政策は限界を迎えたといえるでしょう。今回の新型コロナ感染症の拡大は、日本の医療の弱点を炙り出した

ようです。やはり医療は、病床数と医療スタッフにある程度余裕がなければ、不測の事態に対応できないのだと、改めて国民の目に見える形で示しました。今後の地域医療構想や医療計画においては、このような感染症、そして災害時のときの不測の事態に対応できる医療提供体制の構築が求められていると言えるでしょう。

　介護を巡っては、外国人看護師・介護福祉士が、海外からの介護労働力として導入されました。この問題は現在の技能実習制度まで続くこととなりました。介護報酬が引き下げられる中で、介護事業所の経営は厳しさを増してきています。担い手の問題も深刻で、このままなら介護保険制度の持続可能性が問われる事態になりかねません。コロナ禍での介護事業所の倒産も見られています。介護保険制度は、医療保険制度と同様に、国民生活を維持する上で大事な社会的共通資本であるとの認識が強調されるべきです。

　地域格差、貧困の拡大、孤独死などのマイナスイメージがこの当時の世相を反映しているし、現在も進行中です。特に子供の貧困には胸が痛みます。これらの問題は解消されないまま、現在まで続く問題であり続けています。

　平成の大合併も大きなトピックでした。小泉政権下の三位一体改革で市町村は財政難に陥り、国のスリム化を棚上げしたまま地方にリストラを押し付けた印象は否めませんし、結局のところ東京一極集中も解消できず、地方の衰退に歯止めがかかりません。日本の人口減少、特に少子高齢化は歯止めがかからず、地方の人口減少は現在も続いています。

　貿易をめぐっては揺れに揺れました。2010年11月に日本、米国、中国など、21カ国・地域が参加して横浜で開かれたアジア太平洋経済協力会議（APEC）首脳会議は、貿易、サービス、資本移動の障壁を減らし、域内を「緊密な共同体」にすることを目指すとした首脳宣言「横浜ビジョン」を採択し閉幕しました。菅首相は討議で域内の経済統合を進めるため、環太平洋戦略的経済連携協定（TPP）について、関係国と協議入りするとした政府方針を説明しました。これは11月9日閣議決定された「包括的経済連携に関する基本方針」に沿ったものでした。そもそも菅首相が10月1日の所信表明演説で参加を検討すると述べたことから、TPP議論が高

まりました。唐突な参加の判断に菅政権への批判が高まったことは当然でした。こうして、TPPの議論が政治の表舞台に一気に躍り出て、農業・農協改革を巻き込んで、今日まで長く続く貿易問題へと引き継がれていきました。この問題は、食料の安全保障問題、消費者目線でいえば食の安全性の問題へと発展していき、今日ではより一層深刻さを増しています。

　2011年3月11日の東日本大震災と福島原発事故は、世界中を驚かせました。東京新宿の超高層ビルが左右に大きく揺れ動く様子が今でも私の脳裏に蘇ります。そして次々と大津波が建物を、街そのものを飲み込んでいく凄まじい光景は、たとえテレビの画面越しに見ていた私でも、今でも身震いするほど恐ろしい記憶です。福島原発事故は、原子力発電の安全神話を木っ端微塵に打ち砕いたかのように思われましたが、現在では再生可能エネルギーは影を潜め、またもや原子力発電事業への揺り戻しが起きています。あれから20年目を迎えようとする今日、まだ被災した人たちの心も完全に癒されたわけでもないのに、日本という国の愚かさに怒りを覚えずにはいられません。私たち日本人にとって、絶対に忘れてはいけない、風化させてはならない出来事だったのだと、強く胸に刻んでおきたいと思います。

　自民党政権から民主党政権にかわったとしても、国民のための政治は敵わないのだと考えさせられた時期でもありました。民主党の政治的未熟さは、国民の新たな希望を次々と失望へと変えていきました。それは、自民党が政権を奪還するのに十分な理由を与えるものだったのでしょう。政権を奪還した安倍政権は、次々と国民不在の政治へと邁進していきました。もはや政治に希望をもってはいけないのだと思いたくなりますが、それでも社会的に弱い人たちを何とか救いたいという気持ちはまだ持ち続けたいと思います。

　本書を読み返して思うことは、12年間というのは長いと思っていましたが、案外あっという間だったということです。しかし、いろいろなことがあった12年間でした。私にとって、大変充実した貴重な時間であったことを、最後に述べておきたいと思います。

本書に関する業績一覧（研究業績を除く）

1. 日本文化厚生連発行（文化連情報・くらしと健康）：掲載順
【論文・総説・事例研究・報告ほか】

「下郷農協『第三〇回農協まつり』に参加して」『文化連情報』No. 113、1987年2月、pp.38-39。

「農民の健康を守る石岡地区集会——高齢化問題をテーマに真剣に」『文化連情報』No. 120、1987年9月、pp.32-33。

「厚生連みてある記6　中央診療棟新築なる——新しい皮袋に新しい酒を」『文化連情報』No. 123、1987年12月、pp.24-27。

「私の出張のエネルギー源は」『文化連情報』No. 126、1988年3月、p.56。

「第10回　関東・南東北地区厚生連親睦球技大会奮（観）戦記」『文化連情報』No. 142、1989年10月、pp.33-35。（『日本文化厚生連70年史』pp.49-50に転載）

「『ガット農業合意』の国会批准阻止——日本農業を守る食管制度の再構築を」『文化連情報』No. 202、1994年11月、pp.2-4。

「せまりくる医療制度改革に、どう対処するのか——厚生連病院と地域連携のありかたを考える」『文化連情報』No. 289、2002年4月、pp.64-69。

「地域の暮らしを支える協同組合福祉の使命を熱心に討議——第9回厚生連と単協をつなぐ医療・福祉研究会の報告」『文化連情報』No. 331、2005年10月、pp.56-58。

「フランスの24時間在宅ケアシステムを支える訪問看護——パリ公立病院協会所属在宅入院連盟と在宅看護・介護事業所の活動から」『文化連情報』No. 339、2006年6月、pp.56-62。

「療養病床削減・廃止は地域医療と住民に何をもたらすか」『文化連情報』No. 341、2006年7月、pp.68-71。

「デンマークの24時間在宅ケアシステムにおける施設・在宅、看護・介護の統合——ホームケアセッティング（在宅ケアセンター）の活動から」『くらしと健康』No. 72、2006年9月、pp.14-19。

「デンマークの24時間在宅ケアシステムにおける看護師の役割——リュンビイ・チューベック・コムーネのプライエム・バウネホイ併設ホームケアセッティングの活動から」『文化連情報』No. 343、2006年10月、pp.51-53。

「長野県泰阜村の保健・医療・福祉の統合」『くらしと健康』No. 74、2007年9月、pp.10-16。

「安心して最期を迎えられる元気な村づくり——長野県下伊那郡泰阜村の在宅福祉の取り組み」『文化連情報』No. 360、2008年3月、pp.36-41。

「地域に開かれた農協福祉——デイサービスセンターはだののボランティア交流会」『文化連情報』No. 362、2008年5月、pp.17-19。

「佐久鯉の復活に挑む」『文化連情報』No. 362、2008年10月、pp.27-28。

「いのちの山河〜日本の青空Ⅱ〜」（大澤豊監督）『文化連情報』No. 380、2009

年 11 月、p.13。

「アンダンテ～稲の旋律～」（金田敬監督）『文化連情報』No. 385、2010 年 4 月、
　　p.50。

「宇宙兄弟」（森義隆監督）『文化連情報』No. 412、2010 年 7 月、p.35。

「『住民の生命を守るために私は命を賭けよう』深澤晟雄資料館訪問記」『文
　　化連情報』No. 394、2011 年 1 月、pp.20-21。

「食と農　子どもたちの未来につなげよう――下郷農協訪問記」『文化連情
　　報』No. 394、2011 年 1 月、pp.37-39。

「劇団銅鑼公演No. 40 ――カタクリの花の咲く頃」『文化連情報』No. 397、2011
　　年 4 月、p.41。

「JA らしい生活福祉活動―― JA あづみくらしの助け合いネットワーク " あ
　　んしん " と移動購買車」『文化連情報』No. 398、2011 年 5 月、pp.86-87。

「27 年前から高齢者を雇用し続ける株式会社小川の庄」『文化連情報』No. 410、
　　2012 年 5 月、pp.54-57。

「生涯現役社会と小川の庄」『くらしと健康』No. 79、2012 年 7 月、pp.13-19。

「南ドイツ・フライアムト村　バイオエネルギー生産農家を訪ねて」『くらし
　　と健康』No. 81、2013 年 2 月、pp.8-14。

「看護部のワークライフバランス実現と組織変革――福井県済生会病院」『文
　　化連情報』No. 419、2013 年 2 月、pp.48-53。

「JA かみましきの福祉活動による地域貢献」『文化連情報』No. 419、2013 年 2
　　月、pp.68-71。

「被災地復興はまだ遠い――石巻市・旧雄勝町・女川町」『文化連情報』No.
　　420、2013 年 3 月、pp.28-34。

「南ドイツの再生可能エネルギー生産農家――フライアムト村の風力発電」
　　『文化連情報』No. 420、2013 年 3 月、pp.48-51。

「世界水準の医療を地域に――倉敷中央病院」『文化連情報』No. 421、2013 年
　　4 月、pp.29-33。

「南ドイツ・フライアムト村のバイオマス生産農家」『文化連情報』No. 421、
　　2013 年 4 月、pp.46-50。

「劇団銅鑼公演No. 43 ――からまる法則」『文化連情報』No. 421、2013 年 4 月、
　　p.72。

「南ドイツ・フライアムト村の農家レストラン――シリンガー家の 211 年前の
　　水車小屋」『文化連情報』No. 422、2013 年 5 月、pp.50-51。

「TPP 日米協議で『大学教員の会』が『日本は全面屈服』と指摘」『文化連情
　　報』No. 423、2013 年 6 月、p.32。

「ドイツの環境都市フライブルク――電力事情と太陽光と小水力」『文化連情
　　報』No. 423、2013 年 6 月、pp.54-59。

「南ドイツの再生可能エネルギー生産農家――フラアムト村シュナイダー家
　　のエネルギー生産」『くらしと健康』No. 83、2013 年 7 月、pp.9-16。

「TPP 参加交渉からの即時脱退を求める大学教員の会『TPP で全産業 10.5 兆
　　円減、190 万人離職』」『文化連情報』No. 424、2013 年 7 月、p.21。

「『大学教員の会』が TPP の新たな影響試算を発表」『文化連情報』No. 425、
　　2013 年 8 月、p.21。

「横浜市定期巡回・随時対応型訪問介護看護」『文化連情報』№425、2013年8月、pp.60-63。

「ドイツ・フライブルクのヴォーバン地区――環境と健康に配慮するエコ建築なまちづくり」『文化連情報』№425、2013年8月、pp.82-85。

「『大学教員の会』がTPP試算――農林水産物と関連産業で11兆7千億円の生産減」『文化連情報』№426、2013年9月、p.23。

「東京都のサービス付き高齢者向け住宅に対する取り組み」『文化連情報』№426、2013年9月、pp.34-38。

「ドイツ・シェーナウの市民がつくった電力網買取協同組合」『文化連情報』№426、2013年9月、pp.44-47。

「第53回農村医学夏季大学講座開催される――大介護時代　地域でともに生きる」『文化連情報』№426、2013年9月、p.53。

「TPPは米国並びに一握りの多国籍企業に国民益を売り渡す屈辱的な壊国交渉」『文化連情報』№427、2013年10月、p.15。

「ドイツ・デンツリンゲンの森の幼稚園――ヴァルトキンダーガルテン」『文化連情報』№427、2013年10月、pp.66-69。

「横浜市・24時間ケアへの挑戦――定期巡回・随時対応型訪問介護看護の実際」『くらしと健康』№84、2013年11月、pp.8-13。

「地域の医療と介護の充実めざす住民立診療所・大戸診療所」『文化連情報』№428、2013年11月、pp.34-38。

「ドイツ・ヴィール原発建設への抵抗運動」『文化連情報』№428、2013年11月、pp.70-73。

「学ぶことの証しは変わること――小諸厚生総合病院実践保健大学30年のあゆみ」『文化連情報』№429、2013年12月、pp.34-38。

「プロテスタント・ディアコニー・クランケンハウス・フライブルク」『文化連情報』№429、2013年12月、pp.66-71。

「TPPと開発途上国の医薬品入手機会の喪失―― hands off our medicine」『文化連情報』№430、2014年1月、pp.50-54。

「ドイツ・エメンディンゲン市の高齢者介護福祉施設」『文化連情報』№431、2014年2月、pp.52-55。

「伊賀の里モクモク手づくりファーム（1）農業で地域づくりを全国に広げる」『文化連情報』№433、2014年4月、pp.20-25。

「ドイツ・ケーニッヒスブルンのAWO高齢者施設」『文化連情報』№432、2014年4月、pp.56-59。

「薬剤耐性結核のよりよい治療実現に向けて」『文化連情報』№434、2014年5月、pp.40-44。

「伊賀の里モクモク手づくりファーム（2）バランス良い3つの事業で売り上げ伸ばす」『文化連情報』№434、2014年5月、pp.62-65。

「劇団銅鑼公演№45 ――女三人のシベリア鉄道」『文化連情報』№434、2014年5月、p.70-71。

「TPP緊急国民会議開催される」『文化連情報』№435、2014年6月、p.31。

「世界最古の薬局――フィレンツェ・サンタ・マリア・ノヴェッラ」『文化連

情報』№ 435、2014 年 6 月、pp.56-59。

「伊賀の里モクモク手づくりファーム（3）食と農のテーマパーク」『文化連情報』№ 435、2014 年 6 月、pp.64-67。

「伊賀の里モクモク手づくりファーム（最終回）愛着ブランド」『文化連情報』№ 436、2014 年 7 月、pp.42-46。

「CRM Coop Sociale a rl（A 型社会的協同組合）── Cascina del Ronco & Cascina Cortenuova」『文化連情報』№ 436、2014 年 8 月、pp.39-43。

「高齢者の住まい法改正とサービス付き高齢者向け住宅（上）」『文化連情報』№ 438、2014 年 9 月、pp.23-27。

「森の中の病院──佐久医療センター」『文化連情報』№ 438、2014 年 9 月、pp.36-39。

「ボローニャ──キリスト教系社会的協同組合が運営する高齢者介護施設」『文化連情報』№ 438、2014 年 9 月、pp.62-65。

「高齢者の住まい法改正とサービス付き高齢者向け住宅（下）」『文化連情報』№ 439、2014 年 10 月、pp.23-27。

「カーサ・ドルチェ── A 型社会的協同組合ソチエタ・ドルチェ」『文化連情報』№ 439、2014 年 10 月、pp.40-43。

「ワクチンはなぜ子どもたちに届かないのか──国境なき医師団」『文化連情報』№ 440、2014 年 11 月、pp.54-59。

「ヴィラ・ラヌッチ──地区高齢者介護施設」『文化連情報』№ 440、2014 年 11 月、pp.65-69。

「イタリアの認知症ネットワーク」『文化連情報』№ 441、2014 年 12 月、pp.60-61。

「イタリアの協同組合──エミリア・ロマーニャ・コンフコーペラティヴェ」『文化連情報』№ 441、2014 年 12 月、pp.74-77。

「カゾーニ──障害者作業所・デイセンター」『文化連情報』№ 442、2015 年 1 月、pp.52-56

「オアジ──就労支援職業訓練施設・障害者作業所」『文化連情報』№ 443、2015 年 2 月、pp.66-69。

「コーパプス── 1979 年設立の社会的協同組合 B 型＋ A 型」『文化連情報』№ 444、2015 年 3 月、pp.72-76。

「オランダ──ビュートゾルフ：持続可能な在宅ケアモデル（上）」『文化連情報』№ 445、2015 年 4 月、pp.52-56。

「コーパプス・イルモンテ──山の上の農場、デイセンターとレストラン」『文化連情報』№ 445、2015 年 4 月、pp.64-67

「被災したところなりの身の丈に合った商店街づくり：気仙沼復興商店街──南町紫市場」『文化連情報』№ 446、2015 年 5 月、pp.37-41。

「劇団銅鑼公演№ 47 ──父との旅」『文化連情報』№ 446、2015 年 5 月、p.59。

「持続可能な地域社会づくりに向けた協同組合の役割と可能性──第 2 回 ICA（国際協同組合同盟）連携セミナー」『文化連情報』№ 446、2015 年 5 月、pp.60-61。

「地域別・タイプ別にみたイタリアの社会的協同組合」『文化連情報』№ 446、2015 年 5 月、pp.62-65。

「オランダ――ビュートゾルフ：持続可能な在宅ケアモデル（下）」『文化連情報』No. 446、2015 年 5 月、pp.74-78。

「イタリア・ミラノの家庭医―― STUDIO MEDICO BARDI MONTANI SUTTI」『文化連情報』No. 447、2015 年 6 月、pp.44-49。

「イギリスの認知症ケア――アドミナル・ナースの役割と活動」『文化連情報』No. 447、2015 年 6 月、pp.62-67。

「オスペダーレ・マッジョーレ・ボローニャ（1）118 番救急オペレーションセンター」『文化連情報』No. 448、2015 年 7 月、pp.64-68。

「オスペダーレ・マッジョーレ・ボローニャ（2）マッジョーレ病院の医療機能」『文化連情報』No. 449、2015 年 8 月、pp.58-61。

「オスペダーレ・マッジョーレ・ボローニャ（3）ボローニャ市 Ausl の地域医療政策」『文化連情報』No. 450、2015 年 9 月、pp.70-73。

「第 18 回厚生連医療経営を考える研究会特別報告――熊本における機能分化と連携：済生会熊本病院院長　副島秀久」『文化連情報』No. 451、2015 年 10 月、pp.24-28。

「メディチナ・デモクラティカ――イタリアの医療の課題」『文化連情報』No. 451、2015 年 10 月、pp.76-80。

「イタリアのコミュニティ・アソシエーション――ジョルジョ・コスタ社会センター（ボローニャ市ポルト区）」『くらしと健康』No. 88、2015 年 10 月、pp.13-19。

「倉敷市『わが街健康プロジェクト。1』地域住民と医療提供者の参加による対話型の講演会」『文化連情報』No. 451、2015 年 10 月、pp.60-63。

「誰もが住み慣れた地域で"その人らしく気持ちよく生きる"ことができるまちづくり――福祉の協同を考える研究会第 10 回定期総会・現地研究会開催」『文化連情報』No. 452、2015 年 11 月、pp.36-37。

「倉敷市『わが街健康プロジェクト。2』講演会からサポーターの育成」『文化連情報』No. 452、2015 年 11 月、pp.52-56。

「デンマーク・ドラワー市の地域包括ケア 1 ――ドラワー市の高齢者政策」『文化連情報』No. 452、2015 年 11 月、pp.74-79。

「倉敷市『わが街健康プロジェクト。3』サポーターの誕生と参加者の特徴」『文化連情報』No. 453、2015 年 12 月、pp.40-43。

「デンマーク・ドラワー市の地域包括ケア 2 ――健康増進・予防のアクティヴィティセンター　ビダゴーン」『文化連情報』No. 453、2015 年 12 月、pp.60-64。

「TPP『合意』を検証し、調印・批准を止めるために：12.9『検証 TPP ――全国フォーラム』」『文化連情報』No. 454、2016 年 1 月、pp.33-37。

「倉敷市『わが街健康プロジェクト。最終回』プロジェクトの可能性と課題」『文化連情報』No. 454、2016 年 1 月、pp.72-75。

「デンマーク・ドラワー市の地域包括ケア 3 ――リハビリに力を入れるプライエボーリ　インゴーン」『文化連情報』No. 455、2016 年 2 月、pp.84-87。

「デンマーク・ドラワー市の地域包括ケア 4 ――高齢者ケアの課題」『文化連情報』No. 456、2016 年 3 月、pp.70-73。

「0 ～ 100 歳の地域包括ケア――第 1 回日本福祉大学地域包括ケア研究会公開

セミナー」『文化連情報』№ 457、2016 年 4 月、pp.23-25。

「劇団銅鑼公演№ 48 ――池袋モンパルナス」『文化連情報』№ 457、2016 年 4 月、p.33。

「コペンハーゲン・アマー地域の認知症の在宅ケア（1）アマー地域の組織機構」『文化連情報』№ 457、2016 年 4 月、pp.78-81。

「コペンハーゲン・アマー地域の認知症の在宅ケア（2）パーソン・センタード・ケア」『文化連情報』№ 458、2016 年 5 月、pp.74-77。

「メディカル・エコタウン――いつでも誰でも安心して受けられる高度先進医療から包括的地域医療の拠点　茨城県厚生連総合病院土浦協同病院」『文化連情報』№ 459、2016 年 6 月、pp.28-34。

「コペンハーゲン・アマー地域の認知症の在宅ケア（3）認知症アドバイザー」『文化連情報』№ 460、2016 年 7 月、pp.60-64。

「コペンハーゲン・アマー地域の認知症の在宅ケア（4）認知症ケアの実践」『文化連情報』№ 461、2016 年 8 月、pp.68-71。

「コペンハーゲン・フェレルゴーン――デンマーク最大規模の高齢者住宅（1）フェレルゴーンのしくみ」『文化連情報』№ 462、2016 年 9 月、pp.66-69。

「コペンハーゲン・フェレルゴーン――デンマーク最大規模の高齢者住宅（2）フェレルゴーンの活動」『文化連情報』№ 463、2016 年 10 月、pp.70-74。

「イギリスの社会的企業――女性のための社会的企業アカウント 3（1）」『文化連情報』№ 464、2016 年 11 月、pp.66-68。

「コペンハーゲン・フェレルゴーン――デンマーク最大規模の高齢者住宅（3）フェレルゴーンの機能」『文化連情報』№ 464、2016 年 11 月、pp.70-73。

「地域包括ケアのモデルづくりと安心して暮らせる町づくりへの挑戦――福祉の協同を考える研究会第 11 回現地研究会・定期総会」『文化連情報』№ 465、2016 年 12 月、pp.56-57。

「コペンハーゲン・フェレルゴーン――デンマーク最大規模の高齢者住宅（4）スヌーズレンルームとディスカッション」『文化連情報』№ 465、2016 年 12 月、pp.66-69。

「イギリスの社会的企業――女性のための社会的企業アカウント 3（2）」『文化連情報』№ 466、2017 年 1 月、pp.68-71。

「イギリスの社会的企業――女性のための社会的企業アカウント 3（3）」『文化連情報』№ 467、2017 年 2 月、pp.70-73。

「奈良の『あすなら安心システム』に学ぶ」『くらしと健康』№ 90、2017 年 3 月、pp.15-20。

「イギリスの社会的企業――女性のための社会的企業アカウント 3（4）」文化連情報』№ 468、2017 年 3 月、pp.76-80。

「DVD：fire in the blood　薬は誰のものか――エイズ治療薬と大企業の特許権」『文化連情報』№ 469、2017 年 4 月、pp.60-61。

「イギリスの社会的企業――社会的家主：Gentoo（1）SHCA との連携」『文化連情報』№ 469、2017 年 4 月、pp.70-73。

「住み慣れた地域でいつまでも暮らし続けるために── 24時間365日安心を支える仕組みづくりを構築する社会福祉法人協同福祉会」『文化連情報』№470、2017年5月、pp.50-55。

「イギリスの社会的企業──社会的家主：Gentoo（2）直面する課題」『文化連情報』№470、2017年5月、pp.64-67。

「駐日デンマーク王国大使館訪問記──サードジェネレーションという考え方」『文化連情　報』№471、2017年6月、pp.54-57。

「イギリスの社会的企業──社会的家主：Gentoo（3）住宅を見る」『文化連情報』№471、2017年6月、pp.64-67。

「フランスの医療保険制度」『くらしと健康』№91、2017年9月、pp.17-23。

「イギリスの社会的企業──社会的家主：Gentoo（4）リビングウェイジとダイレクトペイメント」『文化連情報』№472、2017年7月、pp.78-81。

「イギリスの社会的企業──障害者就労支援：フラワーミル」『文化連情報』№474、2017年9月、pp.90-93。

「イギリスの社会的企業──若者就労支援：The Box Youth Project（1）組織と活動」『文化連情報』№475、2017年10月号、pp.64-66。

「日本最先端の大規模多機能地域拠点で地域を支える──社会福祉法人若竹大寿会青葉プロジェクト」『文化連情報』№476、2017年11月、pp.28-34。

「イギリスの社会的企業──若者就労支援：The Box Youth Project（2）プログラムとプロジェクト」『文化連情報』№476、2017年11月、pp.66-69。

「静岡県島田市・静岡市地域の地域包括ケアの実践に学ぶ──第12回福祉の協同を考える研究会・現地研究会」『文化連情報』№477、2017年12月、pp.22-23。

「イギリスの社会的企業──若者就労支援：The Box Youth Project（3）課題」『文化連情報』№477、2017年12月、pp.58-61。

「フランスの介護保険と地域包括ケア」『文化連情報』№477、2017年12月、pp.66-71。

「イギリスの社会的企業──地域再生と若者支援：SPACE2（1）スペース2とYMCA」『文化連情報』№478、2018年1月、pp.60-63。

「フランスの訪問看護（1）制度の概要」『文化連情報』№479、2018年2月、pp.52-56。

「イギリスの社会的企業──地域再生と若者支援：SPACE2（2）地域の特徴と若者が抱える困難」『文化連情報』№479、2018年2月、pp.64-67。

「イギリスの社会的企業──地域再生と若者支援：SPACE2（3）若者たちのサポート」『文化連情報』№480、2018年3月、pp.42-43。

「こども食堂サミット2018〜こども食堂パワーアップ計画〜」『文化連情報』№480、2018年3月、pp.54-57。

「フランスの訪問看護（2）──開業看護師による訪問看護師の実際」『文化連情報』№480、2018年3月、pp.58-62。

「【書評】二木立『医療経済・政策学の探求』勁草書房、2018年」『文化連情報』№481、pp.26-28。

「地域の力で孤食を防ぐ──常総ほぺたん食堂」『文化連情報』№481、2018

年 4 月、pp.56-60。

「イギリスの社会的企業—— Sustianable Enterprise Strategies」『文化連情報』No. 481、2018 年 4 月、pp.72-76。

「フランスの訪問看護（3）——活動と課題」『文化連情報』No. 481、2018 年 4 月、pp.77-83。

「劇団銅鑼公演No. 51 ——おうとうふコーヒー」『文化連情報』No. 482、2018 年 5 月、p.35。

「イギリスの社会的企業—— Age UK Lewisham and Southwark Stone End day Centre（1）利用者の費用とアセスメント」『文化連情報』No. 482、2018 年 5 月、pp.64-67。

「フランス赤十字社アンリ・デュナン病院老年科センター—— CROIX-ROUGE FRANCAISE HÔPITAL HENRY DUNANT Centre de Gérontologie（1）医療保険制度と病院」『文化連情報』No. 482、2018 年 5 月、pp.70-73。

「人と地域をつなぐわいわい子ども食堂」『文化連情報』No. 483、2018 年 6 月、pp.56-62。

「イギリスの社会的企業—— Age UK Lewisham and Southwark Stone End day Centre（2）アクティヴィティとスタッフ」『文化連情報』No. 483、2018 年 6 月、pp.70-73。

「フランス赤十字社アンリ・デュナン病院老年科センター—— CROIX-ROUGE FRANCAISE HÔPITAL HENRY DUNANT Centre de Gérontologie（2）パリの病院」『文化連情報』No. 483、2018 年 6 月、pp.74-78。

「イギリスの社会的企業—— Age UK Lewisham and Southwark Stone End day Centre（3）デイセンターの運営」『文化連情報』No. 484、2018 年 7 月、pp.68-71。

「フランス赤十字社アンリ・デュナン病院老年科センター—— CROIX-ROUGE FRANCAISE HÔPITAL HENRY DUNANT Centre de Gérontologie（3）日本への示唆」『文化連情報』No. 484、2018 年 7 月、pp.72-75。

「住民主体ですすめる『安心』の地域づくり——ふれあいサロン hinata bocco とよさと」『文化連情報』No. 484、2018 年 8 月、pp.54-59。

「イギリスの病院〈1〉医療提供機関の概況」『文化連情報』No. 484、2018 年 8 月、pp.70-74。

「イギリスの病院〈2〉ガイズ＆聖トーマス病院（1）」『文化連情報』No. 485、2018 年 9 月、pp.70-73。

「JA はが野の福祉事業の新展開——デイサービスセンターすこやか山前と二宮を訪ねて」『文化連情報』No. 486、2018 年 10 月、pp.46-49。

「イギリスの病院〈3〉ガイズ＆聖トーマス病院（2）患者中心の医療体制の構築」『文化連情報』No. 487、2018 年 10 月、pp.64-68。

「DVD：甘いバナナの苦い現実 『バナナと日本人』から 40 年——フィリピンと私たちの関係を考える」『文化連情報』No. 488、2018 年 11 月、pp.28-29。

「イギリスの病院〈4〉ガイズ＆聖トーマス病院（3）問題提起と行動」『文化

連情報』No. 488、2018 年 11 月、pp.64-67。

「イギリスの病院〈5〉ガイズ&聖トーマス病院（4）プロジェクト」『文化連情報』No. 489、2018 年 12 月、pp.62-65。

「イギリスの病院〈6〉Bromley Healthcare CIC Ltd.（1）社会的企業としてのブロムリー・ヘルスケア」『文化連情報』No. 490、2019 年 1 月、pp.66-70。

「DVD：最後の一滴まで――ヨーロッパの隠された水戦争」『文化連情報』No. 491、2019 年 2 月、pp.36-37。

「イギリスの病院〈7〉Bromley Healthcare CIC Ltd.（2）組織の概要」『文化連情報』No. 491、2019 年 2 月、pp.86-89。

「劇団銅鑼公演No. 52 ――花火鳴らそか　ひらひら振ろか」『文化連情報』No. 492、2019 年 3 月、p.33。

「JA あいち知多の介護福祉事業に学ぶ――第 13 回福祉の協同を考える研究会現地研究会・定期総会」『文化連情報』No. 492、2019 年 3 月、pp.39-41。

「イギリスの病院〈8〉Bromley Healthcare CIC Ltd.（3）ソーシャル・インパクト・ボンド」『文化連情報』No. 492、2019 年 3 月、pp.58-61。

「イギリスの病院〈9〉Victoria Road Health Centre（1）施設の概要」『文化連情報』No. 493、2019 年 4 月、pp.66-70。

「DVD：こんばんはⅡ」『文化連情報』No. 493、2019 年 4 月、p.78。

「地域で自分らしく暮らす〈1〉NPO むすびとまちづくり」『文化連情報』No. 494、2019 年 5 月、pp.58-62。

「イギリスの病院〈10〉Victoria Road Health Centre（2）GP」『文化連情報』No. 494、2019 年 5 月、pp.70-73。

「地域で自分らしく暮らす〈2〉NPO むすびの居場所づくり」『文化連情報』No. 495、2019 年 6 月、pp.48-51。

「イギリスの病院〈11〉Victoria Road Health Centre（3）センター内の視察」『文化連情報』No. 495、2019 年 6 月、pp.62-63。

「地域で自分らしく暮らす〈3〉NPO むすびの認知症カフェとボランティア」『文化連情報』No. 496、2019 年 7 月、pp.54-58。

「イギリスの病院〈12〉NHS North East Leadership Academy（1）NHS の仕組み」『文化連情報』No. 496、2019 年 7 月、pp.68-73。

「イギリスの病院〈13〉NHS North East Leadership Academy（2）NHS の構造・従事者・未来」『文化連情報』No. 497、2019 年 8 月、pp.74-80。

「イギリスの病院〈14〉NHS North East Leadership Academy（3）日本への示唆」『文化連情報』No. 498、2019 年 9 月、pp.78-81。

「ドイツの介護保険制度〈1〉社会環境の変化と給付範囲」『文化連情報』No. 499、2019 年 10 月、pp.60-65。

「DVD：どうする？　日本の水道」『文化連情報』No. 500、2019 年 11 月、p.21。

「TPP プラスを許さない！　全国共同行動――ここが問題　日米 FTA」『文化連情報』No. 500、2019 年 11 月、pp.38-39。

「ドイツの介護保険制度〈2〉給付額と財源」『文化連情報』No. 500、2019 年 11 月、pp.70-73。

「ドイツの介護保険制度〈3〉ケースマネジメント」『文化連情報』No. 501、2019 年 12 月、pp.70-73。

「ドイツの介護保険制度〈4〉日本への示唆」『文化連情報』№502、2020年1月、pp.74-78。

「DVD：プラスチックごみ　日本のリサイクル幻想」『文化連情報』№503、2020年2月、pp.56-57。

「ドイツの介護保険制度〈5〉アルツハイマー協会リュッセルハイム支部　①組織の概要」『文化連情報』№503、2020年2月、pp.72-75。

「第5期『食料・農業・農村基本計画』への提言——家族農林漁業プラットフォーム・ジャパン記者会見・院内集会」『文化連情報』№504、2020年3月、p.37。

「ドイツの介護保険制度〈6〉アルツハイマー協会リュッセルハイム支部　②協会の歴史と活動」『文化連情報』№504、2020年3月、pp.72-77。

「岡田玲一郎先生を悼む」『文化連情報』№505、2020年4月、p.39。

「ドイツの介護保険制度〈7〉アルツハイマー協会リュッセルハイム支部　③ボランティア活動」『文化連情報』№505、2020年4月、pp.82-86。

「ドイツの介護保険制度〈8〉アルツハイマー協会リュッセルハイム支部　④補足と日本への示唆」『文化連情報』№506、2020年5月、pp.70-75。

「DVD：外国人収容所の闇　クルド人の人々は今」『文化連情報』№507、2020年6月、pp.50-51。

「ドイツの介護保険制度〈9〉ディアコニースタチオン・フランクフルト・アム・マイン①教会の歴史と在宅介護」『文化連情報』№507、2020年6月、pp.68-72。

「ドイツの介護保険制度〈10〉ディアコニースタチオン・フランクフルト・アム・マイン②活動の重点」『文化連情報』№508、2020年7月、pp.84-87。

「ドイツの介護保険制度〈11〉ディアコニースタチオン・フランクフルト・アム・マイン③介護改革」『文化連情報』№509、2020年8月、pp.74-78。

「ドイツの介護保険制度〈12〉ディアコニースタチオン・フランクフルト・アム・マイン④介護改革の評価」『文化連情報』№510、2020年9月、pp.88-90。

「ドイツの介護保険制度〈13〉フーフェラント高齢者総合施設①フーフェラントハウスの概要」『文化連情報』№511、2020年10月、pp.82-85。

「ドイツの介護保険制度〈14〉フーフェラント高齢者総合施設②歴史とケア」『文化連情報』№512、2020年11月、pp.62-66。

「ドイツの介護保険制度〈15〉フーフェラント高齢者総合施設③理念とサービス提供」『文化連情報』№513、2020年12月、pp.76-81。

【インタビュー】

「シリーズ◇社会保障の50年を考える　縮小社会における持続可能な地域とは——長野県泰阜村（やすおかむら）松島貞治村長に聞く」『文化連情報』№391、2010年10月、pp.27-31。

「シリーズ◇社会保障の50年を考える　生命尊重こそが政治の基本でなければならない——豪雪・多病・貧困との闘い　元沢内村村長・太田祖電さんにインタビュー」『文化連情報』№394、2011年1月、pp.22-26。

「東大地震研・大木聖子（さとこ）先生に聞く——地震が起きても被害を減

らすことはできる」『文化連情報』No. 399、2011 年 6 月、pp.8-10。

「福島原発事故——どうする日本の原発政策 安斎育郎先生に聞く」『文化連情報』No. 400、2011 年 7 月、pp.10-14。

「60 歳から入社して、定年なし『小川の庄』——『小川の庄』代表取締役常務権田公隆氏に聞く」『文化連情報』No. 412、2012 年 7 月、pp.36-39。

「社会保障・税一体改革と社会保障財源——東京大学名誉教授 醍醐聰先生に聞く（上）」『文化連情報』No. 416、2012 年 11 月、pp.22-25。

「社会保障・税一体改革と社会保障財源——東京大学名誉教授 醍醐聰先生に聞く（下）」『文化連情報』No. 417、2012 年 12 月、pp.19-23。

「福島県の再生可能エネルギー推進ビジョンと取り組みについて—— FURE 特任研究員大平佳男氏に聞く」『文化連情報』No. 420、2013 年 3 月、pp.38-41。

「原子力に依存しない福島をめざして——福島大学行政政策学類高瀬雅男特任教授に聞く」『文化連情報』No. 420、2013 年 3 月、pp.42-46。

「生活保護制度は人間をダメにする制度ではありません——生活保護費元受給者和久井みちるさんに聞く」『文化連情報』No. 422、2013 年 5 月、pp.30-31。

「TPP で食品選択の権利が奪われる——生活クラブ事業連合生活協同組合連合会（生活クラブ連合会）代表理事会長 加藤好一氏インタビュー」『文化連情報』No. 424、2013 年 7 月、pp.28-31。

「関税撤廃による北海道農業等への影響——北海道庁に聞く」『文化連情報』No. 424、2013 年 7 月、pp.32-39。

「食の安全・安定供給、食料自給率向上の議論を！——北海道市長会事務局長 横山直満氏に聞く」『文化連情報』No. 424、2013 年 7 月、pp.40-41。

「地域の崩壊を招きかねない TPP に危惧——北海道町村会常務理事 谷本辰美氏に聞く」『文化連情報』No. 424、2013 年 7 月、pp.42-43。

「本当に困るのは農業者ではなく消費者——北海道大学名誉教授 飯澤理一郎氏に聞く」『文化連情報』No. 424、2013 年 7 月、pp.44-47。

「TPP 参加で日本の主権が脅かされる——郭洋春立教大学経済学部教授 インタビュー」『文化連情報』No. 425、2013 年 8 月、pp.26-29。

「介護保険をどう見直すか 横浜市の取り組みとこれからの展開——横浜市定期巡回・随時対応型訪問介護看護事業者連絡協議会会長 羽田野政治氏に聞く」『文化連情報』No. 426、2013 年 9 月、pp.28-31。

「3・11 後の原子力政策を問う——原発事故後の日本を生きるということ 京都大学原子炉実験所 小出裕章先生に聞く」『文化連情報』No. 426、pp.40-43。

「石巻だから作れる新しい医療——石巻市立病院開成仮診療所 長純一所長」『文化連情報』No. 438、2014 年 9 月、pp.32-35。

「アフガニスタンの戦禍はなぜ止まないか——レシャード・カレッド医師に聞く」『文化連情報』No. 439、2014 年 10 月、pp.44-49。

「日本とイギリスの認知症ケア——ロンドン大学・ロバート・ハワード教授に聞く」『文化連情報』No. 440、2014 年 11 月、pp.60-64。

「地域包括ケアシステムと訪問看護の役割——全国訪問看護事業協会 宮崎

和加子事務局に聞く」『文化連情報』№ 444、2015 年 3 月、pp.38-43。

「機能分化、医療・介護連携をどう構築するか——済生会熊本病院副島秀久
　院長・赤星麻沙子地域連携室長」『文化連情報』№ 446、2015 年 5 月、
　pp.24-31。

「経営的な自立性と人の命を背負う医療と介護——公益財団法人大原記念倉
　敷中央医療機構副理事長　相田俊夫氏インタビュー」『文化連情報』№
　447、2015 年 6 月、pp.14-18。

「目的は地域の人が幸せに暮らせるということ—— 一般財団法人操風会旭東
　病院　土井章弘院長インタビュー」『文化連情報』№ 448、2015 年 7 月、
　pp.32-37。

「ココ・ファーム・ワイナリー　はたらくいのちに寄り添って——ココ・フ
　ァーム・ワイナリー　池上知恵子専務取締役インタビュー」『文化連情
　報』№ 448、2015 年 7 月、pp.54-57。

「新公立病院改革と生き残り戦略——地方独立行政法人山形県・酒田市病院
　機構日本海病院院長　栗谷義樹氏　インタビュー」『文化連情報』№ 450、
　2015 年 9 月、pp.36-42。

「地域医療構想と機能分担——山形市立病院済生館　平川秀紀館長　インタ
　ビュー」『文化連情報』№ 451、2015 年 10 月、pp.30-36。

「安井佑氏インタビュー——大都市で『安心して家で最期を迎える』ための
　在宅医療」『文化連情報』№ 454、2016 年 1 月、pp.76-82。

「ロバート・ハワード氏インタビュー——イギリスのアルツハイマー研究の
　最先端」『文化連情報』№ 456、2016 年 2 月、pp.22-27。

「宮元千恵美氏インタビュー——大都市の在宅医療の実践と課題」『文化連情
　報』№ 455、2016 年 2 月、pp.28-34。

「デンマークの地域コミュニティ——住民がつくるシニア・コ・ハウジング
　齋藤光代氏インタビュー」『文化連情報』№ 458、2016 年 5 月、pp.60-66。

「レシャード・カレッド氏インタビュー——平和の尊さと憲法九条」『文化連
　情報』№ 461、2016 年 8 月、pp.36-41。

「『山上の光賞』受賞を記念して　慢性腎臓病（CKD）の患者さんへの救いの
　手を——椎貝達夫氏インタビュー」『文化連情報』№ 461、2016 年 8 月、
　pp.32-35。

「震災とこころのケア　石巻市立病院開成仮診療所　長純一所長　インタビ
　ュー」『文化連情報』№ 470、2017 年 5 月、pp.16-21。

「レシャード・カレッドさんに聞く（上）——アメリカの世界戦略とアフガ
　ニスタン」『文化連情報』№ 473、2017 年 8 月、pp.28-32。

「レシャード・カレッドさんに聞く（下）——アフガニスタンとカレーズの
　会」『文化連情報』№ 474、2017 年 9 月、pp.40-45。

「医療利用組合運動と保健国策——青木郁夫先生インタビュー」『文化連情
　報』№ 474、2017 年 9 月、pp.46-51。

「文化連創立 70 周年〈1〉分かってくれる時期が必ず来ると信じて——長野県
　厚生連小諸厚生総合病院（現浅間南麓こもろ医療センター）依田発夫氏
　インタビュー」『文化連情報』№ 482、2018 年 5 月、pp.26-29。

「文化連創立 70 周年〈2〉理想を語る時代だったかな——元文化連職員　篠田

332

木末さんインタビュー」『文化連情報』№ 483、2018 年 6 月、pp.30-33。

「文化連創立 70 周年〈3〉下郷診療所の思い出――長野県厚生連佐久総合病院　伊澤敏統括院長インタビュー」『文化連情報』№ 484、2018 年 7 月、pp.26-30。

「核兵器のない未来へ―― 50 年にわたる被爆証言　東京都原爆被害者実相普及副委員長・世田谷区同友会会長　木村德子さんインタビュー」『文化連情報』№ 485、2018 年 8 月、pp.24-29。

「文化連創立 70 周年〈4〉関東地区厚生連医療材料共同購入委員会の創設の頃――茨城県厚生連茨城西南医療センター病院元事務部長　伊師　巖氏インタビュー」『文化連情報』№ 485、2018 年 8 月、pp.30-33。

「介護保険制度の 20 年を考える――堤修三先生インタビュー①介護保険制度のファイナンス」『文化連情報』№ 497、2019 年 8 月、pp.18-27。

「他世代交流拠点としてのこども食堂――インタビュー　湯浅誠氏に聞く」『文化連情報』№ 497、2019 年 8 月、pp.28-35（熊谷麻紀と共同インタビュー）。

「介護保険制度と地域包括ケアシステムの展望――公立大学法人埼玉県立大学理事長　田中滋氏に聞く」『文化連情報』№ 498、2019 年 9 月、pp.22-30（熊谷麻紀と共同インタビュー）。

「介護保険制度の 20 年を考える――堤修三先生インタビュー②介護保険制度のサービス」『文化連情報』№ 498、2019 年 9 月、pp.32-41。

「インタビュー　SDGs と日本での取り組み（上）―― SDGs 誕生の軌跡　SDGs 市民社会ネットワーク政策担当顧問　稲葉雅紀」『文化連情報』№ 499、2019 年 10 月、pp.32-38（熊谷麻紀と共同インタビュー）。

「介護保険制度の 20 年を考える――堤修三先生インタビュー③介護保険制度と地域包括ケアシステム？」『文化連情報』№ 499、2019 年 10 月、pp.26-31。

「インタビュー　SDGs と日本での取り組み（下）――日本における SDGs の現状　SDGs 市民社会ネットワーク政策担当顧問　稲葉雅紀」『文化連情報』№ 500、2019 年 11 月、pp.28-36（熊谷麻紀と共同インタビュー）。

「レシャード・カレッド先生インタビュー　アフガニスタンの"カカムラード"　中村哲先生を偲ぶ」『文化連情報』№ 506、2020 年 5 月、pp.24-30。

「本田徹医師インタビュー　臨床と保健 NGO 活動従事者としての軌跡（1）国際保健活動と平和――中村哲医師を悼んで」『文化連情報』№ 509、2020 年 8 月、pp.32-35。

「本田徹医師インタビュー　臨床と保健 NGO 活動従事者としての軌跡（2）途上国の人たちとの分かち合い」『文化連情報』№ 510、2020 年 9 月、pp.40-45。

「本田徹医師インタビュー　臨床と保健 NGO 活動従事者としての軌跡（3）ユニバーサル・ヘルス・カバレッジ」『文化連情報』№ 511、2020 年 10 月、pp.40-46。

2.　福祉の協同を考える研究会

「苦悩するドイツの介護保険――バイエルン州 MDK の視察と最近の動向か

ら」『福祉の協同研究』第1号、2007年7月。

「ドイツにおける介護保険改革構想——介護保険導入から12年を経て、人材
　　養成の動向を中心に」『福祉の協同研究』第2号、2007年11月。

「地域医療　崩壊から再生へ——東金病院と地域医療を育てる会の事例から」
　　『福祉の協同研究』第3号、2009年1月、pp.36-60。

「市民の協同でつくる健康なまちづくり支援病院——南医療生協と南生協病
　　院」『福祉の協同研究』第4号、2011年7月。

「介護保険制度改革と短時間巡回訪問介護看護」『福祉の協同研究』第5号、
　　2012年7月、pp.15-42。

「ドイツの医療と介護保険——医療保険制度と介護保険改革を中心として」
　　『福祉の協同研究』第6号、2014年3月、pp.16-53。

「第13回現地研究会報告—— JAあいち知多の介護福祉事業に学ぶ」『福祉
　　の協同研究』第7号、2019年9月、pp.13-15。

「ドイツの介護保険制度改革——介護強化法を中心として」『福祉の協同研
　　究』第7号、2019年9月、pp.19-35。

3. その他の雑誌等掲載

「"北国のメーデー" ソ連訪問記①～⑤」『希望の星』第56号～60号、日本
　　文化厚生農業協同組合連合会会内報、1988年6月～12月。

「東京の真ん中で農業再建」全国農業協同組合労働組合『労農のなかま』1994
　　年11月、pp.40-43。

「山谷地域の高齢化と住宅保障」住まい・福祉・まちづくりネットワーク、
　　2009年7月、（http://kensumai.exblog.jp/m2009-07-01/）。

「届けたい『声』」『あいねっと便』第25号、2011年5月13日配信。

「全郷芸と文化連の不思議な出会い」公益社団法人全日本郷土芸能協会『全
　　日本郷土芸能協会　会報』第68号（2012年万緑号）、2012年7月、p.20。

「ドイツのエネルギーと環境の融合政策：ドイツの電力事情とフライブルク
　　の太陽光と小水力」地方財務協会『公営企業』第45巻第4号、2013年
　　7月、pp.43-52。

「ダッハウ強制収容所がいまに教えるもの」全国老人福祉問題研究会『月刊
　　ゆたかなくらし』No.375、本の泉社、2013年8月、pp.35-42。

「パリの高齢者ケア視察調査」非営利・協同総合研究所いのちとくらし『研
　　究所ニュース』No.56、2016年12月10日、pp.9-11。

「フランスつれづれ」非営利・協同総合研究所いのちとくらし『研究所ニ
　　ュース』No.57、2017年2月10日、pp.9-10。

「日本文化厚生農業協同組合連合会の組織と事業」くらしと協同の研究所
　　『季刊　くらしと協同』No.20、2017年3月、pp.53-59。

「私の近況報告」法政大学政策科学研究科OB会『法政大学大学院政策科学研
　　究科15周年寄稿集』2017年4月、pp.5-6（非売品）。

「医療と介護、施設から在宅へのシフト——制度から見る日本の高齢者の施
　　設と住まい」『シニアの生活と住宅を考える会』会報5号、2017年5月、
　　pp.1-2。

「ドイツの介護保険・認知症ケア・在宅ホスピス視察」非営利・協同総合研

究所いのちとくらし『研究所ニュース』No. 60、2017 年 11 月 30 日、pp.7-10。

「マルクス・エンゲルス　THE YOUNG KARL MARX」非営利・協同総合研究所いのちとくらし『研究所ニュース』No. 63、2018 年 8 月 31 日、pp.3-5。

「フィンランド・リトアニアの全世代型社会保障視察」非営利・協同総合研究所いのちとくらし『研究所ニュース』No. 68、2019 年 11 月 31 日、pp.13-16。

「会員のための情報を発行し続けて 500 号」あかつき印刷利用者懇談会世話人会『あかつき新聞』第 92 号、2020 年 1 月、p.3。

「論考　新型コロナウイルス感染拡大と医療機関経営——第 2 波に備えて財政支援を——」公益財団法人政治経済研究所『政経研究時報』No.23-1、2020 年 8 月、pp.8-11。

「『真理は中間にある』ジャーナルを目指して」建築とまちづくり編集委員会編『建築とまちづくり』No.500、2020 年 10 月号、pp.14-15。

「二木立氏『コロナ危機が日本社会と医療・介護・社会保障に与える影響』講演報告」公益財団法人政治経済研究所『政経研究時報』No. 23-2、2020 年 10 月、pp.2-5。

4.　その他（編集後記）

『政策科学論集』No. 6（2009 年 3 月）、No. 7（2010 年 3 月）、法政大学大学院政策科学研究科政策科学専攻。

『福祉の協同研究』No. 1（2007 年 7 月）、No. 2（2007 年 11 月）、No. 3（2009 年 1 月）、No. 4（2011 年 7 月）、No. 5（2012 年 7 月）、No. 6（2014 年 3 月）、No. 7（2019 年 9 月）、福祉の協同を考える研究会。

あとがき

　米ジョンズ・ホプキンス大学の集計によると、新型コロナウイルス感染症による死者は9月29日までに世界で計100万人を超えました（死者数は29日の時点で100万555人：CNN.co.jp「新型コロナ死者、世界で100万人突破」）。中国当局が湖北省武漢で最初の死者を確認してから9カ月足らずでこの人数に達しました。感染が確認された人は世界で3,300万人を超えています。感染者、死者とも米国が最も多く、これまでに700万人以上の感染が確認され、死者は20万5,000人を超えました。そしてトランプ大統領は、10月2日未明、新型コロナウイルス検査の結果、陽性と判定されたとツイッターで明らかにしました（「トランプ氏 コロナ陽性」『読売新聞』2020年10月3日）。新型コロナウイルスには、誰もがかかりうる可能性があります。感染したこと自体は非難されるべきではありませんが、トランプ氏をはじめとする政権中枢の認識の甘さと危機管理のまずさを指摘する声は多いです。

　三大感染症の年間死者数はマラリアが40万人（2018年）、エイズが69万人（2019年）で、新型コロナウイルスは発生確認から約9カ月で、これらをすでに大きく上回っています。新型コロナの死者が現在のペースで増え続ければ、年内に結核の150万人（2018年）を上回り、感染症で最悪の被害をもたらす可能性もあります。

　欧州も感染の第2波に見舞われていますが、春のピーク時と比べて低い致死率にとどまっています（「コロナ 欧州で再燃」『読売新聞』2020年10月6日）。マスク着用や対人距離確保などのルールが定着し、致死率の低い若者を中心に感染が広がっているためとみられています。病院での診断、治療体制が向上した結果、欧州の一部の国では集中治療室（ICU）に収容された患者の死亡率が春の50％前後から20％前後まで下がったとの報告もあります。ただしブルガリア、クロアチア、スペインなど致死率が下がっていない国もあり、冬のインフルエンザ流行期を控え、感染が中高年層に広がっていること、市民が行動制限に疲れてきたことなど、懸念材料が指摘されています。

　今回の新型コロナウイルス感染症は現在進行形であり、まだどのようになるか見通せるものではありません。そしてまだはっきりしていない論争点も多く、さまざまな意見のある中で、感染の収束に向けて、市民としてできることをするべきだと思います。同時に、政治経済と保健医療政策についての研究も引き続き行っていく必要があります。

　国内では、安倍晋三内閣が 2020 年 9 月 16 日に総辞職し、菅義偉内閣が発足してから 10 月 16 日で 1 ヵ月が経ちました。政策の決定過程は様変わりし、菅首相が直接閣僚らに指示を出すスタイルが鮮明になってきました。内閣発足時の報道各社の世論調査では、内閣支持率は 6 〜 7 割台と高い水準でした。しかし 10 月の NHK の調査では 55％に落ち込み、政府・与党では「日本学術会議が原因だ。国会で追及されればご祝儀相場はもっと崩れる」と不安も広がっています。首相が学術会議の会員候補 6 人を任命しなかったことが明らかになって以降、野党は「学問への不等介入」と攻勢を強めています。

　26 日招集予定の臨時国会での日本学術会議をめぐる野党との論戦が最初の関門となりそうです。菅首相は自ら有識者や経済人と面会を重ねる中で、デジタル庁の設置や携帯電話料金の引き下げ、不妊治療の保険適用などに狙いを定めています。「戦後レジームからの脱却」を掲げた安倍首相とは異なり、国民目線の身近な政策が並びます。もう一つの特徴はスピード感です。担当閣僚には頻繁に進捗状況を確認しています。早期に実績を積み上げ、政権運営を軌道に乗せたい首相の思惑がのぞかれます。

　さて私は、ある印刷会社から原稿執筆の依頼を受け、「会員のための情報を発行し続けて 500 号」というタイトルで、次のように述べました。

　「文化連では、創立以来さまざまな機関誌を発行してきました。それは、文化連の方針、事業内容、中央の諸情勢の情報を会員に伝達するために欠かせなかったからです。1948 年の文化連発足

当時は『農村文化新聞』が発行され、1949年に『文化連ニュース』と改題されました。1950年8月1日に『文化連情報』は創刊されますが、1951年1月に『新農協情報』と改題されます。同年10月に厚生連向け機関誌『月刊厚生』が発行されましたが、1954年5月から『時報農村医療』と改題されます。その後、急速な事業発展のため情報誌発行まで手が回らず、1974年になってようやく『文化連情報』は復刊されます。しかし復刊第1号は紛失して見当たらず、残っていた第2号は1974年4月発行で、新聞の切り抜きを張り付けたペラ1枚手書きの粗末なものでした。1980年6月発行の42号は横書きでしたが、1981年1月発行の48号は縦書きになりました。1980年代に入りようやく『文化連情報』が定期発行に近づきますが、年12回の発行は難しく、合併号を発行していました。私が入会した1985年当時も発行部数は少なく内容も大変不十分でした。今日、情報は世の中に溢れ何が真実かわからない状況です。そのような時代の変化の中にあって、これからも協同組合として真実を真摯に追求し機関誌を発行し続けたいと思います。」

　日本文化厚生連という組織は歴史に登場するのは戦後間もなく（1948年9月23日設立）と早いのですが、歴史を紐解くと順風満帆の時は一度もないような組織だったといえるでしょう。設立当初は文化事業に関わってうまくいかず、それから時代の農業政策にふりまわされます。そして現在は、猫の目のように目まぐるしく変わる医療政策に翻弄されているような組織だと私は考えます。そういった組織であっても、志は非常に高いのですが、資金の面ではいつも苦労するといった歴史を垣間見ることが出来ます。一方、良い見方をすれば、そういった歴史に抗い続けて今日まで組織を継続し拡大させてきた立派な組織だともいえるでしょう。やはり、先人の志が非常に高かったがゆえに、抗い続けられたと考えます。
　私が入会した1985年頃は経営に余裕がなくて人を雇えず、兼務で『文化連情報』を発行していました。その後『文化連情報』は何とか専任体制を敷くことで、定期発行ができるようになります。同時に中身の充実が課題となっていきます。そのような時期に私は編

集長になったと考えています。良き執筆者にも恵まれ、今日の誌面があるのだと思います。定期発行と誌面充実については、日本文化厚生連の経営が安定したことが大きな要因であることは事実です。その点では経営陣は大変だったでしょう。そして、読者の皆さんと多くの執筆者の方々の協力なしに、『文化連情報』が毎月発行されることはありませんでした。上述の「500 号の発行に寄せて」は少し地味ですが、私もまた志だけは高くもっていたのだと思います。

　本書の初出を掲げると次のようになります。

　「序」は、ほとんど書き下ろしなのですが、「1. 編集者としての私の考え」の元になった原稿は、拙稿「『真理は中間にある』ジャーナルを目指して」建築とまちづくり編集委員会編『建築とまちづくり』No.500（2020 年 10 月号、pp.14-15）です。本書を出版社に入稿する段階で執筆依頼を受けたため、本書の「序」の一部として加筆修正しました。

　「I 協同組合と情報――日本文化厚生連と『文化連情報』――」の第 1 章は、拙稿「日本文化厚生農業協同組合連合会の組織と事業」くらしと協同の研究所『季刊　くらしと協同』No. 20（2017 年 3 月、pp.53-59）に、最新のデータを加えて加筆修正したものです。第 2 章は、2017 年 6 月 3 日に開催された、日本文化厚生連管理部全体会議の際の報告配布資料「組織活動の中での文化連情報の役割」を一部改編して作成したものです。配布資料には下線が引いてあったり、ゴチックによる強調もあったりしましたが、本章では読みやすくするために最小限にとどめてあります。また、「VI. 新たな視点：文化連情報 400 号によせて（2011 年）より」は省略しました。もともと報告資料として作成したこともあって、論文としての完成度は低いことは少し残念です。

　「II 編集者 12 年の軌跡――協同組合と食・農・地域医療――」は、第 3 章から 15 章まで『文化連情報』No.360（2008 年 3 月）から No.506（2020 年 5 月）までの編集後記です。私は、12 年 5 カ月間編集の仕事に従事したのですが、目次をみるとわかるように 139本の編集後記を書いています。2011 年と 2012 年がそれぞれ 8 本の編集後記となっているからです。2011 年 9 月号（No. 402）〜 2012

年4月号（№410）の8回分が諸事情で編集に従事できないことがあったことも述べておきます。そして「おわりに」は、今回書き下ろしました。

　さらに、「本書に関する業績一覧（研究業績を除く）」も本書の一部を構成していることは序の「3. 本書の概要」の最後で述べた通りです。ここはそのまま初出一覧になっています。そしてもう一つ、事項索引と人名索引も労力を注ぎました。色々なキーワードから過去の論文・論考・記事・インタビューにアプローチできるように考えたからです。しかし私の意図したことが、索引を込み入らせ、かえって煩わしくしてしまったかもしれません。本書が完成してみないとできばえはわかりません。本書を手にとられた方がうまく索引を利用してくださることを願うばかりです。

　最後に、編集に従事した12年5カ月間は、本当に多くの皆様にお世話になりましたことに、重ねて心より感謝申し上げます。そして本書の出版を快くお引き受けいただきました同時代社の川上隆社長にお礼申し上げます。

著　者

事項索引

は　行

や　行

ら　行

人名索引

著者業績

《単書》

『地域と高齢者医療福祉』日本博士論文登録機構、雄松堂出版、2008年8月。

『地域と高齢者の医療福祉』御茶の水書房、2009年1月。

『医療機能分化と連携——地域と病院と医療連携』御茶の水書房、2013年4月。

『「論文を書く」ということ——憂鬱な知的作業のすすめ』御茶の水書房、2014年9月。

『ドイツのエネルギー協同組合』同時代社、2015年4月。

『イタリアの社会的協同組合』同時代社、2015年10月。

『高齢者医療と介護看護——住まいと地域ケア』御茶の水書房、2016年6月。

『イギリスの認知症国家戦略』同時代社、2017年1月。

『フランスの医療福祉改革』日本評論社、2019年4月。

『イギリスの医療制度改革——患者・市民の医療への参画』同時代社、2019年10月。

『公害病認定高齢者とコンビナート——倉敷市水島の環境再生』御茶の水書房、2020年6月。

『イギリスの社会的企業と地域再生』同時代社、2020年9月。

《共著》

法政大学大原社会問題研究所編『社会労働大事典』旬報社、2011年2月。

平岡公一ほか監修・須田木綿子ほか編『研究道——学的探求の道案内』東信堂、2013年4月。

由井文江編『ダイバーシティ経営処方箋—— 一からわかるダイバーシティ 男・女・高齢者・障がい者・外国人 多様性を力に』全国労働基準関係団体連合会、2014年1月。

法政大学大原社会問題研究所・相田利雄編『大原社会問題研究所叢書：サステイナブルな地域と経済の構想——岡山県倉敷市を中心に』御茶の水書房、2016年2月。

高橋巌編『農協——協同のセーフティネットを創る』コモンズ、2017年12月（日本協同組合学会賞　学術賞（共同研究）　2020年8月受賞）。

日本文化厚生連年史編纂委員会編『日本文化厚生連七十年史』2018年9月。

《論文》

「医療計画と地域政策」日本地域政策学会『日本地域政策研究』第 4 号、2006 年 3 月。

「急性期入院加算取得病院と地域特性調査による医療連携の分析——厚生連病院所在の第二次医療圏を対象とした遠隔医療導入の可能性」日本遠隔医療学会『日本遠隔医療学会雑誌』第 2 巻第 2 号、2006 年 9 月。

「中山間地域の高齢者と在宅ケアについての研究」日本地域政策学会『日本地域政策研究』第 6 号、2008 年 3 月。

「病院勤務医師不足の現状と対応についての研究——公的病院のアンケート分析から」日本医療福祉学会『医療福祉研究』第 2 号、2008 年 7 月。

「過疎山村限界集落の高齢者と地域福祉に関する研究」日本地域政策学会『日本地域政策研究』第 7 号、2009 年 3 月。

「有料老人ホームが終のすみかとなる可能性——東京都内ホームの経済的入居条件と保健医療の考察」日本保健医療学会『保健医療研究』第 1 号、2009 年 6 月。

「高齢者の住まいと医療福祉に関する研究——有料老人ホームの制度等の変遷と経済的入居条件の考察」日本医療福祉学会『医療福祉研究』第 3 号、2009 年 6 月。

「高齢者介護の地域格差に関する研究——首都圏・中部地方・大都市の介護力指数の比較」日本保健医療学会『保健医療研究』第 2 号、2010 年 2 月。

「小規模・高齢化集落の高齢者と地域福祉」福祉社会学会『福祉社会学研究』第 8 号、2011 年 5 月。

「地域福祉は住民のもの——協同組合・非営利組織の視点から」日本地域福祉学会『日本の地域福祉』第 31 巻、2018 年 3 月。

ほか多数。

著者紹介

小 磯 明（こいそ あきら）

1960 年生まれ
2008 年 3 月　法政大学大学院政策科学研究科博士後期課程修了
　　政策科学博士（法政大学）、専門社会調査士（社会調査協会）、医療
　　メディエーター（日本医療メディエーター協会）
《現在》
株式会社カインズ代表取締役社長
法政大学現代福祉学部兼任講師（医療政策論、関係行政論）
法政大学大学院公共政策研究科兼任講師（社会調査法 1、5、公共政策
論文技法 1）
法政大学大学院政策科学研究所特任研究員
法政大学地域研究センター客員研究員
法政大学大原社会問題研究所嘱託研究員
日本医療メディエーター協会首都圏支部理事
非営利・協同総合研究所いのちとくらし理事
公益財団法人政治経済研究所研究員
日本文化厚生農業協同組合連合会『文化連情報』編集部特任編集委員、
ほか

《受賞歴》
2020 年 8 月、日本協同組合学会賞学術賞（共同研究）受賞。

協同組合と情報
──編集者 12 年の軌跡──

2021 年 1 月 15 日　　　初版第 1 刷発行

著　者　　小磯　明
発行者　　川上　隆
発行所　　株式会社同時代社
　　　　　〒 101-0065　東京都千代田区西神田 2-7-6
　　　　　電話 03(3261)3149　FAX 03(3261)3237
組版／装幀　有限会社閏月社
印　刷　　中央精版印刷株式会社

ISBN978-4-88683-889-6